岳麓书院

湖湘文脉

湖南书院寻踪

主编 / 邓洪波　赵　伟

湖南电子音像出版社 Hunan Electronic And Audio-visual Publishing House ·长沙

图书在版编目（CIP）数据

湖湘文脉：湖南书院寻踪 / 邓洪波，赵伟主编．长沙：湖南电子音像出版社，2024. 11. -- ISBN 978-7-83004-439-8

Ⅰ．G649.299.64

中国国家版本馆 CIP 数据核字第 2024BX9170 号

湖湘文脉——湖南书院寻踪

HUXIANG WENMAI —— HUNAN SHUYUAN XUNZONG

出 版 人：黄永华
主　　编：邓洪波　赵　伟
编　　著：邓洪波　赵　伟　兰　军　赵路卫
谢孝明　彭广业　刘艳伟　何君扬
张勉效　孙丙丽　陈德政　李炳莹
丁尚思　方　芳　罗显庆　伍　磊
责任编辑：葛靖恒
装帧设计：言几又十品牌设计　袁词媚工坊　张剑
出　　版：湖南电子音像出版社
地　　址：长沙市营盘东路3号
邮　　编：410005
印　　刷：湖南印美彩印有限公司
版　　次：2024 年 11 月第 1 版
印　　次：2024 年 11 月第 1 次印刷
开　　本：710 mm × 1020 mm　1/16
印　　张：23.75
字　　数：290 千字
书　　号：ISBN 978-7-83004-439-8
定　　价：88.00 元

营销电话：0731-82228602　（如发现印装质量问题请与出版社联系调换）

前言

PREFACE

如今，我们可以自豪地说，湖湘文脉，源远流长。炎帝从洪荒走来，百草农耕，以茶为陵；舜巡南天，尧女追寻，君山斑竹泪写九嶷情深。更有大禹神碑，记录治水理政事迹，弘扬公而忘私、国而忘家的精神。为楚王霸业，三闾大夫尽忠汨罗；因汉王江山，贾太傅坚守长沙，他们共同成就了屈贾之乡的文化底蕴。

然而，洞庭湖以南，自古为"苗蛮""南荒"之地。秦皇汉武，湖南先贤见于史册者仅数人。大唐盛世，当邻居江西在滕王阁历数"物华天宝，人杰地灵"的盛况时，湖南还是产"黑质白章""异蛇"的流放之区，元结、李白、杜甫、韩愈、柳宗元、裴休、李泌等都曾泛迹湖湘。长沙刘蜕考中进士，魏国公赠"破天荒"钱七十万予以奖励，尤可怜见湖南"荒蛮"之色，所幸元结、颜真卿在浯溪挥写《大唐中兴颂》，给湖南带来了一线触底反弹的曙光。

所有的改变，源自宋太祖开宝九年（976）岳麓书院的横空出世，源自岳麓、石鼓两书院同时名列"宋初天下四大书院"。天下名院，半属湖湘！可见其影响之大。对湖南"南蛮""荆蛮"的印象由于书院的兴起而得以改变，诚如王禹偁在《潭州岳麓山书院记》中所说："谁谓潇湘，兹为洙泗；谁谓荆蛮，兹为邹鲁！"甩掉文化落后帽子的湖湘欲与圣人孔孟的故乡试比高，这是何等气派！自此以后，“使里人有必葺之志，学者无将落之忧”，湖湘开启了充满豪气的书院时代。

概而言之，湖南在中国书院发展史上有着极为重要的地位，其书院发展之早、声名之大、数量之多、普及之广，历居各朝前列；学术、人才之盛，更为世所公认；深厚的红色基因，又与中华优秀传统文化的古色交相辉映。

攸县光石山书院创建于唐开元以前，早于中央政府开元六年（718）所建之丽正、集贤书院，且记录其历史的第一篇文献是成于唐玄宗天宝十四年（755）的《司空山记》，作者是地方大员——潭州刺史苏师道，当朝人记当朝事，真实可靠。由此可知，光石山书院是有唐代可靠史料记载的中国最早的民间书院。书院探源，追溯千又三百余年，必至湘东攸水，此之谓发展之早。

声名之大，得之于湘水衡山的石鼓、岳麓、城南书院。两宋有天下“三大书院”“四大书院”“五大书院”之称，岳麓、石鼓皆名列其中，尤其是岳麓书院，在所有的组合中从未缺席，此所谓“天下名院，湖南独占半壁”。清雍正年间，上谕创建省会书院为国家地方教育学术中心，全国十八行省重点建设二十三所书院，湖南省会长沙有岳麓、城南两院入选其中，是为特例。仅此两端，其声名显赫之势已不言自明，而其傲视群伦之地位更不可动摇。

数量之多，见诸各种统计数据。1930 年曹松叶《宋元明清书院概况》，1995 年白新良《中国古代书院发展史》，1996 年季啸风《中国书院辞典》，1997 年陈谷嘉、邓洪波《中国书院制度研究》等历次统计，无一例外，湖南书院数量皆名列前茅。据 2012 年出版的《中国书院史》统计，自唐至清，全国新建书院 7525 所，湖南以 454 所排名第五。随着新资料的发掘，在 2013 年出版的《湖南书院史稿》一书中，所辑湖南新建书院又增加了 77 所，总数达到 531 所。湖南书院以 454 所名列全国第五，已经是很不错的成绩，而增至 531 所，其数量更多，分布更广，密度更大，三湘四水、城镇乡村，皆见书院，可谓大发展，大繁荣。

至于学术，则更为昌盛。在唐代，李宽中筑院寻真观、李泌与懒残和尚论道南岳，初创时期的湖南书院即开儒佛道三教交流之先河，颇有学术大气。到宋代，湖湘学派与文定、碧泉、岳麓、城南、石鼓、濂溪、鹤山诸书院，盛衰与共，隐显同时，一起成长，终致辉煌，构建成周（敦颐）、胡（胡安国、胡宏父子）、朱（熹）、张（栻）这一学术道统；南宋后期，湖南因有“方今学术源流之盛，未有出湖湘之右者”之誉，是谓“天下学术，无右湖湘”。从此之后，湖湘学派、朱张之学，就成了高扬于三湘大地各书院的旗帜，继承并光大其学术传统就成了院中师生毕生的追求。及至清代中后期，湖湘士人以刊印书籍、建立祠堂、创建书院、从祀孔庙等举措，力挺岳麓书院的杰出生徒王夫之，其学说号为“衡阳王氏之学”，被纳入湖湘学统。重构后的湖湘学统，起自周敦颐，中经朱熹、张栻，而由王夫之接续，可以表述为“濂溪之学→朱张之学→王氏之学”，实为宋明儒学一系。而经晚清民国阐扬，又因《春秋》夷夏之防而推种姓“革命之说”，自由人道之义，如今又有从王船山到毛泽东之说，则“衡阳王氏之学”又成为湖湘学统乃至湖湘文化从古代接通近现代的桥梁。

人才盛于湖湘书院，更是世所公认的事实。在宋代，天下名院岳麓、石鼓人才辈出，“有非他郡国所可及”，“岳麓诸儒”更是彪炳史册，垂范后世。而到清代，既有“惟楚有材，于斯为盛”的豪迈，“吾道南来，原是濂溪一脉；大江东去，无非湘水余波”的牛气冲天，更有“天下人才之盛，尤莫于湖南”“中兴将相，什九湖湘”的时评，而湖湘人才十之八九皆出身书院。他们意气风发，在三千年未有的大变局中，勇敢地走到了历史大舞台的中央，形成鸦片战争前后以陶澍、贺长龄、魏源为代表的经世派，晚清“同光中兴”时期以曾国藩、左宗棠、胡林翼、彭玉麟为代表的湘军集团和洋务派，戊戌变法时期以谭嗣同、唐才常、熊希龄为代表的维新派，辛亥革命前后以黄兴、宋教仁、蔡锷为代表的民主革命派，五四运动以后以毛泽东、蔡和森、刘少奇为代表的无产阶级革命派……自清代道光以降，历民国而至共和国，百余年来，湖湘人才济济，成了引领中国近现代历史发展方向的中坚力量。

红色基因的注入，则源自一大批无产阶级革命家的“经行过化”。以青年毛泽东为例，他求学的湘乡东山高等小学堂、长沙湖南省立第一师范学校，寓居的湖南大学筹备处，农村调查时到过的宁乡云山高小、浏阳文华高小，在十数年前，还叫东山书院、城南书院、岳麓书院、云山书院、文华书院，这些书院长久以来形成的“公诚俭朴”“实事求是”“整齐严肃”“通晓时务物理”“求真务实”“刚毅”“磨血”等文化氛围的无声浸润，谁能说对毛泽东日后的伟大事业没有产生过影响？1927 年秋收起义的队伍从文华书院出发，1928 年 4 月朱毛两支队伍胜利会师于井冈山龙江书院。同年 7 月，彭德怀、滕代远等在天岳书院发起平江起义，几经转战，最后也来到了井冈山。凡此种种，不胜枚举，书院的古色与红色可谓无缝对接。

需要特别指出的是，习近平总书记于 2020 年 9 月 17 日考察岳麓书院，2024 年 3 月 18 日考察湖南第一师范学院（城南书院校区），将湖南书院文化的古色和红色进一步放大；对中国共产党“实事求是”理论策源地的论断和对中国制度自信、文化自信典型代表意义的肯定，将民众对书院的认识提升到了一个新的历史高度。于是，跟随总书记看书院，学历史，了解书院与湖湘文脉、湖湘文化的关联，就成了社会各界的关切与需求。因应这种关切与需求，便有了本书的编写与出版。我们的努力，如果能得到广大读者的认同，则幸大焉！

本书是集体合作的成果，作者大多是近年随我一起研习书院文化的青年朋友，也有部分是当地书院的专家；出版社的领导和编辑，更为本书出版付出了辛勤努力，在此一并表示衷心感谢！

2024 年 5 月 8 日

目录

CONTENTS

第一章

长沙

Changsha

星城长沙是湖南省省会，首批国家历史文化名城之一，历经3000年城名、城址不变，是湖南的政治、经济、文化中心。历史上，长沙地区创建了岳麓、城南、南轩等享誉天下、垂范湖湘的书院，为湖湘文脉的传承赓续提供了不竭动力。

岳麓书院

岳麓书院坐落在长沙湘江西岸的岳麓山下。古人视岳麓山为南岳七十二峰之足，山足曰“麓”，故名“岳麓”。院以山名，故名为“岳麓书院”。岳麓书院被誉为宋代“四大书院”之首。“四大书院”的说法出现于南宋，但其具体所指各家说法不一，但无论何种说法，岳麓书院都名列其中，其地位毋庸置疑。岳麓书院自创建以来，历宋元明清办学不辍，在近代历经多次改制，成为湖南大学的前身，是名副其实的“千年学府”。

壹 历史沿革

岳麓书院办学历史悠久，前身为唐末五代时期僧人智璿为儒生所建读书之所。宋开宝九年（976），潭州知州朱洞因袭拓建智璿之屋，正式创建岳麓书院，有讲堂五间，斋序五十二间。咸平二年（999），知州李允则扩建，增书楼，祀孔子，置田产，招六十余人肄业其中。四年（1001），又得国子监经史书籍。至此，挟儒佛文化交融之优势，岳麓书院形成讲学、藏书、祭祀、学田的基本规制，显现大家风范。大中祥符八年（1015），山长周式以“学行兼善”，教授生徒数百人，而得宋真宗召见，拜国子主簿，使归教授，并赐对衣鞍马、“岳麓书院”匾额及内府藏书。最高统治者的褒扬，使岳麓书院称闻天下，名冠宋初“天下四大书院”之首。北宋中期，在大兴官学运动时，它与潭州州学、湘西书院连为一体，形成“潭州三学”体制，正式确立起地方高等学府的地位。

南宋乾道年间，张栻居院讲学，弟子甚众，岳麓书院成为影响甚大的湖湘学派基地。三年（1167），朱熹不远千里，自闽率弟子到院访学。朱张会讲，吸引学者千人，诚为书院盛事，既标志着中国学术史上不同学派会讲先河的开启，又表明岳麓书院在全国学术界的领导地位已然确立，朱张之学也由此成为岳麓数百年不变的学统。再加淳熙十五年（1188）、绍熙五年（1194）、嘉定十五年（1222）陈傅良、朱熹、真德秀等大师分别讲学于此，遂养成以吴猎、赵方、彭龟年、游九言、游九功、陈琦、钟震、钟如愚等为代表的岳麓诸儒，他们构成湖湘学派的中坚，更因经世致用、坚持抗金而彪炳史册。淳祐六年（1246），宋理宗再赐院额，岳麓遂与白鹿洞、丽泽、象山并称为“南宋四大书院”。德祐元年（1275），元兵攻潭州，岳麓诸生据城共守，死者十之八九，院舍亦毁于战火之中。

元至元二十三年（1286），学政刘必大重建书院。延祐元年（1314），郡别驾刘安仁再修。其时的岳麓书院作为理学的大本营，倡导朱张之学，和白鹿洞书院一起，成为朝廷向北方一体推行理学和书院的榜样。

明初，书院废弃六十余年，至宣德年间始得渐次恢复。弘治十年（1497），院舍全面重建。正德年间，王守仁访院讲学，山长陈论创射圃，首修院志，守道吴世忠增设文庙，岳麓始得恢复元气。嘉靖六年（1527），书院再度扩建，计有四斋、六舍、东西两讲堂、成德堂及延宾、集贤二馆等建筑，置学田两千余亩，规模空前，书院之盛，振美一时。由此而历隆庆、万历、天启年间，阳明学者王乔龄、季本、张元忭、邹元标等先后讲学，岳麓遂演变成了传播心学的讲坛。至崇祯年间，山长吴道行“以朱张为宗”，得与东林书院相呼应，复倡理学，培养了王夫之这样的学生。

清顺治九年（1652），书院重建招生，并刊“卧碑”于明伦堂，以制约生徒。康熙七年（1668），巡抚周召南修复，寻遭兵毁。二十四年（1685），巡抚丁思孔重修。二十五年（1686），康熙皇帝御赐“学达性天”匾额及经史诸书，增建御书楼、文昌阁、讲堂，重修极高明、道中庸、四箴、翠微、道岸诸亭。二十七年（1688）、三十九年（1700）、四十九年（1710）先后重修。五十六年（1717），山长李文炤订立学规，以立身、敦品、养性教诲诸生。雍正十一年（1733），得帑金一千两，建为省城书院，在全省范围招生。

申喬建雍正十三年知府戴汝楫重修

書院

嶽麓書院屬善化縣在湘江西嶽麓山下宋開寶
九年潭州守朱洞建彭城劉敖倡之咸平四年
從知州李允則之請詔以國子監經籍賜
書院祥符八年周式爲山長天子召見詔賜額
給中秘書仍歸教授紹興元年燬於兵火乾道
元年湖南安撫劉珙重建聘張南軒主教事三
年晦菴朱子如長沙訪南軒講學其中手書忠
孝廉節四字淳熙十五年嶽獻陳潘時繼修紹

長沙府志 卷之十三 學校 書院 手

熙五年朱子爲湖南安撫使檄委教授與學嶽
麓四方來學者幾千人置田五百頃南軒陣
齋各爲記德祐二年燬於兵元至元二十三年
郡人學正劉必大興復延祐元年別駕劉安仁
以善化主簿潘必大更新禮殿齋祠并堂亭閣
吳草廬有記尋復爲墟明成化五年知府錢澍
因舊址重興宏治七年通判陳鋼建講堂
門廡誠明敬義二齋崇道祠繼以通判李錫推
官彭琢搆高明亭十二年同知楊茂元建尊經
閣刊紫陽遺蹟十八年參議吳世忠改門路向

乾隆《长沙府志》关于岳麓书院的记载

乾隆九年（1744），皇帝御赐“道南正脉”额，弘扬其倡导理学之功。十三年（1748），山长王文清订学规及读书法，倡导经史之学，并以“通晓时务物理”训士。十九年（1754），增置学田，充岁修经费。二十一年（1756）重修，二十二年（1757），山长欧阳正焕手书“整齐严肃”，以训诫诸生。二十四年（1759）、三十八年（1773）、四十一年（1776）、四十四年（1779）、五十二年（1787）至五十七年（1792）又相继重修。

嘉庆元年（1796），长沙府张翙建三闾大夫祠、贾太傅祠、李中丞祠。七年（1802），招生名额扩至138名。十七年（1812），建濂溪祠，重修六君子堂，改修自卑亭。二十二年（1817），御书楼重修，文昌阁重建。二十三年（1818），建崇圣祠，改建四箴亭。二十四年（1819），改建半学斋，重修讲堂、禹碑亭、道中庸亭、北海碑亭、道乡台祠、魁星楼，改西亭曰吹香，东亭曰风雩。二十五年（1820），

岳麓书院大门

建岳神庙，移建濂溪祠，改迁六君子堂，巡抚李尧栋置书籍10054卷，并订《捐书详议条款》加以管理。

道光元年（1821），修复极高明、道中庸，改修前亭为赫曦台，重修道乡祠。三年（1823），重修爱晚亭。四年（1824），修复抱黄阁。九年（1829），改修成德堂。十年（1830），巡抚程祖洛重修讲堂。十三年（1833），增设湘水校经堂，专课经史，以经义、治事、辞章分科试士。咸丰二年（1852），兵毁后重修。同治年间屡修。咸同之际，书院藏书达到14130卷。凡此种种，皆表明岳麓书院作为高等教育中心和学术研究中心的地位长期保持不变。书院的名山长李文炤、王文清、旷敏本、袁名曜、罗典、欧阳厚均、丁善庆、王先谦等，皆湖南名宿。著名生徒陶澍、魏源、贺长龄、贺熙龄、严如熤、曾国藩、胡林翼、左宗棠、郭嵩焘、曾国荃、刘长佑、唐才常、杨昌济、程潜、舒新城等，多为影响中国近代历史发展进程的人物。

光绪年间，岳麓书院适应时世而求变通。王先谦主院期间，注意时务，倡导新学，设算学、译学，开启书院近代化变革历程。二十九年（1903），岳麓书院改为湖南高等学堂。辛亥革命后，岳麓书院几经演变，成为今日湖南大学历史最悠久的一部分。湖南大学继承岳麓书院之血脉，其民国所订校训、校歌、校徽皆取法原有学规而予现代阐释，其渊源所自，实可视作中国教育由古代而近代而现代的典型代表。

1956年，岳麓书院被列为湖南省重点文物保护单位，1981年开始全面整修，陈列史料，对外开放。1988年升为全国重点文物保护单位，保存唐麓山寺碑及明、清石碑匾额等六十余通。现有大门、讲堂、御书楼、教学斋、半学斋、百泉轩、文庙、崇道祠、濂溪祠、六君子堂、船山祠、湘水校经堂等建筑，建筑面积达7034平方米。有康熙、同治朝所修之岳麓书院正、续、补志传世。

贰 文脉传承

“史圣”司马迁在撰述《史记》时，特意将屈原、贾谊二人列传合为一编，是为《屈原贾生列传》。尽管二人所处时代不同，但都志行高洁，因言遭谤而难遂其志，故后人将二人并称为“屈贾”。屈原在国破之际，自沉汨罗江；贾谊受权贵排挤，被贬为长沙王太傅。“屈贾”高迈的人格与横溢的才华在湖湘之地得以尽数显现，湖南因此也有了“屈贾之乡”的美誉。后人在对源远流长的湖湘文脉进行溯源时，皆不约而同地以屈原为嚆矢。从秦末开始，湖湘之地不断出现纪念屈原的各式建筑，屈原的作品也得到代代传承，他的精神成为湖湘文化的重要源泉。然而，长期以来，长沙作为省府却没有单独祭祀屈原的建筑。清嘉庆元年（1796），张翙权知长沙府，认为“庙祀阙如”，屈子忠魂难归，大有不妥，遂与湖南学政范鏊、岳麓书院山长罗典相商，创建屈子祠于岳麓书院，并作《建修屈子祠记》，详叙其创建缘由。新建的屈子祠之左为贾太傅祠，附濂溪木主，分祀屈原、贾谊、周敦颐。屈子祠坐落于岳麓书院，有着双重的文化意蕴：第一重是直接的，是将岳麓学统由南宋朱熹、张栻继续向前追溯至屈原，其核心是倡导忠贞爱国的优良传统，使岳麓、湖湘文脉根深而祈叶茂；第二重是间接的，是在修屈子祠时于附建的贾太傅祠之中从祀周敦颐，正式认可濂溪之于湖湘道统的地位。

“濂溪先生”周敦颐为湖南道州（今道县）人，被视为北宋理学开山之祖，同时也是湘学的重要宗师。南宋以来，凡言湖湘学统者概莫能外濂溪先生，宋代真德秀《潭州劝学文》如此，明代陈凤梧《湖南道学渊源录》如此，明万历《岳麓志》有“道统图”与“圣学统宗”二目推演其说，濂溪先生自然都被尊为道学湖南一派的始祖。至清代，康熙年间重建岳麓书院的官绅，更是不忘援引濂溪而彰湖湘学术之势，主持重建的巡抚丁思孔就说：“则有濂溪先生出于道州，首明圣贤性命之学，继往开来。”清康熙《新修岳麓书院志》更有“湖南道统”一目，强调岳麓朱张正学源自周子濂溪，其下先儒列传载宋周敦颐、杨时、胡安国、胡宏、张栻、朱熹、真德秀、魏了翁、李燔及明张元忭、王乔龄十一人传记，实即以此落实湖南道统之流演图谱，

“学达性天”匾额（前）

意在“开道化”，续正学，以彰湖湘学派之盛大。而因康熙、乾隆二帝赐“学达性天”“道南正脉”二匾，濂溪更是被钦定为岳麓书院的固有学术资源之一，成为绕不过的话题。嘉庆十七年（1812），山长袁名曜率领书院生徒建立濂溪专祠，周敦颐之位不再祔祀于贾太傅祠。

南宋是岳麓书院发展的鼎盛期。南宋初年，时局动荡，岳麓书院在绍兴元年（1131）毁于战火，化为废墟。当时，著名理学家、湖湘学派奠基人胡宏请求当道恢复书院，实现自己“继古人之后尘，而为方来之先觉”的理想，但因故未能如愿。胡宏去世后，湖南安抚使刘珙重建书院，胡宏将岳麓书院改造成为理学基地的理想终于在他的学生张栻那里得以实现。

南宋时期著名理学家众多，他们大多以书院为基地而形成学派。理学家之间、理学学派之间、理学学派和事功学派之间均就学术问题展开了广泛的讨论和辩难。岳麓书院能够迎来发展的鼎盛时期，又成

“道南正脉”匾额

为“南宋四大书院”之一，同张栻、朱熹的讲学活动并最终成为理学基地是分不开的。

张栻（1133—1180），字敬夫，号南轩，四川绵竹人，南宋著名理学家，与朱熹、吕祖谦并称为“东南三贤”。张栻受邀主教岳麓后，开辟了一个闻名全国的理学基地。湖湘士子闻风，纷纷来此研习理学，形成了一个学术思想相近的学者群体——“岳麓诸儒”。张栻主持岳麓前后共有七年之久，他改造了这所闻名一时的大书院，将“传道济民”立为书院的办学宗旨。当时，身居福建的朱熹久闻张栻之名，多次往来通信仍意犹未尽，决心亲自前往湖南，由此拉开了书院史上著名的“朱张会讲”的序幕。

会讲，是古代书院的一种独具特色的制度，亦是南宋理学学派“百家争鸣”的一种学术活动。它是南宋时期不同学派或持不同见解的学者就一些学术问题展开的讨论，一般在书院内进行。就现有史料来看，南宋书院史上最早的会讲，当数朱熹、张栻岳麓之会。乾道三年（1167），朱熹从福建崇安启行，跋山涉水抵达岳麓书院，受到张栻的热情接待。朱熹在长沙停留两月有余，同张栻就双方共同关切的学术问题展开了讨论，场面十分热烈。据侍行的学生范念德所说：“二先生论《中庸》之义，三日夜而不能合。”朱张二人认真、坦率地进行学术交流，为南宋书院会讲树立了一个典范。当时湖湘弟子远道来听课者甚多，盛况空前。据说岳麓书院门前车水马龙，“学徒千余，舆马之众，至饮池水立竭，一时有潇湘洙泗之目焉”。此次朱张会讲，首开不同学派在岳麓书院自由讲学之风。张栻去世后，朱熹任湖南安抚使再至潭州，继续兴学岳麓，湖湘弟子又多从学于朱熹。这些弟子或仕进为官，或从事文教、学术活动，都产生了一定的影响。在宋宁宗“嘉定更化”以后，朱张的弟子及再传弟子在岳麓兴学，推崇朱张，奠定了朱张之学在岳麓书院的正宗地位，这种学术传统影响了以后数百年。

历经元明两代战火磨难，岳麓书院仍弦歌不绝，办学不辍。明代学术思想史上最重要的事件当数阳明心学的兴起。

王守仁（1472—1529），字伯安，号阳明，浙江余姚（今属宁波）人，为弘治十二年（1499）进士。正德元年（1506），王守仁因违逆宦官刘瑾，被贬贵州龙场驿。在贬谪路上，王守仁道经长沙。清人赵宁在《新修岳麓书院志》中记载，王守仁在长沙曾“泛湘沅，吊屈贾，寓岳麓，为朋徒斤斤讲良知之学”。当时岳麓书院“朱张遗迹久湮”，赖阳明过化才得以再次兴起。而实际上，“良知之学”是王守仁在到达贵州经“龙场悟道”后才正式形成的，在赶赴贬所途中自然不可能会有“讲良知之学”的事件发生。这并不意味着阳明学术未能在岳麓书院得到传播，此项任务在后来由阳明的弟子及再传弟子最终达成。

从正德九年（1514）开始，阳明后学徐爱、季本、邹守益、罗洪先、王乔龄、罗汝芳、张元忭、邹元标等先后讲学岳麓，引来中晚明盛行的阳明学术与书院长久奉行的朱张学统的激烈碰撞。阳明学派提倡直悟本体，发展到后来，一些人弃经不读，学术日益空疏，产生诸多弊端。在岳麓讲学的王门弟子中，大多是束身礼法、躬行践履、循规蹈矩的学者，并对王畿一派一味高谈自悟本体、放荡不羁和“务于空言而忽躬行之实”提出了严厉批评。他们在书院中的讲学，使得“良知之学”

一度成为岳麓自由讲学的中心课题。其间朱张理学传统仍受到尊重，对王门弟子的讲学产生一定启发，使其正视朱张之学中的可取之处。即便是作为阳明学派创始人的王守仁，在参观岳麓时，对朱张二贤亦是十分尊重的，他的诗作表达了这种心情："缅思两夫子，此地得徘徊。当年靡童冠，旷代登堂阶……"由此可见，岳麓书院的学术传统对阳明学派的传播有一定的制约性。这种制约性有其保守的一面，它限制了学术思想的发展和更新，岳麓书院在明代没有像宋代那样成为全国有名的学术基地，与此是有一定关系的。但这种制约性也有其积极的一面，岳麓书院在明代始终没有那种浮诞不逞、空谈良知之习，而在一定程度上保留了重践履、务实学的传统，并且这种传统随着明末政治、社会、学术危机的加深而日益得到重视。

明末阉党为政，朝纲废弛，党争不断。东林学派以东林书院为基地，在讲学之余"讽议朝政，裁量人物"，试图以一腔热血"洗涤乾坤"。《明史》记载，"由是东林名大著，而忌者亦多"，招致魏忠贤所构"东林党案"的逆祸。天下讲学书院也遭劫难，被阉党"俱行拆毁"，但是愈禁愈传，以致妇孺"皆知东林为贤"，"天下学者，咸以东林为归"。崇祯初年，阉党势败，东林余党受到重用，东林书院亦重开讲坛。在这种形势下，岳麓作为与东林学术思想较为接近的书院，遂开始了与东林之间的交往。崇祯十四年（1641），东林学派第二代领袖人物高世泰提学湖广，会多士岳麓山下，见岳麓书院山长吴道行学术"以朱张为宗"，与己不二，遂相与讲明程朱"正学"，以东林风节深切诲迪诸生。

吴道行（1560—1644），字见可，号嵝山，湖南善化（今属长沙）

人。吴道行以秀才身份主教岳麓，是明代岳麓书院的最后一任山长。吴道行不仅思想上与东林诸子有相通之处，其风节之高亦相仿佛。崇祯十七年（1644），吴道行惊闻崇祯帝自缢煤山（今北京景山），年逾八旬的他只得以“从先帝于地下”，来表明自己对明朝的忠诚和坚持正学的“衡湘贤哲”的高洁清白。

清朝虽然是少数民族建立的王朝，但皇帝先后多次对岳麓书院在传统学术中的重要地位予以认可，在康熙、乾隆间分别赐给“学达性天”和“道南正脉”匾额。考据学（又称“汉学”“朴学”）是清代盛行的新兴学术，对岳麓书院的教学与学术事业产生了重要影响。岳麓书院一方面坚守数百年朱张之学的理学传统，以理学正统、正脉自居，自觉维护程朱理学的权威，为清朝前期的理学发展作出了应有的贡献，另一方面在坚守传统中又有新的变化。乾嘉以来，受汉学思潮的影响，一些从事诂经考史的汉学家主持书院，他们在岳麓研究和传播汉学，并取得了一定的学术成果，因此岳麓书院又有了汉学的研究和传播。虽然汉学未能取代八股之学和理学的传习，却为书院增添了新的学习内容，反映了清代的学术特色和成就，使岳麓书院的学术风尚发生了一定变化。道光时，更有湘水校经堂的设置，它不课时文，专习经史，成为岳麓书院的一个组成部分，开辟了汉学的基地。岳麓书院山长研治汉学而有成就者，首推王文清。

王文清（1688—1779），字廷鉴，号九溪，湖南宁乡人。王文清诂经考古，著述宏富，计有五十种之多，卷帙近千。乾隆十三年（1748）、二十九年（1764），王文清两次担任岳麓书院山长。王文清制订学规，颁示读经、读史之法各六条，“以群经教授诸子”，岳麓学风开始转变。其手订学规曰：

时常省问父母，朔望恭谒圣贤。

气习各矫偏处，举止整齐严肃。

服食宜从俭素，外事毫不可干。

行坐必依齿序，痛戒讦短毁长。

损友必须拒绝，不可闲谈废时。

日讲经书三起，日看纲目数页。

通晓时务物理，参读古文诗赋。

读书必须过笔，会课按刻蚤完。

夜读仍戒晏起，疑误定要力争。

学规中的“通晓时务物理”一条，显示出岳麓书院在清代就形成了注重时务、经世致用的学风，培育出陶澍、贺长龄、魏源等名臣、名儒。尤其是魏源，是我国伟大的思想家。

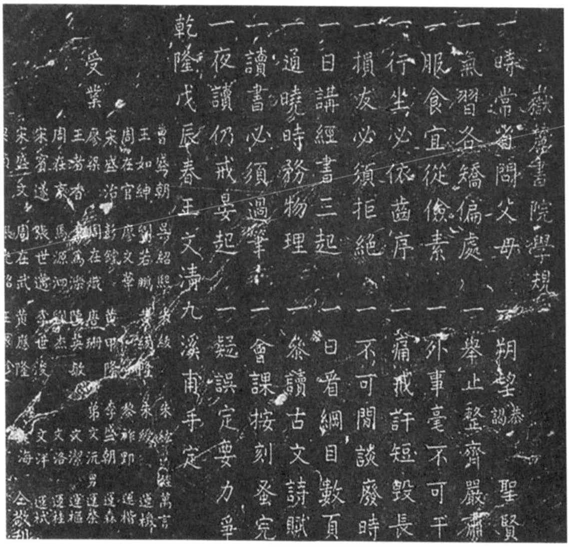

王文清《岳麓书院学规》碑

魏源（1794—1857），字默深，号汉士，湖南邵阳人。嘉庆十八年（1813）求学于岳麓书院，师从袁名曜，深受其“经世之学”影响。之所以称魏源为经世大家，原因有二。一是因为他在道光五年（1825）进入学长、江苏布政使贺长龄幕府，代为主持辑刊《皇朝经世文编》，开启清代新的经世思潮。二是因为他密切关注以英国殖民者为首的海夷动态，一方面与林则徐合作，完成《英吉利国志》（三卷）、《俄罗斯国志》（二卷）和《欧北五国志》，了解西方各国历史与文化；另一方面，第一次鸦片战争刚一结束，他就序刊《圣武记》（十四卷），张扬圣武之功，为新败的清王朝寻找困难中前行的希望；又刊印《道光洋艘征抚记》（一卷），总结鸦片战争失败的原因；继又刊印经世巨著《海国图志》，提出“师夷长技以制夷”的著名主张。面对前所未有的强大敌人，他迅速完成了反思、内省、总结经验教训的全过程，刚毅地从失败中站起来，将经世之学提升到

岳麓书院时务轩

了一个崭新的层面。

时至晚清，救亡图存、革新自强成为主要任务。岳麓书院在山长王先谦的带领下，引进西学，开始近代化改革。这种改革在经世致用、“通晓时务物理”的固有传统导引之下，遵循着“轻科举、重实用”的逻辑向前推进，并随着时务学堂的建立而达到高峰。时务学堂之建，属于反省中日甲午之战的产物。所谓“救中国自湖南始”，“吾湘变，则中国变；吾湘存，则中国存”，为了避免亡国灭种的危机，必得“幡然改图，广开学校，悉师西法”，推动维新。时务学堂的创建，与岳麓书院山长王先谦关系甚深。王先谦不仅直接参与时务学堂的筹办，还以绅董身份参与学堂的决策，积极促成《时务报》主笔梁启超、翻译李维格分任时务学堂中、西文总教习。然而，因王先谦等人与以梁启超为代表的维新派政治理念不合，时务学堂的新式教育未能持续推行，教育改革让位于政治斗争，而处于基本停顿状态。随着戊戌变法的失败，时务学堂被改为求实书院，岳麓书院已经启动的改革也阻滞不前，教育改革遭遇挫折。光绪二十七年（1901），清廷在八国联军侵华后匆匆推行“新政”，以求自保，通令全国书院改制为大、中、小三级学堂。岳麓、求实两所书院被改制为湖南高等学堂。

民国以来，湖南高等学堂先后改为湖南高等师范学校、湖南公立工业专门学校、省立湖南大学、国立湖南大学等。岳麓书院的建筑一直为这些新式学校所利用，以此为中心，新的院舍不断向外围拓展，形成今日岳麓山下高教城的规模。而作为千百年来湖湘文脉所系的岳麓书院，其文化传承并未断绝。20 世纪 80 年代以来，岳麓书院得到修复，并成立专门的文化研究机构，重新恢复办学，且作为湖南大学下属的二级学院招收本、硕、博三个层次的学生。今日岳麓书院新生入学时，仍须诵读清代山长王文清所订学规，以期以传统书院精神指导现代教育，此即湖南大学校歌中强调的“承朱张之绪，取欧美之长”，开展具有新时代特色的新式书院教育。

叁　楚材斯盛

岳麓书院标举“传道济民”为教育理念，在千年的弦歌之中培育出无数优秀学子，他们出为名臣，处为名儒，在学术、气节、科甲、事功等方面卓尔不群，使湖湘文脉得以代代传承。

经过南宋张栻、朱熹的先后振兴，岳麓书院成为具有全国影响力的学术中心，湖湘学派在此得以发展成熟。南宋乾道、淳熙年间，在长沙岳麓书院、城南书院从游张栻的学子甚众，湖湘学成为与闽学、婺学、江西学并列的重要学派之一。全祖望补辑《宋元学案》时，专门辑有《岳麓诸儒学案》和《二江诸儒学案》，共介绍张栻的弟子四十多人，以概括湖湘后学的情况，其中被称为“岳麓巨子”的有彭龟年、吴猎、游九言、游九功、胡大时等人。其中，吴猎字德夫，号畏斋，湖南醴陵人，后迁居善化。他二十三岁从学张栻，受到老师“吾道其不孤矣”的赞誉。吴猎求学时极重视仁学，将孔门问答及周程以来理学中论仁者萃类疏析，请张栻教正，受到张栻的赞扬。由于吴猎“有得于宣公求仁之学而施之于经纶之大者，非区区迂儒章句之陋”，并在经世活动中表现出政治家、军事家的才能，所以被《宋史》称为“一时之英才”。湖湘学派的传统政治主张是抗金并反对和议，吴猎继承了这一传统并直接投身抗金活动。开禧年间，韩侂胄组织北伐，准备收复中原。当时吴猎任户部郎总领京湖财赋，兼任荆湖北路安抚司，总领中路战场的备战工作。战争开始后，吴猎以荆湖北路安抚司“节制本路兵马”，直接指挥战斗。虽然最初金兵气锐，兵围襄阳、德安，又进军金陵，但吴猎临危不惧，指挥若定，终于取得了中路西部战区的胜利，显示了卓越的军事才能。

自屈原魂归汨罗以来，忠贞爱国就成为湖湘精神的重要底色，这种高贵品质在岳麓书院中得到传承。南宋末年，蒙古贵族挥兵南下，潭州告急。湖南安抚使李芾率军民固守数月，矢尽粮绝，最终难以支持。时已授官衡州尚未赴任的尹穀也参入守城战斗，最后举家自焚。李芾全家亦自杀殉国。岳麓书院诸生也投入了这场严酷斗争,《宋史·尹穀传》载：“初，潭士以居学肄业为重……兵兴时，三学生（州学、湘西书院、岳麓书院的学生）聚居州学，犹不废业。穀（指尹穀）死，诸生数百人往哭之。城破，多感激死义者。”《宋元学案·丽泽诸儒学案》载：“长沙之陷，岳麓诸生荷戈登陴，死者什九！惜死者姓名多不可考。”《宋元学案·元城学案》亦载：“南轩先生岳麓之教，身后不衰。宋之亡也，岳麓精舍诸生乘城共守，及破，死者无算，惜其莫可考见。”可见，在这场严酷的抗元斗争中，岳麓诸生毅然放下书本，荷戈登陴，参入守城战斗，绝大多数学生都在这场守城战斗中壮烈牺牲。

这种刚正不阿、注重气节的精神在明末继续发扬，除前文提及的以身殉国的明代末任山长吴道行外，他的高徒王夫之亦是典型。

王夫之（1619—1692），字而农，号姜斋，湖南衡阳人。因筑室石船山下从事著述，被学者称为“船山先生”，他是明代岳麓书院最杰出的生徒，清初著名的学术大师，使我国古代朴素唯物主义思想发展到最高峰。崇祯十一年（1638），王夫之入岳麓书院肄业，其时山长吴道行节高寿尊，讲学“以朱张为宗”，提学高世泰亦曾来院讲学，以东林风节砥砺诸生，他们都对王夫之产生了深刻的影响。尤其是高世泰，王夫之晚年仍念念不忘其对自己制艺所作的“忠肝义胆，情见乎词”的批语，足见东林精神对王夫之产生的深刻影响。明亡，王夫之揭竿衡山，举兵抗清，而且在极为困难的条件下出仕南明永历朝廷，积极参加抗清斗争。失败后，他潜依山林，发愤著作，从理论上总结明亡的经验教训。他还拒绝出仕清朝，保持了高尚的气节。

作为培育人才的场所，岳麓书院在科举方面同样取得了优异成绩。“三鼎甲”中状元有王容、彭浚，榜眼有龚承钧、曹诒孙、尹铭绶，探花有胡达源等。此外的二三甲进士、举人、贡生、生员等更是不计其数。

彭浚（1769—1833），字映旟，号宝臣，湖南衡山（今属衡东）人。乾隆五十七年至嘉庆三年（1792—1798）师从罗典，肄业岳麓书院七年。嘉庆五年（1800）秋应顺天乡试，成举人。十年（1805）春参加殿试，“巍然大魁”，成为清代岳麓书院的第一个状元。彭浚中状元之后，授翰林院修撰，掌修国史，又任顺天乡试同考官，“分校礼闱，前后五鼎甲皆出其门”。任职奉天府府丞兼学政时，力革陋规，添建考棚，为时人称颂，“陪都士风为之一变”。改任顺天府丞，后致仕，购置义田，扶危济困，厉行节俭，寒衣素食。卒后入祀乡贤祠。

岳麓诸生对中国近代历史走向产生决定性影响，当数湘军群体崛起以后。从嘉庆二十三年至道光二十四年（1818—1844），欧阳厚均任岳麓书院山长凡二十七年。自道光二十六年（1846）起，丁善庆又主持岳麓教事达二十三年之久。欧、丁二人在教学上各有特点，但都坚持经世致用等传统学风，因而在长达半个世纪的时间内，他们培养出的人才数以千计，全国出现“中兴将相，什九湖湘”的局面。是期湖湘人才之盛为当年学者所公认，同治二年（1863），江苏仪征人张集馨在《道咸宦海见闻录》中写道：“楚省风气，近年极旺，自曾涤生领师后，概用楚勇，遍用楚人。各省共总督八缺，湖南已居其五：直隶刘长佑、两江曾国藩、云贵劳崇光、闽浙左宗棠、陕甘杨载福是也。巡抚曾国荃、刘蓉、郭松（嵩）焘，皆楚人也，可谓盛矣。”

曾国藩（1811—1872），初名子城，字伯涵，号涤生，湖南湘乡（今属双峰）人。道光十四年（1834）从游欧阳厚均门下，遂为岳麓书院生。萧一山的《曾国藩传》记载，曾国藩在岳麓书院读书时，曾遇到一名难以相处的同窗，处处加以刁难。如曾国藩在窗前读书，此人就指责曾国藩挡住其光线，令他挪至床边。曾国藩在晚上读书，此人又数落他平日不加用功，夜晚扰人清梦。同年乡试，曾国藩高中举人，此人却嗔怪曾国藩夺其风水。这段经历锻炼了曾国藩大度能容的性格。

左宗棠（1812—1885），字季高，一字朴存，湖南湘阴人。其父左观澜早年曾肄业岳麓书院。道光十一年（1831），左宗棠就读于长沙城南书院，深受山长贺熙龄“经世致用”之学的影响，“开口能谈天下事，读书先得古人心”，趋于“实学”，“谈天下大势，了如指掌”。其时，巡抚吴荣光在岳麓书院增设湘水校经堂，以经史课士，左宗棠入试其中，“列第一者七次”，深受吴荣光激赏。次年乡试中举，其后屡试不第，于是以授徒为业，道光十六年（1836）曾主讲醴陵渌江书院，留心舆地、兵事、农务，其才干得到陶澍、林则徐等赏识。左宗棠后历官闽浙总督、陕甘总督、两江总督。在任兴办洋务，推动中国近代化，又出师西北，收复新疆。光绪七年（1881）、十年（1884）两任军机大臣，官至宰相。

时至晚清，清廷腐败，列强瓜分，在亡国灭种的民族危亡之际，岳麓书院涌现出一批追求进步、由维新而革命的学生，唐才常、沈荩、杨昌济、程潜等为其中的杰出代表。

杨昌济（1871—1920），又名怀中，字华生，湖南长沙人。因家居长沙板仓冲，学者尊称其为“板仓先生”。杨昌济一生与岳麓书院有着密切的联系，他年轻时肄业于此，出国学成之后，又执教山下。1913 年春，受聘为湖南高等师范学校（前身为岳麓书院）教授，开设伦理学、教育学课程，同时兼任湖南省立第一师范学校（前身为城南书院）的修身、教育学教员。其间，他与毛泽东、蔡和森、陈昌、舒新城等大批青年学生建立了深厚的师生情谊。

1915 年初秋，杨昌济迁家湖南高等师范学校，蔡和森等人也从湖南省立第一师范学校考入该校。每逢周末，毛泽东总要过河到岳麓山下杨昌济家与蔡和森等人聚会，杨昌济除了引导他们研究哲学，树立向上的人生观，用自己的实际行动去改良社会、改良人心风俗之外，还与大家一起讨论“如何使个人及全人类的生活向上”等问题。而所有这些活动的结果，促成了中国著名的革命团体——新民学会的成立。毛泽东在《新民学会会务报告》中指出，最早参加该学会的人，“大都系杨怀中先生的学生，与闻杨怀中先生的绪论，作成一种奋斗的和向上的人生观，新民学会乃从此产生了”。可以说杨昌济是新民学会的精神导师，在他的引导下，蔡和森、毛泽东等人走上民主革命之路，进而成长为伟大的无产阶级革命家。

肆 古院今颜

自北宋创建以来，岳麓书院弦歌千年，办学不辍，其建筑形制在历朝历代多有不同，且各具特色。宋代岳麓书院的格局是讲学、藏书、祭祀、学田四大基本规制的体现，中心建筑为讲堂，前后、左右排列

岳麓书院二门

有书楼、礼殿、斋舍、泮池等基本建筑。元代增设诸贤祠，其余建筑基本延续了宋代旧制。明代书院规模继续扩大，与前后的湘江、岳麓山连为一体，主体建筑集中于中轴线，并在书院一侧建立了单独的文庙。在官府的鼎力支持下，清代岳麓书院办学规模扩大，斋舍数量相应有所扩充，还增添了不少祭祀建筑，使得岳麓书院的建筑规模达到历朝之最。

经过 20 世纪 80 年代以来陆续的重修，如今岳麓书院建筑的基本格局在清代同治年间的基础上稍有不同，形成了新的特色。岳麓书院的主体建筑面积现已达到三万多平方米，分为书院主体、文庙以及中国书院博物馆三大区域。

书院主体部分延续了明清以来中轴对称、纵深多进的基本格局。要进入书院，首先要穿过头门（或称前门）。头门之上，横匾“千年学府”，两侧为“千百年楚材导源于此，近世纪湘学与日争光”楹联。

“实事求是”匾额

头门与大门（或称正门）之间有赫曦台，原建于岳麓山顶，为南宋朱熹、张栻所建，废弃后重建于今址。大门为书院标志性建筑，为将军门式结构，严肃齐整。门额“岳麓书院”四字为北宋真宗手书，两侧是名扬海内外的“惟楚有材，于斯为盛”楹联。二门之额为“名山坛席”，楹联“纳于大麓，藏之名山”，上下联分别出自《尚书》《史记》。步入二门，讲堂即映入眼帘。讲堂是书院举行教学活动的场所，是中轴线中央的核心建筑。讲堂内，悬挂有“学达性天”“道南正脉”匾额，分别是康熙、乾隆年间由皇帝钦赐。其外为“实事求是”匾额，是民国初年在岳麓书院办学的湖南公立工业专门学校校长宾步程所书，作为该校校训。青年毛泽东寓居岳麓书院学习时，即深受“实事求是”思想的影响，“实事求是”后来成为中国共产党人基本的思想方法和工作方法。讲堂墙壁还镌刻有朱熹手书“忠孝廉节”以及清代山长欧阳正焕所写的“整齐严肃”八个大字。讲堂之后是御书楼，是一座仿

屈子祠

宋风格的三层楼阁建筑，如今仍在发挥藏书功能。

斋舍在书院中轴线两侧对称分布，分别为教学斋、半学斋。祭祀专祠位于讲堂与御书楼之左，其右为园林、碑廊。祭祀专祠主要祭祀历史上有功于书院的地方官员（如六君子祠）、学派宗师（如濂溪祠、崇道祠）和著名师生（如慎斋祠、船山祠）。御书楼之后为纪念屈原的专祠——屈子祠。

文庙建筑群位于书院之左。通过“德配天地”或“道冠古今”坊即可出入文庙，二坊皆为明代遗存。大成门属于文庙正门，其楹联曰：“道若江河，随地可成洙泗；圣如日月，普天皆有春秋。”大成殿是文庙的中心建筑，用来祭祀孔子、颜子、曾子、子思子、孟子。两庑列于中轴线两侧。大成殿之后有崇圣祠、文昌阁、明伦堂，如今被开辟为岳麓书院的教学区域。

中国书院博物馆位于书院之右，总面积达 4768 平方米，是一座

岳麓书院俯瞰

旨在展示中国书院历史文化的专题博物馆。博物馆现辟“千年弦歌”“书院教育”“书院学术”等数个展厅，利用现代化技术手段全方位展示中国书院发展史及其重要的文化价值。

今天的岳麓书院地位独特，作为全国重点文物保护单位，它向游人开放；作为中国书院博物馆，它承担收集、研究、陈列、展示千年书院文化遗存的重要责任，实为天下公认的书院资料中心、书院研究中心、书院陈列展示中心；作为高等学府，它向国内外招收本科生、研究生，开展以书院文化和思想史为主的传统文化研究与教学活动，成为全国罕有的能够贯通中国古代和近现代教育血脉的活化石；在世界大学之中，岳麓书院历史悠久，超乎牛津、剑桥、耶鲁等名校，并且能和它们一样阅古常新，成为全人类文明中令人景仰的璀璨之星。

（邓洪波　赵伟）

城南书院

城南书院位于长沙市天心区妙高峰下，为南宋理学大儒张栻所建。书院历经元明两代，至清代成为省会书院，面向湖南全省招生，是湖南省影响最大的书院之一，贺熙龄、何绍基、郭嵩焘等人曾在此任教，左宗棠、王闿运、皮锡瑞等人曾肄业于此。清末，城南书院被改为全省师范学堂，1912 年改称湖南公立第一师范学校，1914 年与湖南省立第四师范学校合并组建湖南省立第一师范学校，杨昌济、徐特立、毛泽东、蔡和森、何叔衡等人曾于此工作、学习。1949 年，学校更名为湖南省第一师范学校。2008 年更名为湖南第一师范学院。该校曾培养了大批进步人士，为中国共产党的建立及中国新民主主义革命的胜利作出了重要贡献。

壹　书院简介

南宋绍兴三十一年（1161），抗金名将张浚判潭州（今长沙），其子张栻随行，在潭州南门外妙高峰下创建城南书院，作为私人读书讲学的书斋，张浚题“城南书院”匾额。书院建有丽泽堂，作为讲习之地。张栻在书院坐而论道，著书立说，会友讲学，前后持续约九年时间，反映张栻理学思想的主要著作如《洙泗言仁录》《南轩易说》《论语解》《孟子说》等，都是在此完成的。张栻的主要门人，如胡宏的长子胡大壮、季子胡大时及醴陵吴猎父子、衡山人赵方、莆阳（今福建莆田）人方耒、清江（今江西樟树）人陈琦、建阳（今属福建）人吕胜己、金华人潘友端等，都曾在此求学。朱熹、张孝祥、刘珙曾在此与张栻交流学术。张栻之后，城南书院荒废，元代仅存遗址。明正德二年（1507），参议吴世忠修复书院，后被僧人占据。嘉靖四十二年（1563），推官翟台建厅堂五间于高峰寺下。万历六年（1578），书院又废。

清康熙五十三年（1714），生员易象乾、刘宏纲等人募捐，试图修复书院，但未能成功。乾隆十一年（1746），湖南巡抚杨锡绂视察岳麓书院，发现肄业学生较少，于是以学生赴岳麓书院需要过江、官员赴书院考试学生多有不便为由，上奏朝廷，请求将长沙城南的协都司旧署（在天心阁）改为书院，仍称“城南书院”，得到了朝廷的批准。杨锡绂于是辟御书楼、礼殿、讲堂及正谊、主敬、进德、存诚、

湖南第一师范学院

居业、明道六斋，共八十四间，还藏书数千卷，祭祀朱熹、张栻于此。书院建成后，杨锡绂移岳麓书院学生肄业于城南书院。乾隆二十一年（1756），湖南巡抚陈宏谋又将城南书院生员迁移回岳麓，留童生及新生于城南书院。乾隆四十二年（1777），湖南巡抚敦福将书院重新修葺。嘉庆五年（1800）长沙知府沈廷瑛、二十三年（1818）署盐法道善廉重修书院。

道光二年（1822），湖南巡抚左辅到城南书院考试学生，见书院房屋破败，不甚宽敞，又难以扩建。且书院邻近善化县衙，地处闹市之中，学习环境较差。考虑到以上问题，左辅同湖南布政使程祖洛商议，谋划移建书院。于是在宋代张栻所建城南书院旧基之上兴建书院。是年冬，书院建成，又增购书籍至 10555 卷，建为“通省肄业之地”，在全省招收学生，录取名额扩大到 138 名，与岳麓书院规模相当。道光皇帝御赐“丽泽风长”匾额，以示表彰。左辅亲自撰文记载移建书

湖南第一师范学院教学楼

院之事，以明其“仰希古哲”之意，告诫诸生要“履先贤之居，求先贤之学”，成为“经明行修，立体备用”之士。咸丰二年（1852）太平军攻长沙，占据城南书院。长沙解围后，山长陈本钦对书院进行修复。同治九年（1870），巡抚刘崑重修，光绪年间又有修建。

光绪二十七年（1901），清政府下令，全国书院改为学堂。光绪二十九年（1903），湖南巡抚赵尔巽改城南书院为湖南全省师范学堂，次年改称中路师范学堂，1912 年改名湖南公立第一师范学校，1914 年与湖南省立第四师范学校合并组建湖南省立第一师范学校。杨昌济、徐特立、毛泽东、蔡和森、何叔衡、郭亮、李维汉、萧子暲（即萧三）等曾在此工作、学习或从事革命活动。

1949 年后，毛泽东题“第一师范”校名，1968 年依 1912 年原貌复建。今继续办学，并被确定为全国重点文物保护单位。

贰 古院览胜

古善化城南之妙高峰，江流环带，诸山屏列，为城南第一奇观。张栻建城南书院，作有《城南杂咏》二十首。其中《纳湖》诗云：“原原锡潭水，汇此南城阴。岸花有开落，水盈无浅深。”《丽泽》云：“长哦伐木篇，伫立以望子。日暮飞鸟归，门前长春水。”《蒙轩》云：“开轩仅寻丈，水竹亦萧疏。客来须起敬，题榜了翁书。”此皆描绘出城南书院邻山绕水、一派宁静的景象。张栻将所作寄给好友朱熹，朱熹作有唱和诗。后人选择其中《纳湖》《丽泽》《书楼》《蒙轩》

《卷云亭》《月榭》《琮琤谷》《听雨舫》《采菱舟》《南阜》十咏，编为“城南十景”，“丽泽”即“丽泽堂”。

道光二年（1822），城南书院由城中天心阁下移建至妙高峰旧址。新书院建筑宏伟，结构整齐，有外墙一周，长一百八十丈。院前立有影壁墙一道，影壁墙两侧有牌坊两座，左牌坊上题“岳峻”，右牌坊上题“湘清”。右牌坊后是月榭。影壁墙之后凿池，用石头砌成栏杆，为“禁蛙池”。相传张栻夜读，闻池塘中蛙声聒噪，遂将案头砚台掷入池中，屋外瞬间安静下来，“禁蛙池”因此得名。书院设门两重，大门题“城南书院”，二门题“兰芷升庭”。两门之间，左侧为监院办公场所，监院署后为蒙轩。门后为讲堂，是山长聚集书院学生讲授之所。讲堂左侧有四斋，分别是居业、进德、主敬、存诚；右侧有二斋，分别是正谊、明道。各斋有房二十间，六斋共一百二十间。讲堂后为书楼，是书院藏书之处，左右共十楹，山长于此居住。书楼后有高地，

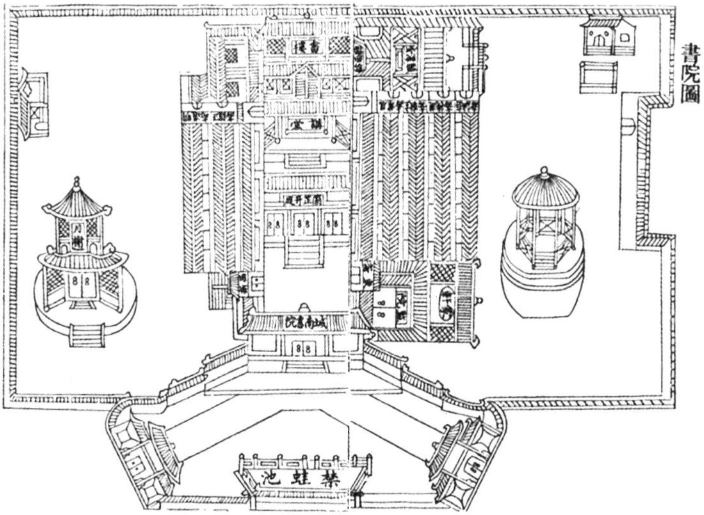

光绪《善化县志》载城南书院图

有卷云亭，清人凌玉垣作有《卷云亭》一诗，中有“联袂展良觌，探幽陟崇冈。春风浩荡来，山花各已芳。危亭翼烟岑，四顾青茫茫。远色揽城郭，遥情接清湘”的描写，可见其景致。书楼左侧为丽泽堂，又有听雨舫，作为课间休憩的地方。又在妙高峰上建南轩夫子祠，祭祀张栻，祠前建文星楼。楼外洼地栽种菱角荷花，随地高下植有竹木，被时人称为城南一大胜地。

叁 红色印记

城南书院是湖湘文化的重要发祥地，发展为湖南省立第一师范学校（后简称“湖南一师”）后，又成为中国新民主主义革命的重要策源地之一。湖南一师培养的大批进步人才，为中国共产党的创建和中国革命的胜利作出了突出贡献。

1915 年，以李大钊、陈独秀、胡适等人为代表的先进知识分子发起了反对封建主义、提倡民主和科学的新文化运动，为中国革命由旧民主主义阶段向新民主主义阶段飞跃提供了舆论准备。在新文化运动的影响之下，国内产生了许多进步团体，新民学会即其中之一。1918 年 4 月，新民学会在长沙刘家台子蔡和森家成立，确立了“革新学术，砥砺品行，改良人心风俗”的宗旨，新民学会章程由毛泽东、邹鼎丞起草，由萧子升删削确定。最初的新民学会是一个青年知识分子要求“向上”“求友互助”的团体，1920 年 7 月，蔡和森提出修改学会宗旨为“改造中国与世界”，并提出组织共产党的主张，又联合部分会员开展建党活动。1921年新年大会上，新民学会正式确立“改造中国与世界”为学会宗旨，越来越多的会员接受了马克思主义。

湖南一师的校友构成了新民学会的中坚力量。新民学会全部78名成员中，有47人是湖南一师校友。参加新民学会成立大会的，有毛泽东、蔡和森、何叔衡、萧子升、萧子暲、邹鼎丞、张昆弟、邹蕴真、陈绍休、陈书农、周明谛、叶兆桢、罗章龙等13人，除罗章龙外，其余都是湖南一师毕业或肄业的学生。首批基本会员21人中，有20人来自湖南一师，教员杨昌济还是学会的精神导师。学会中有41人先后加入中国共产党，其中24人是湖南一师校友。

1920年7月，湖南一师的校友毛泽东、彭璜等还创立了文化书社。军阀张敬尧统治湖南期间，新思想被压制，刊载进步思想的书籍报刊不容易输入。毛泽东在参与湖南自治运动的过程中，认为传播新思想是当务之急，于是，他着手筹办文化书社，介绍中外各种新杂志，以解决湖南人“脑子饥荒”的问题。文化书社购进了大量进步书刊，如《马克思资本论入门》《社会主义史》《新俄国之研究》《劳动界》《新青年》《新生活》《新潮》等，传播马克思主义。

湖南一师校友还参与了共产党早期组织的创建，并有不少人成为共产党早期组织的主要创建者或领导者。1920年8月，上海共产党早期组织成立，14名党员中，有湖南一师校友李达、李中。1920年冬，长沙共产党早期组织秘密成立，湖南一师校友毛泽东、何叔衡参与其中。1921年7月23日，中国共产党第一次全国代表大会在上海召开，13名代表中，湖南一师校友有毛泽东、何叔衡、李达。1922年7月，中共二大在上海召开，12名代表中，湖南一师校友有蔡和森、李达，毛泽东因故未能出席。蔡和森当选为中央执行委员会委员，负责党的宣传工作，并参与了中共党章和民主革命纲领的制定，还参与起草了中共二大宣言。湖南一师校友还是中共湖南省委创建和早期发展的中坚力量。1921 年 10 月 10 日，中共湖南支部在长沙成立，毛泽东任书记，何叔衡、易礼容为支部委员。三人中，何叔衡和毛泽东是湖南一师校友。1922 年 5 月，中共湘区委员会在长沙成立，毛泽东任书记，何叔衡、易礼容、李立三、郭亮为委员，四位委员中两人为湖南一师校友。新中国成立前，中共湖南省委历任书记共十七人，其中五人为湖南一师校友，他们是毛泽东、李维汉、夏曦、郭亮、任弼时（未到任）。

毛泽东于 1913 年春考入湖南省立第四师范学校，第二年春，第四师范并入湖南公立第一师范，组建为湖南一师，毛泽东先是被分到预科三班，后转入本科第八班。毛泽东学习刻苦，每天早晨早早起床，

毛泽东与第一师范纪念馆

到自修室学习。上课时专心听讲，课后则去图书馆借阅书刊，或与同学外出散步，交流学习心得，谈论时事。在此期间，毛泽东形成了自己的学习方法，还经常向杨昌济、徐特立、方维夏、黎锦熙等老师请教，把自己的学习心得送给他们批阅。

毛泽东在湖南一师求学期间，既关心学校师生事务，又对社会、国家事务表现出密切的关注。1915 年上学期末，省议会规定新学期每个师范生要缴纳十元学杂费，引起学生不满并提出抗议，毛泽东参与其中，险些被学校开除。1915 年 5 月 9 日，袁世凯承认了日本提出的“二十一条”，举国哗然。袁世凯还在各地组织“筹安会”，试图登上皇帝宝座。地方当局则禁止各报刊刊载反袁文章。毛泽东团结进步同学，把反对袁世凯的文章印成小册子，到处散发。毛泽东才能出众，深得同学们的信任和拥护。自 1915 年起至 1918 年毕业，他每个学期都承担了学友会的重要工作。1915 年至 1917 年上学期担任文牍，1917 年下学期至 1918 年上学期担任学友会总务兼教育研究部部长，这些工作锻炼了他的组织才能。在此期间，毛泽东还在课余时间创办工人夜校。

毛泽东在湖南一师求学期间，不但认真学习课本知识，还注重社会实践。他时常去工厂、农村作社会调查。1917 年暑假，毛泽东和萧子升一同去农村进行了一次长途旅行，调查所经之地的历史、地理，不断增长新的知识。1918 年春，毛泽东又同蔡和森到农村作社会调查。

1920 年秋至 1921 年夏，毛泽东在湖南一师担任附属小学主事，在 1921 年下学期被聘为师范部第二十二班的国文教员。毛泽东在学校进行了教学改革活动，同时以教学工作为掩护，积极宣传马克思主义，从事党的工作。1920 年 8 月，上海成立了共产主义小组。同年 9 月，毛泽东在长沙组织新民学会中的积极分子学习马列主义，参加学习的会员中，湖南一师的校友最多。同时，毛泽东同陈独秀、李大钊、邓中夏等建立了组织联系，在收到上海和北京寄来的社会主义青年团章程后，即在湖南着手建立团的组织。毛泽东还深入湖南一师发现和培养积极分子。上海、北京成立共产主义小组之后，毛泽东在长沙着手建立湖南共产主义小组。1921 年 6 月，毛泽东收到上海共产主义小组召开党的成立大会的通知，随即与何叔衡前往上海，代表湖南共产主义小组参加党的成立大会。党的第一次代表大会闭幕后，毛泽东被派回湖南，建立中共湖南支部，并担任书记。

肆 名人足迹

城南书院自清代重建以来，担任山长者多是学问渊博的大儒，如贺熙龄、何绍基、郭嵩焘等，皆一代名师。他们在书院讲学，大多汉宋并重，尤其重视经济之学，讲求经世致用，造就人才甚众。城南书院学生中著名的有左宗棠、王闿运、皮锡瑞等。

贺熙龄（1788—1846），字光甫，号蔗农，湖南善化人。嘉庆十九年（1814）进士，选庶吉士，散馆授编修。历官河南道御史、湖北学政、山东道监察御史，后以疾乞归，著有《寒香馆诗钞》《寒香馆文钞》。贺熙龄回乡后，掌教城南书院数年。其任主讲期间，“辨义利，正人心，训多士，以立志穷经为有体有用之学”，又清厘书院膏火，制订条规。

何绍基（1799—1873），字子贞，号东洲，晚号蝯叟，湖南道州（今道县）人。道光十六年（1836）进士，选庶吉士，散馆授编修，历任福建、贵州、广东乡试副考官及国史馆提调、四川学政等职。学识渊博，精通经史考订、金石碑刻鉴赏，书法精妙，自成一家。著有《东洲草堂诗钞》《东洲草堂文钞》等。同治元年（1862）至同治八年（1869）主讲城南书院。

郭嵩焘（1818—1891），字伯琛，号筠仙，湖南湘阴人。道光二十七年（1847）进士，曾任翰林院编修、两淮盐运使、署理广东巡抚。同治九年（1870），郭嵩焘移居长沙，掌教城南书院。在山长任上，他修葺书院祠堂斋舍，清理书院院产，新建王船山祠，为城南书院的发展作出了贡献。

“晚清中兴四大名臣”之一的左宗棠，道光十一年（1831）就读于城南书院，与湘乡的罗泽南、丁叙忠为友，以学行相砥砺。

王闿运（1833—1916），字壬秋，号湘绮，湖南湘潭人，咸丰七年（1857）举人，清末民初经学家、文学家。道光二十九年（1849）肄业城南书院。

皮锡瑞（1850—1908），字麓云，后改字鹿门，湖南善化人，光绪八年（1882）举人，清末学者，著名经学家。同治三年（1864）肄业城南书院。

城南书院改为湖南省立第一师范学校以后，在以杨昌济、徐特立、李达为代表的进步教师的教导下，培养出毛泽东、蔡和森、何叔衡、任弼时等优秀学子。

杨昌济是近代教育家，1907 年毕业于日本东京弘文学院普通科，次年入东京高等师范学校，专攻教育学。1912 年获英国阿伯丁大学文学士学位，后到德国考察教育。1913 年由德国考察归国，出任湖南高等师范专科学校教授，同时任湖南第四师范学校教员。次年，兼任湖南一师修身、教育学两科教员，下半年只教修身课。该年 9 月，与湖南一师教员黎锦熙、徐特立等人组织“宏文编译社”，编辑出版“共和国中小学各科教科书”。1915 年，因毛泽东等人抗议学校收取师范生的学杂费，校长张干要将毛泽东等人开除学籍，杨昌济与徐特立等教员出面，要求张干收回成命。1917 年，杨昌济继续兼任湖南一师修身、教育学教员，向《新青年》推荐“二十八画生”（即毛泽东）的《体育之研究》。1918 年 4 月，新民学会成立，学会章程反映出杨昌济进步思想的影响。

徐特立（1877—1968），原名懋恂，字师陶，湖南善化人，中国革命家和教育家。1927 年加入中国共产党，后参加南昌起义。1931 年 11 月，参加在瑞金举行的中华苏维埃第一次全国代表大会，当选为中央执行委员会委员，担任教育人民委员部副部长。1937 年，任陕甘宁特区政府教育厅厅长，1939 年，参加湖南省委在邵阳召开的扩大会议，当选为湖南省委委员。新中国成立后，曾任中央人民政府委员会委员。1913 年至 1919 年间，徐特立曾在湖南一师教教育学、各科教育法和修身等课程，并兼任教育实习主任。徐特立艰苦朴素，谦虚勤奋，他每次到湖南一师上课要走十里路，但他从来不坐轿子，一个人步行前往，准时到校上课，从不缺席，他的这一作风影响了其他老师。徐特立在湖南一师任教期间，表现出明显的民主爱国思想。1915 年袁世凯为称帝在湖南组织“筹安会”，徐特立同其他教师抵制袁世凯等人的恶劣行径。1919 年 5 月，徐特立通过教育会，组织各校教职员，成立讲演联合会，到各县乡镇进行爱国反帝宣传，并组织抵制日货、惩罚奸商等活动。同年 6 月，他联合陈润霖、张孝敏、易培基等多位长沙的中学校长，带领教师索薪，并往返于城乡之间，揭露军阀张敬尧在湖南的残暴统治和对教育事业的摧残，因此受到通缉，后赴法国勤工俭学。

何叔衡（1876—1935），原名启，字玉衡，号琥璜，湖南宁乡人。中国无产阶级革命家，中国共产党的创始人之一。1913 年春至 1914 年夏，就读于湖南公立第一师范学校（1913 年春考入湖南省立第四师范学校，次年 2 月，第四师范并入湖南公立第一师范学校）。1920 年秋，同毛泽东共同发起成立湖南共产党早期组织。1921 年 7 月，出席中国共产党第一次全国代表大会。1921 年秋至 1923 年春，何叔衡协助毛泽东主持湖南第一师范附属小学工作。

蔡和森（1895—1931），字润寰，号泽膺，湖南湘乡人。中国无产阶级革命家，中国共产党早期领导人。1913 年秋，蔡和森考入湖南公立第一师范学校；第二年春，毛泽东就读的第四师范并入湖南一师，二人成为志同道合的好友。蔡和森爱好古典文学，古文优美，学校师生对其评价颇高。1914 年，毛泽东、蔡和森、萧子升等同学发起组织“学生自治会”，旨在团结同学，开展各种社会活动。次年改称“学友会”，组织学生进行知识技能研究，开展学术研讨，并购置新的书报杂志，同时参与校方的行政管理和教学方案的制订，蔡和森担任讲演部部长。1915年1月18日，日本向袁世凯提出“二十一条”，蔡和森同毛泽东等人以学友会的名义组织本校学生游行，抵制日货，反对承认“二十一条”。同年5月9日，袁世凯政府接受日本“二十一条”的最后修正案。为揭露袁的卖国行径，蔡和森同毛泽东组织湖南一师的同学集资编印日本侵华资料，题为《明耻篇》，揭露日本侵略中国及袁世凯卖国的罪行，陈述救国方法，以唤起人们不忘国耻，挽救民族危机。

任弼时（1904—1950），原名培国，湖南湘阴唐家桥（今属汨罗）人。中国无产阶级革命家，中国共产党的主要领导人。1915年夏至1918年夏就读于湖南第一师范附属小学高小部。

李达（1890—1966），号鹤鸣，湖南零陵（今永州）人，哲学家，中国马克思主义传播的先驱者。1923年夏至1926年夏，任湖南一师社会学教员。

历史上，城南书院曾与岳麓书院齐名，也是马克思主义中国化的发源地之一。历经860余年时光洗涤，城南书院承湖湘文脉、传红色基因，在今天继续发挥着培育新人的巨大作用。

（刘艳伟）

南轩书院

南轩书院坐落在长沙宁乡巷子口镇官山村，始建于明代，是为纪念南宋抗金名将张浚、理学家张栻父子二人而创立的。书院在2017年重建后，成为南轩文化园的核心景观。

壹 书院简史

宁乡是湖湘学派的基地之一。南宋初年，湖南在历经战乱后逐渐稳定，社会经济得到了恢复和发展，掀起了一个兴学高潮。这一高潮的到来，主要得力于胡安国、胡宏、张栻等理学家的推动。胡安国、胡宏父子不仅自己在湘潭、衡山创办碧泉书院、文定书院，还发出兴办书院的倡议。湖湘学者闻风而动，纷纷响应创建书院。据记载，绍兴、隆兴之际，湖南全省创建、兴复书院9所。其中，就有张栻在宁乡建立的道山书院，与其他书院互相呼应，终成“湖湘学派之盛”的局面。

张栻去世后，与其父张浚一样被安葬于宁乡。明嘉靖三年（1524），世宗朱厚熜下诏修复张浚、张栻父子墓冢，敕建“张浚祠”，并下旨建“南轩书院”，御书匾额，将原来埋葬张浚、张栻父子的罗带山命名为“官山”。宁乡县令胡明善就墓下建祠，其右为书院。明末，祠堂与书院皆废。其后的历史沿革，史籍缺乏详细记载，但 2014 年至 2015 年的考古勘察，发现了十二处南轩书院的墙基墙址，根据被打破的墙基层次及铺地构件等推测，其建筑年代能追溯到宋代，延续到清代或民国时期，可见书院在清代、民国时期仍在发挥功能。20 世纪 60 年代，书院继续作为当地学校使用。20 世纪 70 年代被开垦为农田。

2017 年，为传承湖湘理学理念，弘扬南轩文化精神，当地以张浚、张栻父子墓冢为依托，新建南轩文化园，南轩书院得以重建，以新的面貌与世人见面。

贰 古院今颜

考古资料显示，南轩书院遗址中南北墙基长约 60 米，东西宽约

南轩书院

20 米，由青砖和石头垒砌而成。又据走访调查获悉，书院坐北朝南，盖青砖小青瓦，木质结构，分为前、中、后三进，前有照壁。据此可以推测南轩书院自古以来的建筑形制。

新建的南轩文化园规划占地面积有 1700 多亩，是南轩书院的外围景观工程，包括一路（书院路）、一桥（官步桥）、一院（南轩书院）、一湖（南轩湖）、一坊（南轩文化园牌坊）、一坝（沩水坝）和一广场（南轩文化广场）。南轩文化园牌坊是进入南轩书院的第一园门，其坊额集自南宋朱熹手迹，坊额两侧楹联“以尧舜君民心振千秋沉溺，承孔孟性理学起一世膏肓”，高度概括了张浚、张栻父子一生功业及对后世的影响。

入园后，有下马碑亭，内有清同治八年（1869）重修之下马碑，碑文为：“大小文武官员，至此止步下车。”碑文体现出古代尊师重教的文化传统。此碑曾经遗落民间，湖南大学陈谷嘉教授任岳麓书院

下马碑

院长时，在官山村一农户家中发现此碑，才将之保护起来并重新竖立。

过了碑亭，即见官步桥。官步桥又名官埠桥，历史悠久，仅存遗迹。新建的官步桥气势宏伟，是通往南轩书院的主要通道。该桥横跨沩水河，全长约 300 米，桥身宽约 2 米，整桥全漆为红色，两边用粗壮木柱围成栏杆。原木铺就的桥面为拱形，站在桥上俯视沩水河，好似长龙伸向无尽的远方；遥望耸立在书院后的罗带山，青翠秀丽，山峦起伏，顶峰烟雾缭绕，云蒸霞蔚，让人心旷神怡。

越过桥头，有书院牌坊。此坊参照岳麓书院“德配天地”“道冠古今”二坊而建，正面题“忠孝勤俭”，语出张浚《四德铭》。牌坊后题“濬源泗水”，原为康熙四十二年（1703）湖南巡抚赵申乔题赠南轩书院之辞。牌坊两侧楹联为:“秋水亭台高楚塞，春风弦诵入湘云。”此联为湖广邵阳人、明万历进士车大任《游岳麓书院》集句。

穿过牌坊，即可到达南轩书院。重建后的南轩书院占地 100 亩，

张魏公祠

以张浚、张栻墓茔为依托，以明清传统书院建筑为基本格调，整体结构为封闭四合院，集中体现出浓郁的书院文化氛围。书院正门楹联为：“精忠贯辰极，道脉雄古今。”

书院中轴线上有张魏公祠和南轩夫子祠，祠堂陈列张浚、张栻父子塑像。张魏公祠内有楹联：“洞中华民瘼会，华阳伯实称其名，俎豆馨香，直将南岳西川共老；打通义利关头，徽国公逊非其匹，文章炳蔚，尽教沩山汉水增光。”祠堂右侧是四德堂。中轴线左为南轩书院遗址和四益斋，后为飨堂。此外还有文化陈展室、讲堂、忠孝勤俭厅、藏书阁等，散发着古韵浓厚的书香之气。

叁　名人足迹

南宋张浚、张栻父子本为四川人，后葬于宁乡，后人因而建立南轩书院专祀之。

张浚（1097—1164），字德远，四川绵竹人，为西汉张良后裔。北宋徽宗政和八年（1118），张浚高中进士，历官侍御史、知枢密院事等职，力主抗金，为南宋经营川陕多年，保蜀地不失。绍兴五年（1135），出任右相。因多次反对高宗、秦桧议和，被排挤外调，贬至永州。绍兴三十一年（1161），任潭州通判。孝宗即位，授张浚为右相兼枢密使，封魏国公，积极部署抗金。在主和派的阻挠下，张浚再次被罢。卒后，追赠“太师”，谥“忠献”。著有《紫岩易传》等。

张栻为南宋理学家，与朱熹、吕祖谦并称为“东南三贤”。少时随其父张浚学习。绍兴三十一年（1161），赴衡山拜胡宏为师。张浚任职潭州后，张栻随父居长沙，在城南妙高峰建城南书院，并主教岳麓书院，后与朱熹一起举行“朱张会讲”，开书院会讲先河。其后，张栻入仕为官，出知严州，上表朝廷减免赋税，又与严州教授吕祖谦相与讲学。乾道六年（1170），入朝担任吏部员外郎兼权起居郎等职，被孝宗数次召对，多有建言，却不为当道所喜，被排斥离朝，先后出知静江府、江陵府等职。后卒于任，谥号“宣”，从祀孔庙。著有《南轩先生文集》等。

书院祭祀是为“尊前贤励后学也”，张浚、张栻父子以其浩然忠正之气、经纶满腹之学成为南轩书院的祭祀对象，诚可谓实至名归。

（张勉效）

云山书院

云山书院位于长沙宁乡横市镇云山村水云山下。书院建筑坐南朝北，为砖木结构，有封火墙、硬山顶，粉墙黛瓦，环境清新优雅。

“宁乡四髯”何叔衡、姜梦周、王凌波、谢觉哉曾在此读书任教，并从事革命活动。1917年，青年毛泽东也曾来此进行社会调查。

壹　书院简史

云山书院系刘典于清同治三年（1864）倡建。

刘典（1819—1879），字伯敬，一字克庵，湖南宁乡人，湘军著名将领，《清史稿》有传。刘典祖上世代务农，他读书求学，年轻时以县学生的身份在岳麓书院、城南书院学习。他曾加入左宗棠军幕，成为湘军的一员虎将。同治元年（1862）任浙江按察使；同治五年（1866）率部入陕，驻守潼关，兼任甘肃按察使，次年被同治皇帝封三品卿衔；同治七年（1868）升为陕西巡抚，任职期间，忧国忧民，政绩卓著，百姓拥戴。光绪元年（1875），左宗棠率部开赴新疆，平定阿古柏叛乱。刘典奉命赴甘肃帮办陕甘军务，于次年到任兰州，总理后路军务粮饷，稳定后方，致力支援收复新疆，直至逝于兰州。刘典去世后，清廷为他设立专祠祭祀，并赐谥号“果敏”。

同治三年（1864），丁忧在家的刘典看到家乡学子求学艰难，便萌发了捐资办学的念头。刘典组织族人和当地士绅捐资捐物，在水云山下置地六百余亩，书院得以开工建造，起名为云山书院。在当时，这是一所乡学性质的初级教育机构，办学宗旨是“修书院，广育婴”，便于乡民子弟就读。书院要求学生“贵博学、审问、慎思，明辨以析其理，笃行以践其慎”，注重学以致用，以培养“处为大儒，出为良佐”之才。

据《宁乡汤泉刘氏五修谱》记载，兴建云山书院，发起人为刘典，策划设计者有刘典、曾毓郯、罗珍、潘本榘、王懋昭，项目负责人是刘汝康、曾毓郯、潘本榘，工程督修是刘大诰、姜瑞芳，监修为李春台等。书院于同治六年（1867）春建成，刘典为书院题名并撰写楹联祝贺：

为将十年，每思禁暴安良，愧无格致正诚本领；

读书万卷，须知明体达用，不外君臣弟友常经。

云山书院创办之初，中国正向半殖民地半封建社会转变，受洋务运动和维新思想的影响，书院的教学内容除“四书”“五经”外，也逐步加入了自然科学和社会科学的课程。光绪三十一年（1905），清朝政府废除科举制度，云山书院改为高等小学堂，推举民主革命前辈文经酉担任堂长。书院课目有修身、国文、算术、历史、地理、图画、体操，第三年加学英语，逐步形成正规的近代初等教育雏形。辛亥革命后，书院改名为云山学校。

贰 古院览胜

巍峨秀丽的水云山，坐落在三国时代宁乡古县城——横市镇，紧连水云山左右两侧的是天马山和螺头岭，稍远处有望北峰、双乳峰挺拔。著名革命家、“宁乡四髯”之一的谢觉哉曾写下《忆云山》一诗，怀念家乡，赞叹云山之美，诗云：

女峰螺岭记寻春，竹翠桃红掩映新。
应识殷生昔栽树，难逢向氏旧游人。
长溪鱼跃花飞柳，夹岸莺啼芽绽春。
载得东风归故里，青山白发两情亲。

云山书院依山傍水，背后依托水云山，这“两山两峰一岭”在书院的东、南、西三面形成一个山势险峻的自然屏障，翠竹夹岸的沩水

云山书院

在书院前滔滔东去，更增添书院周边山水的神奇色彩。书院外，两张拱形院门对称地开在东西两侧，古色古香，庄重典雅。这是其他古代书院很少有的建筑格局。

云山书院平面呈方形，整座书院为土木建筑。中轴线上依次有总会门、讲堂、藏书楼和先师殿，左右各列两排厅房。

院前有百果园，鸟语花香；院后有凌云亭，沐浴清风；院内绿树成荫，淡雅幽静；院外溪水川流，生生不息；院东有魁星楼，俯瞰田园；院西有步云桥，横跨沩水。从总会门至先师殿共建四进十六斋，辟有长桥夕照、云寺钟声、奎阁凌云、鉴泉印月、名山讲堂、文昌阁、藏书楼等“八阁十景”。书院东西两侧的东云大门、西云大门，式样大小一致，歇山顶，三层牌楼结构，顶层中立宝葫芦，两端出双爪。五级踏步。东门两层正中有长方形框，嵌祁阳石匾额，框内书“云山学校”，西门两层中框嵌祁阳石匾额，内书“云山书院”，顶层有状元拜塔、洞宾醉酒、三星弈棋等彩绘壁画，甚为美观。书院内有黄金树一株，叶茂枝繁，亭亭如盖。

云山书院建筑宏伟，粉墙黛瓦，正面四楹。进门第一楹，为总会门，总会门及讲堂面阔五间，朱漆廊柱，乃出入必由之路。正门为花岗石门框，双合板门，门框左右壁上镶嵌人民政府的保护标志说明各一块。正门上有“云山完小”题词，为谢觉哉手迹。进门后有大型游亭与第二楹——讲堂相连。

讲堂上端悬挂巨型匾额一块，上书“名山讲席”，黑底赤色字。讲堂上，又有大型游亭与第三楹——山长课艺处相连。

山长课艺处规模与讲堂相似。原悬挂何绍基手书“藏书楼”三字匾额，后被毁。山长课艺处再上有游亭与第四楹——先师殿连接。先师殿即讲堂，在殿的中央设有舞台，高一米，台上置讲台，当年名人讲学即在此台，左右各有房屋数间。

叁　红色印记

1909 年春以后，何叔衡、姜梦周、王凌波、谢觉哉先后在云山高等小学堂任教或担任校长。同时有宁乡农运先辈梅冶成，进步人士喻棣芳、欧阳健、王一凡、许抱凡、林若虚以及 20 世纪 30 年代在宁乡革命斗争中英勇殉难的李甲农等在校任教。他们在云山学校大力提倡科学、民主和勤工俭学，进行反帝反封建的爱国主义教育。他们使云山学校成为“五四”前后宁乡新文化运动的中心，为我国新民主主义革命培养了大批人才。

1911 年，辛亥革命爆发。何叔衡在学校带头剪掉辫子，并号召学生也剪辫子。之后，姜梦周和王凌波加盟云山学校。他们发动学生成立学生会，提倡写应用文，主张废除读经课，学习西方科学知识。这些改革遭到了守旧势力的激烈反对，引发了宁乡的新旧两派之争。守旧派攻击何叔衡等人“大逆不道”，说何叔衡是无圣君、无父母、无礼仪的“三无党”首领。何叔衡愤然辞职，赴长沙寻求新学。

1913 年秋，云山学校又迎来了谢觉哉任教。为了革命需要，谢觉哉跟何叔衡、姜梦周、王凌波蓄留胡须，四人因此被誉为“宁乡四髯”。

1914 年，姜梦周担任云山学校校长，提倡教育与劳动相结合，规定学生要定期参加劳动，并且自己赤脚草鞋带领学生劳动。王凌波任校长时，把“希贤祠”改为养蚕室，并开设印刷部，由学生自印练习本、备课本、信纸等，把学生劳动所得作为学校的一项收入，资助贫困学生。后来，他又把手工课改为生产笔筒、木盒、筷子等生活用品。

云山学校的改革引起了守旧势力的不安和反对，他们要求改组云山学校。1919 年冬，由当时的湖南省省长张敬尧任命的县知事余联辉到学校视察，出了两个充满封建气息的作文题来考学生，并规定用文言体写。很多学生不理这一套，十五班的萧述凡用白话文写了两千多字，批判了旧的伦理道德；十六班的尹澎涛在作文中直斥北洋政府“卖国求全，无勇无耻，误国殃民”。余联辉看了十分不满，但由于当时“驱张”运动已经兴起，余联辉自身难保，改组云山学校一事便不了了之了。

1917 年 7 月，毛泽东到宁乡、安化等地进行社会调查时，曾在云山学校居住。1921 年，何叔衡参加中共“一大”回湘后，偕谢觉哉到云山学校进行革命讲演。随后，学校正式成立了党组织。姜梦周、王凌波、谢觉哉、梅冶成等人成了这里最早的共产党员。1924 年以后，党组织在这里选拔了五十二名优秀青年进黄埔军校学习，还派了大批学生进农民运动讲习所听课。该校师生姜梦周、邓履平、谢南岭、李甲农等后来均成为一代革命者，云山书院（云山学校）由此被誉为“宁乡革命的摇篮”。

（孙丙丽）

文华书院

文华书院位于长沙浏阳南部文家市镇人民路，是一所清代县级书院，在历史上为浏阳培养了大批栋梁之才。1927 年，毛泽东率秋收起义部队会师于此，文华书院在中国革命史上留下了浓重一笔。1961 年，文华书院以“秋收起义文家市会师旧址”的身份成为首批全国重点文物保护单位。

壹　书院简史

文华书院建于清代。清道光二十一年（1841）知县胡泰阶考察到文昌宫所在地山水清幽，率邑人刘大馥、甘崇勋、陈蕃庶、刘大墉、李南雅等请准，把文昌宫改建为书院，书院名取“文章华国”之义，文为有用之文，华为道德之华，修建规制仿乾隆年间在县城内修建的南台书院。关于招生事宜，知县胡泰阶把本院与县东狮山书院一起报请上级，经过巡抚吴其濬批准，书院每年招录生监（生员和监生）正课六名，附课六名；童生正课十名，附课十名。

咸丰元年（1851），书院出现了斋舍逼仄、膏火不敷的情况。知县赵光裕到任浏阳，认为斋舍应该扩充，膏火应该增加，于是谕令继续募捐，得到了八千余金，增加了左右斋舍数十区，招生名额也增加了童生正附课各六名。此时统计捐赠给书院的田、山、铺、屋，收入有七百余石，供师生薪俸膏火及书院赋税岁修等开支之用。

同治三年（1864），书院进行了集资，在左斋之前修建了庙宇。同治八年（1869）也有修建。同治十年（1871）乡绅又捐银万余两以资书院运转。

乡绅捐资建院，会得到嘉奖。例如，刘氏家族即得到知县赵光裕题赠的“云台衍绪”匾额和两广总督裕泰、巡抚吴荣光题赠的“诣勤学”匾额，现在都保存在浏阳金刚镇丹桂村桃树湾的刘家大屋内。

光绪三十三年（1907），书院改制为文华公立高等小学堂，1912年改为里仁学校。“里仁”来自《论语》：“里仁为美，择不处仁，焉得知？”学校历届校长要么是具有维新思想的宿儒，如陈蕃庶、陈运精、刘信庚等；要么是同情、倾向革命的进步人士，如甘恩锡、陈世乔、甘恩藻等，他们都很注意对学生进行维新、爱国的思想教育。

1959年，文华书院被列为省级文物保护单位，1961年3月被列为全国重点文物保护单位，后被辟为秋收起义文家市会师纪念馆。

贰 古院览胜

文华书院现存的建筑较好地保存了晚清时期书院的建筑风格，依山而建，前方视野开阔，总占地面积五千多平方米，建筑面积近三千平方米。坐南朝北，土木结构，中轴线上四进，为大门、讲堂、大成殿、成德堂，院东西斋曰“博学”“笃志”，讲堂东西斋曰“切问”“近思”。左侧有关帝庙、西斋、讲堂，右侧有魁星楼（已毁）、文昌阁、东斋、山长住室。大门前以两座亭式侧门夹峙照壁，形成前导空间，别具一格，较其他书院的入口更为活泼。

或许是因为由文昌宫改建，或许是受到官学化的影响，文华书院的建筑布局反映出浓厚的供祀特点，主要表现在大成殿处于院落中心的高台之上，成为书院的主体，此为其他书院所少见。大成殿作为主要建筑，三面混合土墙，正面花格木门窗，二十根麻石柱与梁枋衔接，构成屋身。屋面为重檐歇山顶，屋角高翘，屋脊中央置宝葫芦于巨型蝙蝠之上，花格陶制砖压顶，两端鳌鱼收尾，檐下卷棚装饰。

书院的祭祀对象文武并重。其中，用于尊奉孔子的大成殿为二层，上层为藏书楼。最为特别的是，在这个教育讲学之地，竟然有武帝庙以祭祀关圣帝君（即关羽）。祭祀是古代书院教育特殊的规制，它的主要作用在于推崇学统、标榜学派，对生徒进行模范教育，祭祀的对象能反映出该书院的办学宗旨和学问取向。

里仁学校正门

文华书院以关圣帝君为祭祀对象，与当时的历史背景是分不开的。庙前的《文华书院迁建武帝庙碑记》道出其原因：“盖我朝圣圣相承，谟烈炳如日星，文庙武庙并隆祀典，且《鲁颂》有云，‘在泮献馘’，有文事者必有武备，正未可以偏废也。”武帝庙建于同治四年（1865）。面对鸦片战争的失败、清政府的腐败无能和西方帝国主义列强的侵略野心，文华书院的主持者认识到武备的重要性，希望通过建武帝庙，“自今以往，在院肄业者春夏干戈，秋冬羽籥，瞻仰渐摩，将见经文纬武，为国家有用材，皆于此基也”。教育的目的是培养“经文纬武”的有用之材，不管其实际的效果如何，都可以看作是对传统书院教育进行改革的一种有益尝试。

文华书院有龙山霁雪、雁塔斜阳、天台风月、许阜云烟、柳潭春涨、槐市秋香、江洲芳草、沙渚文漪、仙乘牧笛等诸多胜景，是古代书院以环境熏陶德性教育方式的证明，给今人留下了宝贵的文化遗产。

里仁学校全景

叁 红色印记

文家市属于九岭山脉西南延伸部分，是个“七山一水二分田”的山地丘陵地区，这里的人民历来有热爱祖国、心忧天下的传统。早在 20 世纪初，即有陈绍休、陈绍常等走出山区看世界，远赴长沙乃至法国等地求学，并参加了毛泽东、蔡和森等组织的新民学会，寻求救国救民的真理。

1917 年，在湖南省立第一师范学校读书的毛泽东与同窗好友陈绍休、陈昌、张辉舟等人来到浏阳，开展二十余天的社会调查活动。因为陈绍休是浏阳文家市人，毛泽东便将这次社会调查活动的居住点选在了陈家。对于此次调查活动，毛泽东有着自己的想法：要与农民为友，通过走访这一带众多的贫苦农民，知道他们过得怎么样，对当时的社会又有着什么样的想法与诉求。通过一家家去走访，一个个去询问，毛泽东最终获得了大量的一手资料。

此次调查活动中有两个地点有着特别的意义：一是文华书院（里仁学校），为十年后的秋收起义文家市会师埋下了伏笔；二是文家市的高升岭，如果不熟悉地形，1930 年“文家市大捷”中由毛泽东任政治委员的红一军团也就不可能快速取得胜利。

在社会调查过程中，毛泽东曾经在文家市上过两堂课。第一堂课是来文家市的第二天，陈绍休、陈绍常兄弟陪毛泽东去文家市集镇作社会调查，路过下沙溪必达学校，学校老师陈绍熙了解到毛泽东是湖南一师校友会总务兼教育研究部部长，便热情邀请其授课。课堂上，毛泽东提到谭嗣同、唐才常和船山学社创办人刘人熙等浏阳英杰，赞扬必达学校是继承谭嗣同兴新学的模范。毛泽东认为“不能关起门来读书，要读活书，要向社会学习”，讲到“读书不是为了个人捞饭碗，而是为了改造中国和世界”，主张“学以致用”，认为这次来文家市就是他向社会学习的极好机会。

第二堂课是毛泽东离开文家市的前一天，陈绍休的兄弟们特意邀请附近的知名人士和亲戚朋友来家里聚会。大家又热情地邀请毛泽东讲述对国内外时局的看法。受到毛泽东的影响，陈绍休等多位浏阳的青年俊杰加入新民学会，而陈家几乎全家都投身于中国革命，先后有八人为革命捐躯。

1927 年 9 月，在文华书院发生了中国革命史上的重要事件，即举世闻名的“秋收起义会师”。八七会议以后，中国共产党确立了土地革命和武装反抗国民党反动派的总方针，毛泽东以中央特派员的身份返回湖南，组织工农革命军，筹备秋收起义。起义攻打长沙未果，毛泽东果断命令撤出，转兵文家市，并狠狠打击了这里的反动民团。

1927 年 9 月 19 日，工农革命军第一团、第二团与第三团，集结于文华书院（里仁学校）内，秋收起义部队在文家市进行“秋收起义会师”，擎起了中国工农红军第一面红旗。当晚，在学校的一间教室里，毛泽东主持召开了前敌委员会会议，决定改变攻打长沙的计划，向罗霄山脉中段进军。第二天，部队在此誓师。誓师大会上，战士和当地民众、学校师生挤满了学校操场，毛泽东打了个有趣的比喻：“我们现在好比一块小石头，蒋介石反动派好比一口大水缸，但总有一天，我们这块小石头，一定要打烂蒋介石那口大水缸！”听到这里，大家不由得一起鼓起掌来，当时十岁左右的里仁学校学生杨勇和胡耀邦也格外兴奋。从文家市会师到井冈山根据地的创建，迈出了中国革命成功的关键一步。

从9月9日起义开始以来，工农革命军第一军第一师的队伍，还从未集中在一起，三个团分别从江西的修水、萍乡、铜鼓出发，分三路向湖南的平江、醴陵、浏阳进攻。然而，起义未能完全按照中央和湖南省委的预定计划发展，他们在强敌面前不得不停止进攻。原计划攻入长沙城会师的三个团，没想到竟会在文家市这样一个偏远的小镇会师。

1928年，文华书院（里仁学校）成立了中共党支部。

1930年，毛泽东、朱德率领红一军团来到文家市，并在高升岭、九峰寺等地巧妙设伏，全歼白匪戴斗垣旅，敌军上自旅长下至马夫一个也没跑掉，取得了红一军团战争史上第一次成建制全歼敌人一个整

秋收起义纪念园

旅的辉煌战果。“文家市大捷”成为我党、我军初建时期一次重要的革命实践，为红一方面军的建立奠定了基础。

新中国成立后，文华书院（里仁学校）成为红色教育基地，此时书院建筑保存完好，有前后殿、文昌阁、东西斋等。1962年至1982年，国务院先后七次拨款，对里仁学校进行维修加固，并辟为秋收起义文家市会师纪念馆。1977年，为纪念秋收起义五十周年，当地在会师旧址西侧新建湘赣边秋收起义文家市会师历史事迹陈列馆一座。

这里保存了当年毛泽东和前敌总指挥卢德铭、师长余洒度等人的起居室和战士宿舍、厨房、食堂等遗迹。当年起义部队书写的革命标语保存完好，附近还有高升岭战斗遗址以及河口大屋革命漫画。

秋收起义文家市会师纪念馆如今位于秋收起义纪念园景区内。在秋收起义纪念园入口处，一座巨大的红旗主题雕塑上镌刻着毛泽东的词作《西江月·秋收起义》：

军叫工农革命，旗号镰刀斧头。
匡庐一带不停留，要向潇湘直进。

地主重重压迫，农民个个同仇。
秋收时节暮云愁，霹雳一声暴动。

肆 名人足迹

文华书院的知名山长有江西彭梦彰、长沙裴樾森及本县邱庆钧、贝允昕等。书院在1912年改为里仁学校，陈世乔等早期共产党人曾执教于此，胡耀邦、杨勇等革命先辈毕业于这所学校。

贝允昕（1865—1929），字元征，湖南浏阳人，清末民初的教育家，在其教育事业初期曾任文华书院山长。

贝允昕少时受业于欧阳中鹄，通经史，光绪十四年（1888）参加乡试，中举人，历任湖北抚署、天津道署、直隶县署、福建县署及藩署等职。他与同乡谭嗣同交谊甚笃，厌恶前清弊政，不肯继续当官，归任后成为浏阳文华书院、围山书院山长，决心以开迪民智为己任，献身于教育事业。

在谭嗣同牺牲以后，贝允昕认为应该学习先进的外国文化，于是在光绪三十年（1904）东渡，入东京法政大学学习。两年后回国，同年底回湖南，辅佐同乡刘人熙就长沙城南书院旧址办理湖南“中路师范学堂”，任教务长，主持招收长沙、宝庆、岳州三府有志于师范教育者入学，参用日本学制，进行教育改革。宣统元年（1909），协助谭延闿、方克刚等创中路公学（几年后改称妙高峰中学）于长沙城南妙高峰，任校长。他还陆续参与创办了湖南财政学堂、新民法政学校、楚材中学校、湘澜女校、建国法政学校、孔道学校等，致力于教育事业前后二十余年，桃李满湖湘。

陈世乔（1881—1927），字狱青，浏阳文家市人。考入湖南优级师范文史科，毕业后回到家乡执教，1916年出任里仁学校校长，1925年加入中国共产党。1926年，在县第一次农民代表大会上，当选为县农民协会委员长，他在农民积极分子中培养和发展党员，同年，发展陈圣岚、吴千晋、尤清风、陈圣皋、甘恩藻、徐代暄六人为党员，建立起文家市第一个党支部，陈世乔出任支部书记。1927 年 3 月，浏阳工农义勇队成立，调任后勤部长。秋收起义后，他与吴千晋、尤清风一起到江西寻找党组织，中途被捕牺牲，年仅 46 岁。

陈世乔在文家市工作期间，影响了许多有志青少年，杨勇和胡耀邦是其中的佼佼者。

杨勇（1913—1983），原名杨世峻，湖南浏阳人，开国上将，曾在文华书院（里仁学校）读小学。杨勇家住在文华书院（里仁学校）的斜对角，他 1926 年进入里仁学校就读，加入了儿童团。杨勇个子高，力气大，在校期间以智勇双全闻名。陈世乔在检视儿童团的操练队伍时，看到杨勇步伐正规有力，夸赞道："你步子走得很好，常听甘恩藻先生提起你，说你是块当兵的好材料。"1927 年，杨勇在甘恩藻的介绍下，加入了中国共青团。

杨勇与胡耀邦是小学同学，在秋收起义誓师的时候，他和胡耀邦一起爬上围墙听毛泽东讲话。1929 年，杨勇进入浏阳县立初级中学，与胡耀邦成为中学同学。但由于时局动荡，第二年中学停办，杨勇结束了学业，参加革命。1930 年，杨勇加入中国共产党。

胡耀邦（1915—1989），字国光，浏阳文家市人，中国无产阶级革命家、政治家，中国共产党领导人。1926 年，胡耀邦来到里仁学校读高小，每天步行 20 多里山路上学。里仁学校按照新式教育的要求，开设了国文、算术、历史、地理、体育、音乐等课程，为胡耀邦打开了新天地。他勤奋、专心、肯思考，入学不久就成为班级里的优秀学生，被教师们注意。他和表兄杨勇，一个斯文，一个骁勇好动，虽然性格不同，但是相处融洽。

当时已经加入中国共产党的教师甘思藻对年幼的胡耀邦认真培养，把《中国青年》介绍给他，唤醒了他对共产主义的朦胧追求。不久，胡耀邦成为里仁学校的少年先锋队队长兼宣传组组长。1927 年 9 月，当毛泽东率领秋收起义部队驻扎在里仁学校时，胡耀邦和杨勇一起爬上操场围墙，听毛泽东对部队讲话，深受启发。

1929 年，胡耀邦考入浏阳县立初级中学，同年加入共青团，担任文家市儿童团团长，协助红军传达命令、侦察敌情、宣传鼓动等。由于时局动荡，转而求学于长沙妙高峰中学，但是又遭遇停课，之后结束了求学生涯，走上革命道路。

诞生于近代的文华书院，首先有各个具备时代眼光的山长在这里践行他们启迪民智的理想，然后有陈世乔这样的有着革命救国理想的校长，最终他们的思想传递到了杨勇、胡耀邦等一批进步青少年的头脑里，文脉和红色基因得以传承。

（何君扬）

洞溪书院

洞溪书院位于长沙浏阳东部张坊镇，是清代浏阳的八大书院之一。洞溪书院规制完整，历经晚清、民国直至今日，培养了王首道、张藩、张翼翔等杰出人才。今为洞溪完全小学。

壹 历史沿革

洞溪书院的前身是清道光十七年（1837）例贡生张良赞在张坊文昌阁所建的义学，有田亩、店屋等。道光二十七年（1847），张良赞之妻把义学扩建为书院。咸丰二年（1852），书院开始聘任名师启

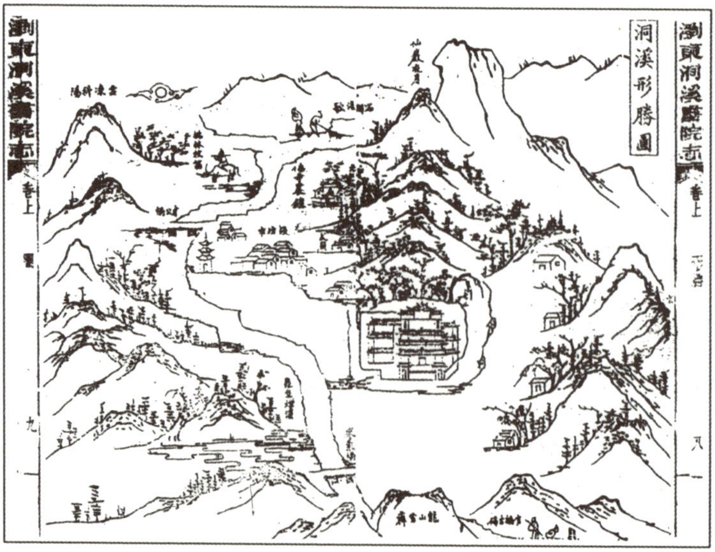

清光绪《浏东洞溪书院志》载洞溪形胜图

馆，时“远近士子麇至，至斋舍不能容”。乡人捐资非常踊跃，惊动了湖南巡抚骆秉章，他专门奏请朝廷嘉奖捐资人士，以促进乡村书院的发展。咸丰十一年（1861），乡人捐银二万五千余两扩建。同治四年（1865），乡人张昌芾、李元善捐赠经费。浏阳知县邓尔昌详请议叙，湖南巡抚毛鸿宾再次题请朝廷嘉奖。

同治六年（1867），书院毁于兵火。八年（1869），浏阳知县盛赓乐带头捐资百金，乡绅富户竞相仿效，捐款十分可观，书院始得修复。光绪二十五年（1899），浏阳罗汝廉等开始编纂、刊印《浏东洞溪书院志》上、下卷。光绪二十九年（1903），书院改制为小学堂。

1930 年，书院被改办为列宁学校。1949 年改名为洞溪学校，新中国成立后曾先后命名为二十完小、张坊学校、洞溪学校。

贰　书院览胜

同治八年（1869）修复后，洞溪书院规制基本确定。文昌阁被移到后方山冈，斗文阁是书院最高的建筑。拾级而下五十余级，可至圣殿，再往前为讲堂四间，名为志道斋。讲堂前为龙门、头门。以上为书院中轴线建筑。左厢上三间为存意斋，为藏书之所。东亭厅为亦乐斋三间，斋上为揽英阁，为书院山长下榻之处。斋下两间为庖所（厨房），下为崇义祠，祀书院的创立者张良赞夫妇。再下为仓库。右厢房上下三间为主教斋，西亭厅为梓敬堂，祭祀县令与捐资建院的有功人士。前为诚意斋、敬业斋等，各五间。

书院旧址现位于洞溪完全小学校园内，四周环境清幽，青山连绵，流泉飞瀑。书院旁可以看到当地的著名景观：官桥古碣、云冻斜阳、石涧渔歌、桃林牧笛、龙山雪霁、仙岩夜月等，古代书院寓教于景的精神得到保留。

叁 红色印记

洞溪书院改制为小学堂后，推行近代化教育，培养新式人才。革命家王首道 1918 年来此就读。第二年，五四运动爆发，以毛泽东、邓中夏等为首的长沙学生，组织了湖南学联，开展罢课斗争，声援北京师生的爱国行动。洞溪小学堂的师生积极响应，成立了学生会，推选王首道为会长。此后，王首道以学生会的名义，在校园组织爱国演讲会、歌咏会，还组织同学上街下村宣传新思想与新文化，使得这座近百年的学府成为张坊地区新文化的传播中心，使五四运动精神在张坊地区得以传播和发扬。

1923 年，妇女解放运动在此地蓬勃发展。当时，在张坊洞溪小学堂教书的李玖铭受到一年前开办的西乡金江女校的鼓舞，动员开明乡绅捐款捐租，开办洞溪女校，他就任首任校长。李玖铭在教授文化知识的同时，还倡导男女平权思想，鼓励男女婚姻自由。浏阳早期的女党员王德文、王绍坤、王绍兰等都曾入女校就读。

1930 年，列宁学校在此成立。当时苏区的发展如火如荼，浏阳在苏区范围内，社会教育也得以开展。据浏阳县文化委员会 1931 年上期统计，浏阳苏区创办列宁学校 4 所，赤色小学校 116 所，妇女半日学校 12 所，工农夜校 15 所，共有学生 5000 余人。从学校和学生数量来看，红色教育在此得到广泛开展。但在红军转移后，这里的列宁学校随之停办。

在长期的革命教育影响下，洞溪书院所在的张坊成为革命老区，在录烈士就有 1080 人。当地的红色资源非常丰富，除洞溪书院外，还有王首道同志生平事迹陈列馆、李白烈士故居、桃树崖浏阳县苏维埃政府临时驻地、江口陈家祠堂等。

肆 名流掌教

洞溪书院历任山长都是一时名流。在他们的主持下，书院在发展理念、制度、章程等方面都完成了制度化建设，得到了地方官民的肯定和资助。

熊冲之，字云程，浏阳西乡举人，咸丰二年（1852）主讲洞溪书院，是第一任山长。他任山长期间，洞溪书院出现了“远近士子麇至，至斋舍不能容”的盛况，使得乡人发起募捐，扩大书院规模，办学热情高涨。洞溪书院的著名山长还包括浏阳文庙的著名乐师邱庆诰，诗文家郭崑焘（郭嵩焘之弟），长沙著名经师袁樾森等。洞溪书院历任山长列表如下：

姓名	任职时间	籍贯与出身
熊冲之	咸丰二年	浏阳县西乡举人
邱庆诰	咸丰四年	浏阳县西乡举人
郭崑焘	咸丰五年	湘阴县举人
姚腾汉	咸丰六年	湘阴县举人
李如崑	咸丰七年	龙山县举人
王永时	咸丰八年	浏阳县东乡举人
邱景仑	咸丰九年	浏阳县西乡亚元
周湘黼	咸丰十年	长沙县举人
邱景仑	同治元年	浏阳县西乡亚元
袁懋森	同治二年	长沙县举人
吴德襄	同治三年	醴陵县拔贡
汤成三	光绪十年	江西万载县举人
潘梓材	光绪十二年	江西万载县举人
陈鸿业	光绪十三年	长沙县举人
汤成三	光绪十四年	江西万载县举人
熊河清	光绪十五年	江西新昌县举人
汤肇熙	光绪二十年	江西万载县进士
黎先汇	光绪二十一年	浏阳县城举人

在各位山长的带领下，书院的教学和考课制度日臻完善，师生的优秀文章还会刊印成册，成为范文，广为流传。光绪年间，书院藏书规模扩大，可以推测，在晚清改良、革命思潮广为传播的历史背景下，书院新增的藏书中不乏新潮的西学，而且已经有一部分新式课程进入

洞溪书院的章程规划。后来书院按生徒层次进行分班教学，确定不同学习内容的改革措施，在当时的教育转型大潮中走在了前列。

洞溪书院的教学理念和思想学术通过这些开明山长的努力而得以代代传承。改制后的洞溪小学成为新式文化的教育和传播中心，影响着当地的风气，培养了大量人才。杰出代表除王首道外，还有张藩、张翼翔、何志远、李白、王一帆、王肇勋等。

（何君扬）

金江书院

金江书院位于长沙浏阳西乡普迹镇，始建于清同治年间，后改制为学堂、学校。革命先烈陈昌、夏明翰、陈作为等曾任教于此，书院培养了开国上将宋任穷等众多的优秀学子。

壹 书院简史

金江书院建立于清同治十一年（1872），由浏阳西乡汤、陈、邱、娄四姓族人为首捐资兴建，其前身是一所祠堂，与洞溪、狮山、围山、文华、文光、石山、南台并称为“浏阳八大书院”。光绪二十四年（1898）戊戌变法，书院率先改制为金江两等（高等、初等）小学堂，而湖南其余书院大多改制于清末新政以后，金江书院成为浏阳最早改制的书院，走在全国学制变革潮流的前列。光绪三十三年（1907），书院改为金江高等小学堂。

辛亥革命后，学堂改为学校。1938 年，更名为浏阳私立金江高等小学校。1942 年，金江高小创办初中部，首任校长是陈熹，吸引了张煦秋、黎升洲、王邂清、陈敬愚、罗锦乔等名师执教。当时处于抗日战争时期，许多城市沦陷，但名师荟萃的金江中学遐迩闻名，一时间长沙、醴陵等地学生纷纷来此求学，以考上金江中学为荣。1957 年，金江中学改为浏阳第七中学。2001 年，为传承“书院—学堂—

学校”的百年校史，学校更名为金江学校，办学至今。

贰 书院览胜

金江书院是一座典型的清代书院，占地面积 3600 多平方米，东南方遥对罗霄山脉的山峰白茅尖，西北方不远处有浏阳河缓缓流过。书院的所在的西乡普迹镇风景优美，海慧晨钟、船山映月、白茅雪霁、水市风帆、牛首夕阳、丽湖烟树、平步晴岚等“金江八景”错落其中。

书院门楼对着广袤的田野，在原浏阳第七中学已封堵的校门位置。穿过门楼，踏过甬道，庭院前正对前厅。前厅后又有长厅，大成殿坐落于此。厅殿之间有天井，天井里树木葱茏。

以上为分布于书院中轴线的主要建筑。中轴线两边有八个斋堂，为诸生起居、学习之所，书院改制后被用作中学教室。师生宿舍、图书室、餐厅、厨房、箱箧室、浴室等一应俱全，错落有致。古樟浓荫匝地，樟香扑鼻，构成这座百年学府的靓丽风景。

叁 红色印记

金江书院不仅在清代为浏阳培养出大量优秀学子，改制为学堂、学校后，仍继续培养维新、革命人才。随着马克思主义在中国的进一步传播，这里诞生了浏阳第一个党支部。

陈昌是中共金江学校支部成立的重要推动者。

陈昌（1894—1930），字章甫，湖南浏阳人。光绪三十四年（1908），在金江高等小学堂学习。1911 年考入长沙中路师范学堂（后改名湖南公立第一师范学校）学习。陈昌和毛泽东是湖南一师的同学，两人情谊深厚，老师黎锦熙称赞两人“笃行略同，皆可大造”。1918 年，陈昌加入新民学会。1920 年，陈昌受毛泽东委托回浏阳负责文化书社浏西分社的组建工作，利用进步书刊宣传新文化与马克思主义，母校金江高小被选定为社址。在校长黄谱笙的支持与师生的共同努力下，陈昌以训育主任的身份开展活动。不出十天，分社正式成立，当场就售出《向导》《中国青年》等进步书刊 234 册。1921 年，陈昌加入中国共产党。

1922 年，共产党员夏明翰和湖南自修大学的同学一起来到浏阳金江高小执教，以教师身份作掩护，推动新思想、新文化的传播。当时的校长黄谱笙愿意接受进步思想，陈昌、夏明翰、陈作为、潘介棠等人牵头组建浏西文化促进会，定期举办马克思主义研读会。当时，金江学校已经有夏明翰、陈昌、陈作为三名共产党员。同年十月上旬，经中共湘区委员会同意，中共金江学校支部秘密成立，成为浏阳第一个党支部，陈昌任支部书记。金江支部通过一段教育改革和社会实践活动，发现广大妇女不但没有参加社会活动的权利，也没有读书和受教育的机会，于是组织推动在金江学校招收女学生，并创办一所女子职业学校，全县出现了妇女解放运动的热潮。

肆　群英汇聚

在中国共产党的组织领导下，金江学校的革命活动开展得如火如荼，校长黄谱笙在其中发挥了重要作用。

黄谱笙（1891—1960），湖南浏阳人。11 岁就读于金江书院。1917 年，黄谱笙任金江高等小学校长。1922 年，黄谱笙支持陈昌、夏明翰在学校中积极宣传爱国主义和共产主义思想，着力进行教学改革，执行教学与劳动相结合的教育方针，并在校内挂出“劳工神圣”的牌匾。黄谱笙还加入了以陈昌为会长、夏明翰等人参与创办的浏西文化促进会。在反动势力的迫害下，黄谱笙被免去校长职务。1949 年至 1951 年，他继续担任金江中学校长。

陈作为（1899—1926），湖南浏阳人。16 岁考入湖南省立第一师范学校，与同学毛泽东、陈昌等人志趣相投，后成为该校学生自治会成员。曾组织同学参加“驱张”运动，与陈清和等人成立浏阳驻省学友会，主办进步刊物。从湖南一师毕业后，陈作为回到家乡，1921 年被聘为金江高小教学主任。他与陈昌紧密合作，在改善学校环境、改革教育制度以及创办女校等活动中，表现出不凡的气魄与才能。1922 年，陈作为加入中国共产党。因顽固势力的排挤，他于 1923 年春被迫辞职，离开金江，到长沙创办了楚材中学，任校长。后考入黄埔军校第二期，在北伐途中牺牲。

宋任穷（1909—2005），原名宋韵琴，浏阳葛家乡人。1922 年，进入金江高小就读，深受校长黄谱笙和教师陈昌、夏明翰等人影响。

在革命思想的激励下，宋任穷举着小旗子随大伙儿上街游行，高呼“打倒帝国主义列强、打倒军阀、打倒贪官污吏”的口号，同时唱着陈昌编写的《修路歌》：“怕什么高和低，土和石，凡阻碍我们的，都要把它铲平！”就读期间，宋任穷等人曾写出反对省长赵恒惕充当帝国主义走狗的作文，浏阳反动当局非常惊恐，遂免去黄谱笙的校长职务，并将陈昌、夏明翰等人排斥出校。

1926 年，宋任穷加入中国共产党，第二年参加秋收起义，从此走上革命道路。1955 年被授予上将军衔。在新中国的科学事业上，宋任穷也作出了显著的贡献，是新中国原子能事业的重要奠基人之一，他为推动我国航天事业的发展作出了贡献。

除宋任穷外，常德会战中牺牲的将军彭士量、国民党爱国将领潘裕昆、中国工程院院士“黎氏三兄弟”（黎鳌、黎介寿、黎磊）、地球物理学家何继善等都曾就读于金江学校。

金江书院本是浏阳西乡四姓为教导乡里子弟而设，但很快就被卷入近代社会变革的大潮之中。其率先由书院改为学堂之举，引领了湖南的维新变法运动。金江书院在后来成为浏阳新文化运动的中心并非偶然，这是书院心系家国的历史传统和诸多革命先烈的牺牲奉献共同作用的结果。

（何君扬）

围山书院

围山书院位于长沙浏阳大围山镇，始建于清代。书院注重培养学生的爱国情怀，自晚清以来，书院的学生、教师为本地区的革命活动打下了基础，毛泽东领导秋收起义后，队伍曾短暂驻扎于此。书院现为湖南省省级文物保护单位。

壹　书院简史

围山书院的前身是清咸丰时期当地的义学。光绪二十四年（1898）由浏阳名儒涂启先牵头捐资、捐地并主持修建，将义学升级为书院，书院办学宗旨为“忧国爱民，思想开明，治学严谨”，涂启先长子涂质初为书院的首任山长。

涂启先在他撰写的《围山书院记》中，寄托了对围山学子和家乡的热切希望：“士伂然读书穷理，究不过讲小技，饰虚车，顽钝无耻，视不学之齐民为尤甚。学校之设，固已有名无实，犹且县添一书院，乡增一义塾，夫何为者？故上东之无闻人传人，诚上东之陋，然循近世之教，以教吾书院之士，恐更数百年而僻陋如故。学不思古，材不逮古，即幸有掇巍科膺朊仕者，其遂足矜为传人闻人已乎？犹围山之耻也。”他希望上东围山的学子能够成为“传人”“闻人”，不要成为追求名利的假士人。

光绪三十一年（1905），围山书院改制为上东围山高等小学堂。民国初年更名为上东围山高等小学校。1926 年，男女分校合并。1930 年学校停办。1934 年更名为上东围山高等学校，继续办学。抗战时期学校迁址到瑶前，胜利后迁回原址。1946 年更名为上东镇中心国民学校。

新中国成立后，学校改为浏阳县第十二完小，1951 年改为浏阳县第十九完小，1956 年改为浏阳县东门完小，1958 年开设初中班。1959 年小学部和中学部分开，中学部取名东门中学，1972 年下学期小学部另迁新址。1978 年下学期东门中学改名为浏阳县第十四中学，合并白沙、中岳、大围三所社办中学的高中班。1990 年下学期初中部与高中部分开，专办高中，直到 1999 年第十四中学停办。今为大围山镇中心完小和大围山中学。2014 年，围山书院成为长沙市市级文物保护单位，2019 年成为湖南省省级文物保护单位。

围山书院正门

贰 古院览胜

清代的围山书院建筑为青砖、石柱、木梁结构，沿中轴线五单元对称排列。院内有春满堂、大成殿、嘉惠祠等，前后有四个天井，外天井种了两棵桂花树，内天井种了两棵罗汉松。据说，这四棵树系涂启先亲手所栽，现在均已枝繁叶茂。即使是生长速度极慢的罗汉松，树冠也早已盖过屋顶，树干需要一人合抱。

围山书院大门两侧的石柱上刻有涂启先撰写的一副对联：“心远地自偏，果能敬业乐群，此处亦名山广厦；民兴在经正，愿共守先待后，尽人为吾道干城。”

围山学校的老校歌也很有时代特色，“此地有围山高耸，溪水环绕，宅我校于其中。听鸟雀吱吱，水声潺潺，我们在此间乐也融融。

围山书院内景

努力求学业，造就优良国民，矢志救国，毋忘父老，作育热忱，我围山万古长青。”歌词首先描绘了大围山优美的自然景色，然后勉励学生，“救国”一词点出了时代背景，希望围山书院的学子能继承同乡的谭嗣同、唐才常等前辈的志向，挽救国家民族于危难之中。

叁 红色印记

在秋收起义部队撤出长沙之后、文家市会师之前，毛泽东曾带领工农革命军第三团在围山书院有过短暂驻扎。1927 年 9 月 14 日上午，起义部队攻占白沙、东门，接着毛泽东在书院召开群众大会，给在场的群众宣传秋收起义、土地革命的意义。但是湖南军阀唐生智派兵偷袭，使得部队不得不突围至排埠，然后休整三天，17 日向文家市而去。

围山书院的群众基础是在秋收起义之前就已经打下的。1926 年，毛泽东开展湖南农民运动，浏阳人陈锡虞、黄建中、吴兆甘、李笠渔、张恺吾、李鸿翼等人的工作都为这里的革命活动播下了种子。

陈锡虞是湖南一师的学生、毛泽东的同学，1925 年开始即以围山高等小学校教师的身份宣传新思想，进行革命工作。毛泽东率领工农革命军到此地时，住在他家。起义部队走后不久，陈锡虞即被捕牺牲。

李笠渔在围山学校上小学，18 岁即开始教书，并受到五四运动的影响。1923 年回到围山执教，向学生传授进步思想。1926 年北伐军经过东门，官员逃走，权力真空，于是李笠渔和李鸿翼等地下党员抓住时机建立了党支部，并任负责人。在区党支部的领导下，上东相继成立了区总工会、区农协、区妇联和工人纠察队，农民运动蓬勃兴起。

李鸿翼在围山学校读了四年小学，接着就读于长郡中学，1924年回到围山小学教书，进行革命活动。1925年，李鸿翼和李笠渔、刘友德等人组织围山学校、瑶前女校学生举行游行示威，声援“五卅惨案”受害者，产生了很大的社会影响。

黄建中，长郡中学学生，后赴法勤工俭学。归国后在围山高小、金江高小、枫林学校任教，宣传革命道理，启蒙群众。他擅长演讲，使得新思想、新文化能够很快扎根在学生、群众的心里。在他的推动下，大围山、达浒一带的群众热情高涨，纷纷投入革命，建立根据地开展武装斗争。

肆 名人足迹

围山书院的创始人涂启先（1834—1900），字舜臣，湖南浏阳大围山人，学者称其为“大围先生”。涂启先是一位开明的教育家，不但进行教学实践，还用自己的影响力为浏阳增添了一所书院，起到了移风易俗的作用。

同治十二年（1873），涂启先成为优贡，授候选训导，之后乡试屡次不中，遂放弃科举，开启了教学之路，在长沙岳麓书院及浏阳南台书院授课，与欧阳中鹄交好。光绪五年（1879），受同乡谭继洵之邀，为其子谭嗣襄、谭嗣同授业。光绪八年（1882），涂启先出任浏阳上东团总，前后共 18 年，在此期间开始为家乡的义学谋划发展。

当时浏阳东乡有八大义学，东门得其一，涂启先与当地乡绅不敢懈怠，着力经营，第一步发展是与达浒镇联合集资，祭祀朱子，约定今后时机成熟，再进一步发展文教事业。光绪十年（1884），董事提议把义学合并升级成书院，但是由于有反对意见只得作罢。于是东门独立募捐，到了光绪二十四年（1898），涂启先牵头捐资、捐地并主持修建，终于把书院建成。 涂启先为学主张明体达用，兼习中西。戊戌变法时期支持谭嗣同兴办浏阳算学社，并主持县立小学堂。光绪二十六年（1900）病逝，时年 66 岁。

在戊戌变法时期创建的围山书院，具有忧国忧民、思想开明的时代特色，吸引了许多思想先进的教师，培养了一批有担当、有思想的学生。爱国将领石敬平、涂焕陶，学者钟楚笙、涂文都在此启蒙，陈锡虞、黄建中、吴兆甘、李笠渔、张恺吾、李鸿翼等革命先行者则都曾在围山书院学习、任教、战斗。毛泽东的同学钟泽南曾在这里担任校长，并从事革命活动。

（何君扬）

第二章

株洲

Zhuzhou

株洲设市的时间虽然不长，但在中国书院发展史上却具有重要地位，我国最早的民间书院即创建于此。儒家文化、红色文化在此交相辉映，构成书院文化的重要底色。

洣泉书院

洣泉书院位于株洲市炎陵县，因为处于洣水发源地而得名，为全国重点文物保护单位，也是全国爱国主义教育示范基地之一。

壹 书院简史

书院原名为“黄龙”，其历史渊源最早可追溯至宋代，清康熙五十二年（1713）知县张瑶建于县城西北。乾隆十九年（1754）（一说为乾隆十八年）知县周仕魁对其进行重新修复，并划拨官田作为书院的经济来源，更名为“烈山”，取炎帝故里之意。嘉庆二年（1797）

洣泉书院

知县赵宗文增修斋舍，因洣水流经县内，取“山下出泉，泉为水源，学者诚能如泉水之涓涓不息，则百川学海无不可至”之意，改名为“洣泉”。道光五年（1825），知县沈道宽将书院迁建至北门外校场坪，书院改名为“酃湖”，与县名同。咸丰年间书院一度被毁，陷于荒芜。同治二年（1863），邑绅万典璋出资修复，将书院迁回旧址，复名为“洣泉”。此后书院兴学不断，兴盛时拥有272亩学田，年收租谷548石以供书院日常运营和师生讲学、就学之用。担任过山长的有安仁周元和、宁乡王开琸等。光绪末年科举废除后，书院改为高等小学。

1928年3月，为策应和迎接朱德领导的湘南起义部队上井冈山，毛泽东率工农红军进军炎陵县，第一军第一师第一团曾驻扎在洣泉书院，毛泽东在书院前的大操坪召集千人大会，宣讲革命道理。同年4月，毛泽东再次住进洣泉书院，并在这里部署了接龙桥伏击战。1928年至1938年，朱德、陈毅、萧克、彭德怀、滕代远、张云逸、王震等都曾在洣泉书院住宿和办公。1928年，洣泉书院曾因战火再次被毁，后经重修恢复办学。1949年，书院成为县大队、县妇联等单位办公地址，1961年归农业局、水产局和县招待所使用。1984年，书院被列为市级文物保护单位。1996年，湖南省人民政府公布洣泉书院为省级文物保护单位。2002年，当地对洣泉书院主体建筑重新翻盖。2011年，书院被中国井冈山干部学院列为其现场教学点，被中央党史研究室确定为全国革命遗址精品点。2013年，洣泉书院入选第七批全国重点文物保护单位。今天的洣泉书院是按同治年间的书院原貌修复重建的，并增加了红色革命陈列馆。

贰 书院览胜

洣泉书院坐北朝南，建筑布局以南北为中轴线，东西两厢房对称，整体建筑风格为清初江南祠堂样式，屋石沟头滴水，封火山墙，房檐四角起翘高挑，玲珑别致。

书院整体呈三进两厢结构，大门、讲堂、大成殿沿中轴线依次增高，寓意步步高升。书院大门两侧镌刻有对联：“莫叹山城书院小，缘仪楚地圣贤多。”

上联道出了书院简约朴实的建筑风格，下联则表明书院人才辈出的历史源流。自宋代至晚清，炎陵先后有过 11 名进士、43 名举人、374 名贡生，他们大都曾就读于洣泉书院，书院可谓当地人才成长的摇篮，对联所言非虚。二进为讲堂，这是书院建筑的核心部分，为历代山长授课之处，门首高悬道光年间由翰林孔继勋题写的“魁星点斗”匾额。

书院设有祭祀孔子的大成殿。书院拥有大小房间 58 间，虽然狭小，但置身其中有一种清幽古朴的感觉。书院走廊相环，天井相通，除了讲学和学生住宿之处，还有花坛、鱼池，使得就读于书院的学子能够陶冶性情。从建筑规制而言，洣泉书院的建筑结构完整地反映了古代书院“学于斯，游于斯，嬉于斯”的特点。

叁　红色印记

毛泽东曾与洣泉书院有过密切联系。在土地革命战争时期，毛泽东曾在洣泉书院指挥过接龙桥战斗，击溃当时尾随朱德、陈毅的国民党地方军队。接龙桥与洣泉书院只有几分钟的车程，它因一次具有特殊意义的战斗而被写入中国革命的历史。

接龙桥位于炎陵城西，横跨草坪河，呈南北走向。桥建于1851年，桥面保留了当年建桥时留下的文字，正中刻“接龙桥”三个大字，下有“咸丰元年冬月吉日”“罗绍颜、罗廷明仝建”等字样。桥有一大一小两孔，为麻石结构，石拱由柚油、豆汁、石灰混合砌成。桥旁有两座山，分别名为天河山、湘山，是扼守炎陵城的要地。

1928年4月22日，国民党军一个团和茶陵、攸县地区的民团尾随追击朱德、陈毅率领的准备撤往井冈山的部队。为了掩护部队安全转移，毛泽东亲率工农革命军埋伏于接龙桥地段，待敌人靠近时，发起了伏击战。当时敌我力量悬殊，革命军占领有利地形，以天河山、湘山作为制高点，以少胜多，击溃了敌军一个正规团和两个民团，为后来的井冈山会师创造了有利条件。

洣泉书院既是中华民族宝贵的文化遗产，也是中国革命艰难曲折历史的见证者。1997年，湖南省文物局将“中国工农红军在炎陵县革命活动纪念地（后改为纪念馆）”的展馆并入书院，并充实了展览的内容，通过图文并茂的形式再现了书院与土地革命战争的历史渊源，记录了人民军队第一次连队建党、毛泽东与朱德第一次会面、根据第一次土地改革、第一次政治培训等一系列首创性革命活动。

洣泉书院经历岁月的洗礼，已成为宝贵的历史文化遗产，也是启迪后人重要的宣传教育基地。

（赵路卫）

渌江书院

醴陵，千年古邑，吴楚咽喉。母亲河渌江穿流其境。这里除因陶瓷、花炮享誉世界外，更有一座以母亲河渌江命名的书院闻名天下，赋予了醴陵厚重的文化气息。

渌江书院源于宋代，兴于“五贤”（指曾在醴陵讲学的朱熹、张栻、吕祖谦、王守仁和左宗棠）。“传道济民”是书院核心的价值取向。一直以来，书院秉持这种教育理念，造就大批学以致用的文化英才，成为中华文明的重要载体，令文脉兴而有继，连绵不绝。

壹 文脉探源

渌江书院的起源，可追溯到南宋乾道三年（1167）。理学大家朱熹从福建崇安出发，前往湖南长沙与另一位学界巨子张栻会面，途经醴陵，张栻在此迎候。刚见面，两位文化巨匠就以辨诘的方式碰撞出耀眼的思想火花。这一年，朱熹 37 岁，张栻 34 岁，都是意气风发的年纪，都认为自己是理学正宗，谁也说服不了谁。这次会讲断断续续进行了两个多月，从西山讲到南岳，从渌水讲到湘江，前来听讲的人络绎不绝。这场意义非凡、盛况空前的文化盛事，令“肃衣冠而至”的醴陵学子心智大开，获益匪浅。诚如朱熹感慨道：“悠然一长啸，妙绝两无伦。”

“朱张会讲”余音未尽，醴陵又迎来了另一位学者——吕祖谦。吕祖谦乃浙东学派“婺学”（吕祖谦为婺州人，故名）的创始人，“学宗伊洛”。不尚奇、不尚胜、不尚新、不尚异，务求实、求是、求常、求达。吕祖谦与朱熹、张栻并称“东南三贤”，被后人称为“东莱先生”。据醴陵地方志记载，吕祖谦与朱熹、张栻二人皆有交集。相传张栻与吕祖谦讲学于醴陵，士人不忘化育之恩，将其二人神化为“二圣”，留下二圣庙、二圣河、二圣桥等人文景观。

绍熙五年（1194），朱熹任潭州知州，再过渌江，惜张栻已不在人世。朱熹和张栻有两位醴陵籍的得意门生吴猎和黎贵臣，二人后来分别担任岳麓书院堂长、讲书执事，继承了朱、张二人的衣钵。而吕祖谦享年仅 44 岁，把短暂人生中最美好的部分奉献给了醴陵。“东南三贤”在醴陵的学术活动，呈现了当时最高的学术成果，起到了引流开源、启蒙教化的重要作用。

渌江书院

明正德三年（1508），继“东南三贤”之后，又一位旷世奇才来到了醴陵，他就是明代影响最大的思想家、哲学家——王守仁。此时的王守仁正处落魄之际，是醴陵敞开胸怀接纳了他，热情邀请他前来讲学。作为“心学”集大成者，王守仁理所当然地对朱子理学进行了批驳和抨击。可他没有想到，醴陵人并不看重理学和心学的差异，乐于兼收并蓄，心学同样受到广大学子的欢迎和尊重，这让他意外和感动。后来，他兴之所至，登上西山，在靖兴寺的古樟旁留下了“老树千年惟鹤住，深潭百尺有龙蟠。僧居却在云深处，别作人间境界看”的豪迈诗篇。至今，这棵千年古樟依然枝繁叶茂，生机盎然。之后，王守仁东山再起，奉诏还京途经醴陵时，再次开坛讲学，这时他少了些愤世嫉俗，多了些慷慨包容，并糅合心学与理学，大力倡导“经世致用，知行合一”的理念。

道光十六年（1836），一个后来左右晚清大局、影响近代中国历

渌江书院前门

史进程的人物来到渌江书院任山长，他就是左宗棠。他两次赴京会考落榜后，主教渌江书院。继“朱张会讲”“东莱讲学”和“阳明讲学”后，左宗棠主教渌江书院是又一段值得铭记的美好历史，渌江书院被他点化得清风朗朗、生机勃勃，同时这个失意书生也在这里获得了快意人生的重要机缘。两江总督陶澍回安化老家省亲，路经醴陵。左宗棠应县令之请，撰写了“春殿语从容，廿载家山，印心石在；大江流日夜，八州子弟，翘首公归”的欢迎对联，令陶澍心花怒放，当日即与左宗棠彻夜长谈，大有相见恨晚之意。陶澍对左宗棠大为赏识，两人后来还结为儿女亲家。左宗棠从渌江书院起步后，成为清代著名政治家、军事家，与曾国藩、李鸿章、张之洞并称“晚清中兴四大名臣”。

左宗棠对渌江书院情有独钟。咸丰十一年（1861）他率军队路过醴陵，遇到下跪迎接的官员，只是点点头；看到渌江书院的学子，却翻身下马，携手同行，谈笑风生十余里。先后有数十名渌江书院门生跟随他从军从政，报效国家。

为纪念朱、张、吕、王、左“五贤”兴院的历史，醴陵人在渌江书院侧旁兴建“五贤堂”，旨在传承湖湘正学，彰显中华传统文化的精神特质，弘扬万众景仰的热血人文，滋润和启迪后人心智。

值得一提的是，“五贤”在醴陵开创治学先河，在后来的各个历史阶段被不断弘扬光大，堪称蔚然之势。到清乾隆时期，继承前代东莱、昭文、莱山、西山、文成、天山各书院之文脉，经管乐、杨鸾、田彬三任知县，历时四年，在醴陵城区的青云山兴建渌江书院。在渌江书院的办学历史上，陈梦元、余廷灿、张九钺、左宗棠、罗汝怀、罗正钧、吴德襄等名流相继执教其中，其人才培养更是引人注目，从书院到学堂，再到民国时期的中学，连续涌现出宋飏裘、潘昉、刘泽湘、刘师陶、左铭三、傅熊湘、宁调元、王芃生、汪泽楷、刘斐、朱克靖、李立三、李明灏、陈明仁、蔡申熙、左权、宋时轮、王亚文、黎澍等一批对中国历史进程产生影响的学子，千秋名教乐地，一朝英才蔚起。

贰　书院迁建

道光六年（1826），湘东诸县同遭水灾，醴陵尤甚，“衙署、监狱、仓廒、驿舍、塘坊荡然无存”，知县张伯良本人亦险遭不测，不幸“漂入水中，攀署后高树”，方免一死。渌江书院虽因地势较高而免于被毁，但也“历年久远，风侵雨蚀，势欲倾颓”。同年冬，福建长乐县举人陈心炳接任醴陵知县，暂借书院为衙署，处理善后事宜。他目睹书院破败，心绪不宁，欲谋重修，但一时因多种原因而搁置。道光八年（1828），重修书院一事再次提上日程。陈心炳与教谕曾彰馥（新化举人）、训导吴鲸（桂阳举人）暨城乡诸君子商议重修书院事宜。只是对于青云山原址，众人颇有异议。大多数人认为，青云山地处城市嚣尘，且“书院并考棚一处，讲习固非清静，考试亦难关防”，因此“数十年来，原有徙建之议”，而此次重修，为迁建书院提供了合适的时机。于是在众人的提议下，知县陈心炳将“重修书院”改为“迁建书院”。

对于书院新址，须考虑自然环境与历史人文两个因素，陈心炳在查阅了当地地方志后，将书院新址选在了与县城隔渌江而望的西山。

西山“水绕山环，文星朗耀”，唐代时曾为卫国公李靖屯兵之地，时人建卫公祠以为纪念，西山因此又名“靖兴山”。后人因祠建寺，名为“靖兴寺”。相传，李靖南下征战时，其红颜知己红拂女相伴左右。大军道出渌江，红拂女不幸染病，逝于此地，李靖遂将其葬于西山之上。南宋淳祐年间，此处亦有西山书院，为传播儒家文化的道场。西山优美的自然环境，加上厚重的历史人文，使之成为名教乐地，实乃迁建书院的不二之选。于是，陈心炳将迁建书院一事呈报上级，“蒙准在案”，渌江书院迁建西山诸事随即展开。

无论是新建还是迁建，都面临着资金来源问题。身为知县的陈心炳自然要“勉捐廉俸”，以为表率。然而此项工程十分浩大，凭陈心炳一人之力难以成事，他只好从城乡之中选取能干之人为“首事”，主管“劝募”，又让李心池、阳善澧、李枝范、文大淳、张在田等人负责具体事宜。工程启动后，“不少急公好义之人，共有鼓箧怀铅之

五贤堂

志，百里同心，捐输踊跃”。除官吏带头捐赠外，来自醴陵本城、东乡、南乡、西乡、北乡五地的民众，或以个人名义，或以“堂”“祠”“祀”“裔”等宗族名义，或直接以“众姓”的名义联合一道，为迁建书院出钱出力。

募集的资金到位后，青云山书院原址首先被改为考棚，“考棚告竣，旋度西山，购良材，兴版筑。先头门，次讲堂、后厅，又次东西斋舍以及厨湢井厕，无不具备”，最终形成了新的建筑格局。

迁建后的渌江书院采用中轴对称式的二进院落建筑格局，前有泮池，泮池后为书院前门，门额“渌江书院”，两边有联为“道崇东鲁，秀毓西山”，足见其承续仲尼道统之意蕴。进门为院落，可容纳数十人站立旁听。前为讲堂，题“英才蔚起”，寓意书院人才济济，代有伟人；两侧有耳房，供山长、职事人员休息、起居；讲堂后为后厅，额为“万世师表”，为供奉孔圣人的场所；后厅的后面有一小门，通

靖兴寺

向后山。书院两侧为东、西斋舍，各三列，按两纵一横排列：东斋为主敬、正谊、明道，西斋为存诚、进德、居业。其他如厨湢井厕，皆一应俱全。

此次迁建活动始于道光九年（1829）八月，次年秋落成。时逢陈心炳丧母，卸任知县一职。在他返乡之前，邑绅请他为新书院作记，陈心炳作《移建渌江书院记》勒于石上：

邑有书院，所以振兴文教，培植英才，其由来者旧矣。我国家重熙累洽，久道化成，党庠州序，学校如林，士之涵泳圣泽、沐浴德化者，莫不洁修砥行，争自濯磨。醴邑固人文渊薮，自宋吕东莱先生与紫阳朱子讲学而后，名硕辈出。其间登仕版、居清要者代不乏人。而欲广圣天子作人之化，衍数百年道学之传，非有以储其材而造就之，乌乎可？县治渌江书院，创自乾隆初年，后亦累经修葺，兼造东西考棚，其为嘉惠士林，良非浅鲜。

丙戌夏，洪水为灾，衙署、庙宇以及居民庐舍，均遭湮没。书院虽处高原，而历年久远，风侵雨蚀，势欲倾颓。余于是冬莅任兹土，借为公廨，目睹心恻，谋所以重修之。缘公件殷繁，殊多竭蹶未遑也。岁戊子，衙署告成，诸事亦渐就理，兼以时和年丰，民气顺畅，使群英肄业之所不急为营缮，非所以重师儒而崇学校也。因商之学博曾公彰馥、吴公鲸暨城乡诸君子，咸以为是不可缓。旋据阖邑绅耆呈称，城市嚣尘纷扰多故，兼书院并考棚一处，讲习固非清静，考试亦难关防，数十年来，原有徙建之议。考邑乘，宋淳祐间有西山书院，在治西里许，今河西靖兴山殆其遗址。水绕山环，文星朗耀，洵属名教乐地。至考棚应在城内，仍旧修葺。此诚因地制宜，一举而两善备焉。予即通禀上游，蒙准在案。第工程浩大，勉捐廉俸恐于事未必有济，爰择首事劝募以分其劳。所幸门多通德，不少急公好义之人，共有鼓箧怀铅之志，百里同心，捐输踊跃。考棚告竣，旋度西山，购良材，兴版筑，先头门，次讲堂、后厅，又次东西斋舍以及厨湢井厕，无不具备。俾学者远尘俗之嚣，领清幽之胜，于以藏修息游，砥砺文行，将见英才蔚起，承道学而振科名，胥于斯卜之矣。

是举也，经始于道光九年己丑八月既望，越庚寅季秋，将观厥成。适余以内艰卸事，未即去，邑绅耆咸以记请予，因备述是役之本末前后，俾后人知所缘起，则余于兹土利病，虽未尽按次兴革，而于学校不无小补云。董其事者则李君心池、阳君善澧、李君枝范、文君大淳、张君在田也，例得备书。是为记。

凭此记文，今人方知当年书院迁建始末及缘由。书院迁建西山后，从此“远尘俗之嚣，领清幽之胜”；士子“于以藏修息游，砥砺文行”。渌江书院告别青云山，进入西山发展的全新时代。

书院坐落西山半山腰，两侧各有一条山脉，从主峰延伸下来，将书院紧紧环抱其中。四周树木葱茏，院前古樟茂掩，时有鸟雀争鸣，清风吹拂，为难得的风水宝地。

当年渌江书院招生规模在 60 人左右，往后书院规模扩大，“六斋至不能容”，就靖兴寺增为一斋，名“靖兴斋”。后来书院招生规模更大，到光绪二十六年（1900），教谕陈寿纶倡建“又新斋”。光绪二十九年（1903），又建“日新斋”，书院招生规模扩大至 200 人，臻于极盛。然而此时的清王朝已是风雨飘摇，“变法”日益成为时人共识，渌江书院也无法扭转其被改制的命运。

叁 教制改革

光绪二十四年（1898）、二十七年（1901），清政府在制度层面进行改革，于是有戊戌变法和清末新政，二者无一例外都有书院改革的内容。特别是在清末新政之中，朝廷下达了书院改制诏令，全国书院被改制为学堂，延续了千年的书院制度宣告终止。

光绪二十四年（1898）至二十八年（1902），时任湖南巡抚的俞廉三思想保守，认为前任巡抚陈宝箴在戊戌变法时所设立的时务学堂有冒进之嫌，“教习不得其人，致滋邪说，几败士风”，俞廉三不愿也不敢作出重大改革，仅能遵旨办事。此外，戊戌变法失败后的湖南士林在岳麓书院山长王先谦的率领下思想趋于保守，对书院改制态度消极。因此俞廉三观望书院改革政策达半年之久，才开始执行朝廷的命令。但他执行也是有保留的，对于湖南士绅极力反对改制的书院，特别是全省书院的标杆——岳麓、城南、求忠诸书院，则以“困难很多，暂不宜改”敷衍了事。

光绪二十八年（1902）至三十年（1904），赵尔巽抚湘治湘时，情况又大有不同。赵尔巽热衷教育改革，且雷厉风行，不但强令岳麓等书院改制，还逼走了保守士绅代表王先谦，使得新式教育得以发展，湖南进入书院改制的“快车道”。仅光绪二十八年（1902）和二十九年（1903），湖南被改制的书院数量就超过了总数的一半。赵尔巽离任后，王先谦又联合守旧士绅，在“存国粹”的名义下，另建景贤堂，借新学堂之名，行旧书院读经之实。湖南的书院改革是在革新与保守两种势力的冲突中艰难前进的。

书院改制命令在省府长沙的执行可谓一波三折，而醴陵县内的反应更为迟钝。当时的醴陵教谕陈寿纶在筹划为“湖湘正学之宗”的吴猎（谥“文定”）建祠，“以光其灿然勋业，不数月祠成”。这时掌教渌江书院的是原兵部主事萧大猷，他是位坚守传统经史之学的学者，渌江书院留有他撰写的联语：“作狂作圣，一念所分，功利中人心，当知盖代贤豪，只争方寸；大经大文，万古不废，诐邪乘世变，愿与是邦英俊，共率康庄。”萧大猷非常赞同陈寿纶的做法，并且还建议在吴文定公祠内加入皮龙荣、杨大异两位醴陵籍理学名臣，作“三公祠”祀之。这条建议得到县令温锡纯的首肯，吴文定公祠因而改作三公祠，温锡纯为之撰写碑文，题曰《醴陵创建三公祠碑记》。对于创建三公祠的目的，碑记中说：“时事艰难，朝廷方汲汲焉以兴学育才为急务，醴人士思初道古，能不坠乡先正之典型。则继美三公，而遭遇之隆又非南宋比也。此信之于醴人士，三公其佑启之也。锡纯宦贤哲之乡，志行官箴，幸有矜式，而于邦人之急公行义深有取焉。”

碑记显然有所指。自中日甲午战争以来，民族危机逐渐加深，人们普遍认为“时局日急，只有兴学育才为救危之法”，“整顿书院，尤刻不容缓”。庚子之变以后，朝廷又明确了书院改制的决心。在此背景下，县令等人希望通过三公祠的创建，达到“思初道古”“不坠乡先正之典型”的效果。

三公祠修建完毕后，舆论中出现了不同的声音。一种是以陈寿纶为首的守旧派，坚定地举起理学文化的大旗；另一种是坚持改革旧学的新潮流派，认为“理学名臣”的旗号已是“时所厌薄”，极力反对。虽陈寿纶不为反对声所动，将三公祠改为“宋名臣祠”，但这种巨大的反差说明提倡“新学”已成为不可逆转的潮流，渌江书院的改制不得不被提上日程。

光绪三十年（1904），渌江书院由知县鲁晋改为“渌江小学堂”。此时，距离朝廷书院改制上谕颁发已过三年，渌江书院足足经历了四任醴陵知县，才迎来了彻底改革。书院改为小学堂后，刘揆一被聘为首任监督。

刘揆一（1878—1950），字霖生，湖南衡山县人，寄籍湘潭。肄业岳麓书院，与哥老会首领马福益私交甚密。他任渌江小学堂监督后，一方面以教育为掩护，在学生中宣传革命思想。“至即提倡革命，血忱动人，学生最为倾服。”另一方面，他暗中促成会党与湘赣军队的联合，伺机起事。刘揆一的革命活动令“有司惧祸及己，呈请湖南学务处退揆一聘”，甚至准备对他实施抓捕。此时恰逢暑假来临，刘揆一趁机前往长沙筹备起义，“去后遂不复至”。

被改为小学堂并非渌江书院的最终结果。光绪三十年（1904）冬，革命党人宁调元返醴，鼓动同志倡办“渌江中学堂”，再次掀起改制的波澜。

宁调元（1883—1913），字仙霞，号太一，醴陵人。工诗文，性耿直，嫉恶如仇。肄业渌江书院，从同邑吴德襄治朴学。后入长沙明德中学，结识黄兴，加入华兴会。长沙起义失败后返乡，办渌江中学堂。光绪三十一年（1905），东渡日本求学，在东京加入同盟会。回国后，创办中国公学。主编《洞庭波》杂志，宣传反清主张，不久避走日本，掌《民报》庶务。萍浏醴起义爆发后，回国策应，在岳州被捕，入狱三年。获释后任《帝国日报》编辑。武昌起义后，在上海参加民社，创《民声报》，后任广州三佛铁路总办。1913 年，宋教仁遇刺，宁调元偕熊樾山入鄂策动反袁，事泄被捕于汉口德租界。同年 9 月 25 日，与熊樾山一道被杀害于武昌。

宁调元与刘揆一同为华兴会成员，均组织参与了长沙起义。起义失败后，宁调元并未暴露身份，仍然可以公开活动。此次回乡，宁调元继承了刘揆一在渌江小学堂的“革命教育”。此前刘揆一任监督，是为了以此身份为掩护，更好地联络会员，谋划长沙起义。而宁调元则不同，他是在起义失败、革命资本全付诸东流后，只身来到渌江学堂的。因此，他此刻所想的，是“广播革命种子”，再次积攒势力，以图东山再起。他认为，要想达成“广播革命种子”的目的，“必从教育入手”。于是，他将注意力转向自己曾经学习生活过的渌江学堂。

宁调元倡办渌江中学堂，得到文俊铎、刘师陶、潘昭、何陶、萧翼鲲、刘泽湘等醴陵籍同志的支持。正当他们鸠工治校舍时，遭到“守旧派群起反抗”，知县鲁晋与县人李青璜等人极力阻挠，鲁晋甚至下令拘捕宁调元及其共事者。宁调元不为所动，积极奔走于长沙和醴陵间，得到了热心文教的新任湖南巡抚端方的支持。端方亲自书写“渌江中学”匾额，改制事务才最终确定下来。即使书院改制有了巡抚的支持，守旧官绅仍不死心，他们不惜贿赂因勾结外商盗卖矿山而被关押在长沙监狱之中的囚犯，使之诬陷主张改制的文俊铎为主谋，来阻挠宁调元等人的活动。所幸按察司兼学务处长张鹤龄主持公道，宁调元等人才最终幸免于难。经过一番波折后，渌江书院在清王朝走向了最后的归宿——被改制为“渌江中学堂”。

肆 培育英才

回顾渌江书院的起源和发展，无论是宋明时期传播的传统国学，还是后来传授的近现代文化，都给醴陵带来了深远的影响，培养了大批优秀人才。

早期渌江书院以“传道济民”为授学立院的宗旨，与南宋的湖湘学派有着密切的关联。当时湖湘学派宗师张栻针对士子只醉心科举功名、浮华文辞的学风，发出了“成就人才，传道济民”的呐喊，得到朱熹、吕祖谦等人的支持。在这批国学巨子的努力下，醴陵涌现了大批英才，如吴猎、黎贵臣、皮龙荣、杨大异，他们或成为名儒，或成为名臣，诠释了“心忧天下，敢为人先”的湖湘精神。渌江书院培育了宋飏裘、潘昉、刘泽湘、刘师陶、左铭三、傅熊湘、宁调元、刘谦、袁德宣等优秀学子。

晚清，渌江书院逐步被新式学堂取代，教育内容由原来的传统国学演变为中西合璧的新学体系。引进吸收西方先进科学文化知识，成为当时广大有识之士的基本共识。在时局动荡、国家内外交困、新旧体制剧烈碰撞的历史背景下，一大批既受过传统儒家思想熏陶，又接触了新知识的醴陵籍英才，开始思考国家和民族的未来。在这批俊杰中，有后来成为国民党优秀将领的程潜、陈明仁、刘斐等；有后来成为共产党员优秀代表的李立三、左权、宋时轮、蔡申熙、朱克靖等。

尽管他们身处不同的政治阵营，但在谋求国家强盛、人民幸福的大义面前，立场是基本一致的。尤其是以李立三为代表的醴陵籍共产党人，他们受到俄国“十月革命”的影响，在民族危亡之际，毅然投身反封建、反独裁、反压迫、求解放的革命伟业中，付出了艰辛的努力，有的甚至付出了生命的代价，值得后人永远铭记。

在醴陵近现代历史中，还有这些英杰，不应该被大家遗忘：以身殉国的革命斗士陈觉，英勇就义的革命先驱陈恭，饮血沙场的无畏英雄李隆光，学养深厚的历史学家黎澍，卓越的教育家李传信，著名微生物学家汤飞凡，杰出的数学家阳名珠，文学家袁昌英，军旅书法家李铎……

千年文脉，启醴人心智，铸学子灵魂，育民族英才。渌江书院乃醴陵厚重文化之象征，湖湘人文之胜景。2013 年 3 月，渌江书院被列为国家重点文物保护单位。2015 年，醴陵各界对渌江书院进行大修，从此人文圣殿焕然一新。

（陈德政　李炳莹）

洣江书院

洣江书院位于株洲茶陵西郊云阳山麓、洣江河畔，是明清时期茶陵存续时间最久、规模最大、影响最深的一所官办书院。几百年间，培育了包括状元、榜眼在内的大批卓越士子。2012 年，洣江书院于原址复建落成并对外开放。

壹 书院简史

洣江书院由明代茶陵知州林廷玉创建于弘治十七年（1504），建有“端教化”“善风俗”二坊，另有乡贤祠、讲堂、吸秀亭及“主敬”“行恕”“修德”“凝道”四列斋舍等建筑。明清鼎革之际，书院曾废为民居。

清乾隆六年（1741），知州张廷琛迁建书院于县城内南关，建有前中后三栋建筑，共计房屋十九间。书院置有学田以供膏火，从生徒中选取行修经明者为教学长，招士子“日给其廪，月课其能，俾朝夕讲肄其中，养其心体，习其恭让”，“与其所可进，戒其所不率，务使人人复其性”。学生自理自治并参与书院的管理乃至教学工作，是书院管理制度的一大特色。这方面的职事设置始于宋代，学长在有的书院即学生首领，管干、司计、掌祠、掌书、典谒、司录、经长等多在肄业生中择优选拔，这些担任职事的学生被称作“职事生员”。

各职事选拔的标准根据职责的要求，可以是成绩优秀、老成持重、善于理财、长于交际、学有专长等。任职之期则视工作好坏而定，体现出书院任人唯贤的用人原则。乾隆二十九年（1764），知州戴保豫改建书院于城南。

乾隆三十七年（1772），知州陈廷柱倡捐置田六百亩。五十九年（1794），知州王润迁建书院于县城西郊。嘉庆十三年（1808），知州鲍炳礼重建，有大厅、讲堂、御书楼、大成殿、院长室、崇道祠、斋舍等建筑。道光二十九年（1849），监生周杨烈独力重修。咸丰八年（1858），知州刘如玉免征书院田产钱粮，并捐廉为奖赏之资。清代书院的知名山长有长沙张启鹏，宁乡丁公路，本州尹学周、谭为坊等。

洣江书院虽为官办，但当地捐资兴教之风非常浓厚，书院多次得到当地绅民的捐助。清乾隆六年（1741），书院迁建于城内南关，就

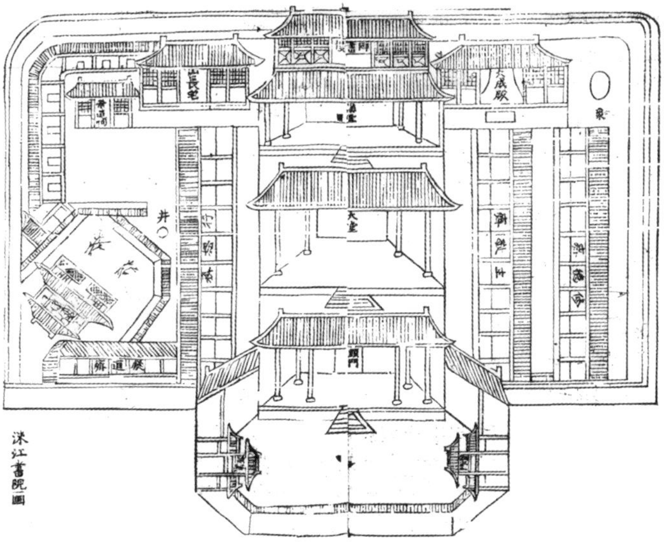

同治《茶陵县志》载洣江书院图

是在官民的鼎力合作之下达成的。当时，洣江书院因年久失修，亭基被水淹没，荒败几不能用。在时任茶陵知州张廷琛的倡议下，士民捐出田产和银钱，五个月内就将洣江书院顺利迁建。在后来几次大的维修和扩建中，洣江书院数易其址，民间除募捐兴建、迁建、修复扩建之外，捐学田活动也异常活跃。民间捐输是书院经费来源中影响最长久、最重要也最可靠的一种。第一，它的基础广泛，除了官府各部门及现职官员之外，举凡士绅工商各个阶层的成员，各族各姓等血缘组织，各村各乡等地缘组织，都可归入其列，队伍庞大，来源甚广。第二，虽然就个体而言，民捐所输较少，但总体上积少成多，其量也大。第三，相对于官输之“或作或辍”来讲，民捐在总体上有“‘前规后随，皆务兴起’‘上承先志’，虽代远年湮，仍能‘有利于文教’”的特点，此则所谓维持久远于民心民力，众志可赖。

光绪二十八年（1902），洣江书院改为州（县）立高等小学堂。

洣江书院

1934 年，改为茶陵、安仁、攸县、酃县（今炎陵县）四县联立乡村简易师范学校。1941 年，湖南省立第二中学迁入洣江书院。1952 年，省立二中改为茶陵一中。1982 年，洣江书院被改建成教学楼，尚存狮子山下的吸秀亭和藏书洞。

2004 年以来，当地联合湖南大学等机构积极筹划洣江书院遗址的复建方案。2010 年，工程正式启动。2012 年，占地面积 5000 多平方米的洣江书院再一次展现在世人面前。

贰　古院览胜

洣江书院曾被明弘治、正德年间内阁首辅、华盖殿大学士、“茶陵诗派”领袖李东阳誉为“文献之地”。书院背靠狮子山，远眺洣水，山水相映，交拱环抱，犹如百里画屏，翰墨之香飘逸而来。明清几百年间，洣江书院虽屡遭兵火，多次旷废，却又几经重建，规制日趋完整。

洣江书院整体建筑群分为前中后三排。书院最前面为头门，两边各有一门，分别为“礼门”“义路”。自大门而进，是书院大堂，两边建有乡贤祠三间，为书院祭祀之所。对于地方乡贤、建院功臣，以及著名山长，多有祭祀。书院内往往设有各类专祠，以树立地方楷模，加强地方历史传统教育。

洣江书院后排是大讲堂，由五组大楹柱支撑，是书院教学和学术活动的主要场所，处于书院建筑群的中心位置。讲堂除供讲课之外，还可举行会讲、文会等学术聚会活动，并可容纳院外学者参加。围绕讲堂，在其前后两旁，建有“主敬”“行恕”“修德”“凝道”四排斋房，为生徒日常居住之所。书院以居学为重，自学为主，故大多建有学生住宿学习的斋舍，一般一院数斋，每斋数舍。讲堂后建有御书楼、大成殿、山长宅、崇道祠等建筑，总共二十一间。

御书楼是用于藏书的书楼，大多是书院的重要标志之一。古代书院无不重视书籍的收藏，常常会得到社会和师生的捐献，一些著名书院会受到朝廷赏赐，有的书院还会自行刻印书籍，珍藏抄本，服务社会。书楼多处于书院后部较为幽静的环境中，一般三至五间规模，高二至三层，一般是书院最高的建筑。山长亦住院教学，专设居处，多在书院后部，另成小院。由此师生朝夕相处，切磋学术，感情融洽。洣江书院的建筑风格是清一色的青砖黑瓦，飞檐斗角，雕梁画栋，红木琉璃，气势非凡。

叁 经世学风

洣江书院是湖湘经世文化的载体。林廷玉所撰《洣江书院记》便充分表达了书院“阐明儒学之理，笃行理学之道，提倡经世致用之学，端正民风士习”的教育宗旨。

经世致用与通经致用，是湖南书院自宋代以来形成的优良传统，到清代，为了应对科举之害和西学东渐，这一传统又有了新的发扬与光大。以岳麓书院为例，乾嘉之世，山长王文清就将“通晓时务物理”

列入学规；罗典则以“坚定德性，明习时务”训士；曾与欧洲人过从、通其占验之术并三角切线之法的袁名曜，先器识后文艺，学重中西，又以“楚材斯盛”激励院中诸生。道光以降，山长欧阳厚均更是“以气节、经济、文章立教”。是为经世致用的活化，它以去科举化为目标，以研究经史实学，并由实学引接西学，以通经致用为特点，为书院的改革奠定了思想基础。在这个基础上，湘水校经堂、渌江书院、沅水校经堂等先后建立，开启了湖南书院源自经世致用的改革航程。

渌江书院的经世之风主要体现在引接诂经、学海之学系，意在挽救书院溺于科举时文之弊，而其演变发展，又与省城岳麓、城南两大名书院关系甚深。渌江书院作为当地士子考课肄业之所的地位则始终不变，实为晚清湖南新型书院的典型，体现出应对西学、新学挑战的气派。考察其史实，则可明了渌江书院由古代向近现代转型的轨迹。可以想象当年书院士子们在这里挽袖长歌，传授儒家经典，宣扬明德、亲民、至善，讲述修身、齐家、治国、平天下，格物致知，力学笃行的情景。

渌江书院教学管理极为严格，学生以自学为主，加以山长辅导，释疑解惑。书院要求学生自学“毋徒嚼糟粕，搔摩皮肤，必由言语文字之末钩深索，赜以求精微奥妙之理”，在“句读、评校、抄录、著述四项功夫”上下力气。在德化要求上，提倡“性本善”的复归，把儒家经典作为道德准则来宣传。强调“德化”的作用，塑造了茶陵人“劲直决烈、刚正不阿”的精神特质，影响至今。

渌江书院从一个侧面反映了湖湘文化形成、发展、演变的历史和“书院兴则人才兴”的文化脉象，为湖湘学派的形成吸纳了大量的英才。一大批学术巨子或社会名儒在这里掌门或主讲，一批批学林士子在这里耕读传家。如今，沐浴书院文化的惠泽，“农勤于耕，士勤于学”的风尚和“其性决烈劲直”“恬退于势利”的儒家价值观已融入了茶陵人的血脉当中。崇学奉道的人文精神、敢为人先的创新精神、不屈不挠的民族精神和勤劳务实的创业精神已成为茶陵人的精神内核。

肆 名人足迹

洣江书院是明清时期茶陵规模最大、影响最深、存续最久的官办书院，集中了当时最为优秀的人才和理学大儒。像洣江书院的创始人、明代茶陵知州林廷玉，理学大儒湛若水、邹守益，著名山长刘梦凰、谭吉兰，清末状元萧锦忠等，他们作为湖湘学派的重要人物，在这里著书、讲学、修身，洣江书院俨然成为湖湘学派著书立说的文献之地和传道、授业、解惑的师儒学舍之地。在这些名儒和山长中，对书院影响最大的分别是明弘治年间知州林廷玉和清代状元萧锦忠。

林廷玉（1454—1532），福建福州人。福州林氏家族在当时有四人被誉为“东西南北林”，分别是曾任南京兵部尚书、参赞机务的“东林”——林瀚，曾任南京户部尚书的“西林”——林泮，官至南京工部尚书的“南林”——林廷选，以及“北林”——林廷玉。林廷玉在明成化十九年（1483）得乡试解元，次年得三甲进士。历任吏科给事中、工科都给事中。弘治十二年（1499），林廷玉因卷入户科给事中华昶揭发会试主考官程敏政“鬻题”事件，被贬海州作通判。

被贬期间，励精图治，刚明果断，民服其公，政声丕著。弘治十六年（1503）任湖南茶陵知州。林廷玉亲自担任洣江书院山长和主讲，风雨无阻，寒暑不辍。身为知州，讲到兴致处，常掀髯长歌，入忘我之境。

萧锦忠（1803—1854），原名衡，字黼平，号史楼，茶陵县下东人。小时候家庭贫困，但十分好学，家中无钱买书，他就借书抄录成册，先后就读于洣江书院和岳麓书院。道光十二年（1832），二十九岁的萧锦忠考取举人，客居京城十余年，考为觉罗官学（皇家子弟学校）教习。道光二十五年（1845）开科，萧锦忠考取状元，官授翰林院修撰。萧锦忠回乡省亲时，两个弟弟相继去世，为孝养父母、抚育子侄，他隐居乡里，再未返京复命，也无意出仕。曾国藩请他出山襄办湘军，被他婉言谢绝，太平天国西王萧朝贵攻占茶陵城时，以同宗之名请他出山，也被他拒绝。各地书院争相礼聘，但他始终未离家乡，先后主讲洣江书院、明道书院和寻乐书院。

茶陵鼎盛的兴学之风、严谨的治学之风、浓厚的德化之风，是洣江书院得以孕育、壮大的文化之因。而书院又反过来助推了茶陵文化和教育事业的进步，为当地培养了一大批经世致用之才，从这里走出来的生徒，科甲盛名遐闻三湘，史有“茶陵得才比各郡县尤多”的记载。

“博古通今，为天下学；先忧后乐，怀赤子心。”洣江书院作为一个天然的“师儒学舍之地，士子藏修之所”，以它独特的文化魅力，流淌着千古文采诗韵，承载不尽的道脉儒风，扎根湖湘大地。

（兰军）

雩江书院

雩江书院位于株洲茶陵毗塘村，是茶陵古代书院中唯一完整保存至今的书院。

雩江书院具有光辉的办学历史，在清代培养了探花谭鑫振，在革命战争年代，又成为全国第一所列宁学校，被誉为“红色摇篮”。现为湖南省省级文物保护单位和爱国主义教育示范基地。

壹 宗族书院

清嘉庆二十一年（1816），由茶陵乡绅彭世恕、龙俊寅倡议，茶乡（十六、十七、十八）三都百姓捐资共同创建雩江书院。因书院坐落在毗塘村，因此又名“毗塘书院”。雩江书院景色清幽，雩水萦绕其前。书院格局坐东朝西，占地 1000 多平方米，共有房屋 40 间，由内外两个四合院构成。书院中为讲堂，后为掌教宅，左右为斋房，前构魁星楼，旁有池沼，缭以崇垣，规制完备。前厅的前、后、左、右各有一个约 4 平方米的四方天井，可观天之一隅，为一处胜景。

雩江书院名义上由三都合办，实际上是乡绅彭世恕、龙俊寅牵头，刘、谭两姓相助倡建的族办书院，为宗族书院性质。彭世恕，号亭生，国子监生，其孙彭凤鸣、彭凤阶相继为庠生。龙俊寅，字亮天，国子监生，其子孙亦相继为庠生。

中国传统社会的价值观是以伦理为本位的，它的核心是人伦关系，其出发点则是家庭。“父子有亲，君臣有义，夫妇有别，长幼有序，朋友有信”，这“五伦”就是从家庭关系外推于国家、社会的，家庭作为一个最基本也最重要的社会组织单位受到极大的重视。所谓“齐家、治国、平天下”，齐家是最要紧的，家不齐，何以治国，何以平天下？这在当时是一个公认不移的准则。如何才能齐家？办法很多，其中培养后代，对其实施文化教育，提高其整体素质，使其获得安身立命的本领是最重要的。因此，家学就在传统社会中受到相当的重视。唐宋以降，创建家学性质的书院成为众多中国士人追求的一种造福后人的文化事业，而得以显扬起来。虽然家庭与家族、家族与宗族、宗族与氏族，在理论上存在着区别，各有不同的界说，但对于我们的先民来说，却是基本混而为一的，它们都指同一父系的血缘亲情组织。宗族书院就是这种由血亲组织所创建、所共享的书院。

雩江书院天井

尽管宗族书院位于清代书院金字塔层级的基层，但若有乡党族人的鼎力支持，仍可人才辈出。雩江书院就曾培养出一位探花郎谭鑫振。谭鑫振（1843—1882），字丽生，湖南衡山人，曾就读于雩江书院。同治九年（1870）中举，署理岳州训导一职，得到巡抚王文韶的赏识。光绪六年（1880），谭鑫振考中进士，名列一甲第三，俗称探花，授翰林院编修。正是大展宏图之际，谭鑫振却不幸英年早逝。

1931 年 12 月，茶陵县苏维埃政府创办的茶陵县立列宁高级小学校进入雩江书院办学，县委书记贺碧如兼任校长。1933 年 10 月，红军第五次反“围剿”失利，书院被迫停办。在当地群众的竭力保护下，书院才未遭到破坏。

1952 年，雩江书院改为毗塘中心小学。1956 年，时任共青团中央委员会书记处书记的胡耀邦同志重上井冈山，返程途经茶陵时，特地视察该学校，并题写了“列宁学校”校名 。1958 年，学校改为

雩江书院前门

列宁中学。1984 年 10 月，书院被定为株洲市市级文物保护单位。1995 年列宁中学扩建，另择新址建了主校区，原校址为分校。2005 年 9 月，改列宁学校为中心小学。2006 年 3 月，书院被定为湖南省省级文物保护单位。

贰 列宁学校

在革命战争年代，雩江书院被用作政治、军事教育基地，完成了由儒家道场到红色书院的转型。

1930 年 7 月 23 日，茶陵县苏维埃政府在小田寨下坪创办列宁高级小学校，次年迁入雩江书院办学。这是全国第一所列宁学校。

在以学习马克思主义、列宁主义基本理论为主的思想指导下，列

茶陵县立列宁高级小学校大门

宁学校为革命战争服务，为工农群众斗争服务。同时，主张教育与生产劳动相结合，学习马列主义与文化知识相结合，读书与支援前线相结合。陈毅、萧克等老一辈革命家曾在这里主讲。

列宁学校学生主要来自苏区，开始只有70多人，次年便增加到100多人。学生通过考试，编为甲、乙、丙三个班进行分班学习，集体在校吃饭住宿，享受免费教育，贫苦工农子弟拥有优先受教育权。学校规定每周上课五天，上山打柴、下地种菜一天，帮助军烈属和农民种地一天，贯彻教育与生产劳动相结合的方针。学校还会组织学生开展支援前线的活动，给红军烧开水，照顾病号，传送文件，侦察敌情等。学校还有“星期六优待红军家属”制度。每到星期六那天，就出动学生帮助学校附近村庄的红军家属种地，共青团员更是带头领先。这一行动，对发展、扩大红军队伍起到了促进作用。

列宁学校的老师有两个来源，一是由苏维埃政府委派人员担任，二是由群众推举当地拥护苏维埃政权的知识分子担任。学校开设了政治、国文、算术、历史、地理、自然、生理卫生、体育、音乐、图画等课程。教材由老师们自编自印，如政治教材，书名叫《我们的责任》，内容有“坚定对于共产主义的信仰”“时时学习马克思主义、列宁主义”“以革命为终身职业”“特别努力阶级斗争”“以革命群众的危安苦乐为自己的危安苦乐”“胜利之时，必不忘困苦之际”。这些内容体现了当时红军队伍的革命精神。学校还编印了两本《新三字经》，一方面作为小学生的语文课本，另一方面作为学校指派高小学生下村办农民识字班用的乡土教材，其内容有：“天地间，人最灵，创造者，工农兵；男和女，都是人，一不平，大家鸣……”算术课一般是以应用题的形式教授，如：“某土豪有银款 1942 元，田地能值 8940.8 元，房子能估 1942.5 元，土豪的产业共有多少？”体现出把传播马克思列宁主义思想与传播文化基础知识有机结合的特色。

叁　红色摇篮

列宁学校开展的各类革命竞赛运动和革命宣传活动，深深地吸引和影响了全县人民，开展的体育、文化、歌咏比赛，有力地冲击了旧的文化教育制度。在办学过程中，总计培养红军战士和革命干部 200 多人，被党内和群众誉为“红色摇篮”，是大革命时期全国 32 所列宁学校中现存最完好的。这所列宁学校在发展苏区文化、学习和传播马列主义、培养革命骨干等方面都起了重要作用，为红色革命输送的将才数不胜数。

贺碧如（1901—1933），号碧玉，字华玉，湖南耒阳人。1923 年加入中国共产党。1928 年春参加湘南起义，任耒阳县第十一区苏维埃政府指导员。起义失败后去井冈山，历任江西莲花县苏维埃政府秘书长、中共茶陵县县委书记等职。在任中共茶陵县县委书记期间，兼任茶陵县立列宁高级小学校校长，是茶陵红色教育的奠基人之一。

邓永耀（1912—1939），湖南茶陵人。1930 年加入中国共产党，任共青团湘东特委委员。同年 7 月，担任茶陵县立列宁高级小学校副校长。邓永耀注重培养学生的实际工作能力，带领学生参加支前战斗，为红军部队和地方党、团机关输送了许多骨干。1933 年底参加红军，历任红二军团政治部总务处长、红六军团宣传部长等职。全面抗战爆发后，历任八路军一二九师骑兵团政委、东进纵队政治部主任等职。1939 年，在与日军作战中牺牲。

陈冬尧（1909—1945），湖南茶陵人，曾在茶陵县立列宁高级小学校学习。1927 年加入中国共产党，历任茶陵县独立营政委、红二方面军模范师政治部主任等职。抗战时任八路军一二〇师三五九旅七一八团团长，多次在战斗中重创日军，打出军威。1942 年 2 月，在延安召开的陕甘宁边区英模大会上，毛泽东兴奋地握住陈冬尧的手，称其为“模范团长”。1943 年，毛泽东两次号召全军学习陈冬尧同志。1944 年，军委命令三五九旅组成南下支队，建立华南抗日根据地，陈冬尧任南下支队第二大队大队长。1945 年 6 月 8 日，在岳阳县黄岸寺反击国民党顽军的激战中，陈冬尧不幸壮烈牺牲。

刘长希（1918—2000），湖南茶陵人。曾在茶陵县立列宁高级小学校学习，其后参加红军。1934 年加入中国共产党。先后参加第四次反“围剿”和二万五千里长征。抗日战争时期，被三五九旅授予“模范指导员”称号，担任三五九旅骑兵团政委、新四军五师四十四团参谋长等职。解放战争时期，他率领部队参加了荆沙战役、鄂南三溪口战斗、中原突围战斗等。1955 年被授予上校军衔。

前贤有诗曰：“雩江书院千秋梦，古色古香古风存。”此诗道出了雩江书院的悠久历史与典雅风貌，书院又是红色革命的摇篮，在当代作为爱国主义教育示范基地继续发挥着培育新人的作用。

（兰军）

莱山书院

莱山书院坐落在株洲醴陵城北的莱山，亦称东莱书院，为纪念南宋理学家吕祖谦而建。元代时，集贤殿学士宋渤曾为书院作记。明代莱山书院继续办学，清代书院接续重修，使“东莱学脉”得以绵延不绝。书院今存遗址，为市级文物保护单位。

壹　历史沿革

南宋淳熙二年（1175），“东南三贤”之一的吕祖谦曾流寓醴陵讲学，邑人感其教化，“构斋舍，辟讲堂”，建莱山书院作为纪念。其地有夫子坡、东莱桥等遗迹，皆得名于吕祖谦。

元代，少数民族入主中原，在南宋发展至高峰的理学面临如何存续的挑战。所幸元朝统治者对理学表现出应有的尊重，使得理学不至于面临传承断绝的危机。经历宋元之际的战火以后，书院在地方士人的努力维护下相继恢复，在元代取得了新的发展成就。

莱山书院的命运与元代书院总体的发展趋势相一致。元初，莱山书院旧迹湮没。大德三年（1299），社会环境总体趋于稳定，当地着手重修莱山书院，恢复旧观，清还旧田。重修书院事毕，醴陵人罗琬远道请求宋渤撰写记文，作为表彰。

宋渤，字齐彦，号柳庵，潞州长子（今山西长治）人。长子宋氏为元代北方知名的文学家族，宋渤之父宋子贞为翰林学士，官至中书平章政事。宋渤受家学熏陶，自小便有才名，后官至集贤殿学士。见醴陵人“景前哲之懿型，振多年之废坠”，从此书院“弦诵鼓歌”，上接东莱学脉，下启当地人文，宋渤对重修盛事大加赞赏，笔走龙蛇，写就《修复莱山书院记》一文。

在记文中，宋渤不仅赞扬了醴陵诸君子的兴学义举，还不避烦琐，阐明了他所认为的书院诸生“肄习之道”。宋渤认为，莱山为吕祖谦经行过化之地，诸生学于此地，如若还是像普通官学一般，定期会集，讲求辞章利禄之学，虚应故事，敷衍塞责，是无法修得身心性命之学的。前辈讲习“圣学”之大旨，在于“务本、孝弟、亲仁”，书院诸生必须将之置于一切学问的本源地位。“大学”之道，在明明德，在新民，在止于至善，书院诸生日常所习、所修，皆本之于此。“笃志、深造、寻绎”，是诸生习业的下手之处。经过这样的学习过程，诸生即可成为“成德之士”，成为有用之才。

明正德二年（1507），参议吴世忠迁建书院于县署后，改称“东莱书院”。与“江南四大才子”之一唐伯虎同名的醴陵才子唐寅，曾留下一首诗：

东莱书院倚方塘，道学源流一脉长。

昔日曾传文五色，今时仅见树千章。

露凝古径澄新霁，风度余轩送早凉。

负笈当年登此阁，名留青史发幽光。

从诗文中可以看出，这位醴陵才子曾于清晨迎着朝露，踏着古径登上莱山，寻访东莱书院。或许是书院早已迁建的缘故，他目之所见，仅存千章之树。他的求道之心虽然未能顺遂，但留下这首诗作，也可谓后人之幸。

东莱书院迁建于县署后，在明末毁于战火。清顺治十七年（1660），醴陵知县张法孔重修东莱书院，但书院在不久后的康熙二十年（1681）被改为营署。醴陵今日仍然保存有东莱书院遗址，为市级文物保护单位。

贰　名人足迹

吕祖谦（1137—1181），字伯恭，世称“东莱先生”，婺州（治今浙江金华）人，南宋著名理学家，与朱熹、张栻并称为“东南三贤”。吕氏为官宦世家，吕祖谦祖上吕蒙正、吕夷简、吕公弼、吕公著在北宋皆官至宰相，吕希哲、吕希纯为“宋初三先生”之一的胡瑗的门人，其余诸吕又有从学二程（程颢、程颐）门下者，吕氏因有身任“中原文献之传”的说法。隆兴元年（1163），吕祖谦中进士，复中博学鸿词科。后累官至太学博士、秘书省秘书郎兼国史院编修官与实录院检讨官。

吕祖谦学术在南宋独树一帜，被称为“婺学”。《宋元学案》中记叙吕祖谦的学术特征时，将之与朱熹、陆九渊进行对比，认为“朱学以格物致知，陆学以明心，吕学则兼取其长，而复以中原文献之统润色之”，认为吕祖谦之学具有“宽宏函容”“兼收并蓄”的特征。吕祖谦十分注重史学的“资治”属性，还主张研习经世实学，这是他关心时局、忧心国事精神的表现。

朱熹、陆九渊两位理学大师与吕祖谦齐名，但二人的学术观点多有分歧。淳熙二年（1175），吕祖谦欲调和朱陆异同，邀请朱熹和陆九龄、陆九渊兄弟齐聚江西信州鹅湖寺举行辩论会，史称“鹅湖之会”。鹅湖之会的中心论题是“教人之法”，也就是认识论层面的问题。朱熹认为，人应当“泛观博览而后归之约”，即首先应当通过读书、观察万事万物来充分认识外部世界，在此基础上加以总结归纳，方能体察“天理”；陆九渊则认为“心即是理”，体察天理不必向外探求，只需“发明本心”，将本心之明加以扩充，即可贯通天理。吕祖谦对二人各有品评，认为朱熹“英迈刚明”，陆九渊“坚实有力”，只是有欠“开阔”。不过就结果而言，吕祖谦调和朱陆的尝试未见显著成效，三人各自形成自己的学派而深刻影响了理学的后续走向。

就在举行鹅湖之会的当年，吕祖谦曾道经莱山讲学，莱山书院就是醴陵人为纪念吕祖谦而设置的祭祀场所。尽管史料未能记载吕祖谦在莱山所讲之学为何内容，但根据同年举办的鹅湖之会来看，吕祖谦所讲的应当还是兼容心、理，注重实学、史学的宏阔学问。由于吕祖谦重要的学术地位，莱山书院屡次被废后，醴陵人往往又很快将之恢复。吕祖谦的遗风故事不断为后人传颂，清代莱山书院被改为营署后，醴陵人仍在想方设法延续祭祀吕祖谦的传统，其木主一度被置于文庙崇圣祠之中。

醴陵当地曾有记载，朱熹在赴长沙岳麓书院与张栻会讲时，曾道经醴陵讲学，当地人在瑞渌池边摹朱熹画像刻于石上，并建“朱子亭”作为纪念。乾隆三十八年（1773），朱子亭被改为朱子祠，专门祭祀朱熹。借助这一工程，醴陵人对吕祖谦的祭祀也迎来新的变化。知县许凝道认为，按照当时文庙中的祭祀制度，崇圣祠的祭祀对象为孔子的祖先，而吕祖谦的身份属于“先儒”，只能从祀于文庙两庑。为了突出吕祖谦之于醴陵的特殊地位，许凝道认为应将吕祖谦与朱熹并祀于朱子祠。由于吕祖谦、朱熹二人曾合著《近思录》，因此朱子祠被改名为“近思书院”。近思书院建成后，当地绅民每年三月来此祭祀，其中包括渌江书院的师生。进士陈梦元在掌教渌江书院时，就曾留下一首在近思书院参与祭祀的诗作，题为《三月十五日为朱子生辰，漉上同人设祭，敬赋》，记录当时的情景：

词源后俊挹潘江，肄礼亭中衍鲁邦。
俎豆六经荣绶带，降登三献肃旌幢。
潭州萍合来南棹，漉水龛联阖北窗。
转益多师兼祀吕，怀贤唫对短檠釭。

从这首诗中可以看出，即便醴陵已经失去祭祀吕祖谦的莱山书院，但“东莱”一脉并未随之断绝。近思书院中对吕祖谦、朱熹的兼祀，在一定程度上继承了莱山书院的祭祀、纪念功能，使当地的一项传统得到延续。更为重要的是，陈梦元“转益多师兼祀吕”一句，显示出作为当地新的文化教育中心的渌江书院，存续着继承东莱学派学术的意识，使得莱山书院的学术传承功能通过渌江书院得到再现，两所书院完成了精神上的薪火相传。

（赵伟）

附：李氏莱山书院

历史上，醴陵名为“莱山”的书院不止一处，南宋时由李氏建立的家族书院同样被称为莱山书院。状元宰相文天祥之师、岳麓书院副山长欧阳守道曾为这座莱山书院撰写记文，表彰李氏莱山书院对家族文化建设的独到贡献。

壹 家族书院

李氏莱山书院亦在醴陵县北莱山，南宋时由醴陵人李文伯创建，为李氏族人子弟肄习之所。李氏莱山书院曾编纂《莱山书院志》，这是目前见于记载的中国最早的书院志书之一，惜已失传。曾任岳麓书院副山长的欧阳守道赴长沙时，多次经过莱山。李文伯出示《莱山书院志》，请欧阳守道题写作文。欧阳守道读罢院志，又闻书院琅琅书声，不禁感慨万千，欣然作《题〈莱山书院志〉》。

据欧阳守道介绍，李氏莱山书院为家族书院。家族书院是中国古代书院层级当中最基层的，包括一个家庭创建供其一家使用、一个家庭创建供其整个家族使用、合族创建合族使用三种基本类型。

莱山书院受到李氏族人的高度重视，屋宇、田畴、器用、书籍靡不毕具，且“延师取友，有以为礼；书籍纸笔，有以供费”，制度可谓完备。欧阳守道盛赞李氏“仁人孝子之用心”，并且有意效仿、推广，归乡后将李氏的作为告诉同族亲友、乡里邻人，以帮助亲友乡邻形成良好的家学、家风，进而改善当地风俗习惯，构建良好的政治、社会环境。此后，李氏莱山书院在史册上寂寂无闻，后续沿革不详。

贰　名人足迹

欧阳守道（1209—1273），字公权，号巽斋，吉州庐陵（今江西吉安）人，南宋教育家。少时家贫，乃发愤自学，以德行著于乡里。淳祐元年（1241）考中进士，授雩都（今江西赣州于都县）主簿。当时，担任吉州太守的南宋政治家江万里创办了白鹭洲书院，聘请欧阳守道回乡担任首任山长。欧阳守道不负所托，以渊博的学识和正直的品行为人钦服。宝祐元年（1253），应湖南转运副使吴子良之聘，欧阳守道出任岳麓书院副山长。初至即升堂讲论，阐明孟子“正人心、承三圣”之说启发诸生。欧阳守道还主动聘请名儒欧阳新来岳麓书院，以开拓诸生见闻。次年，欧阳守道辞去副山长之职。

欧阳守道数次经过醴陵，《题〈莱山书院志〉》就是在他担任岳麓书院副山长期间完成的。通过在白鹭洲、岳麓两大书院的连续掌教，欧阳守道的教育思想逐渐成熟，他对书院之于家、国、天下所能发挥的教化作用有了更进一步的认识。他认为，对于白鹭洲、岳麓这样层级较高的书院而言，不仅要发挥授业解惑的教育功能，还应承担传道济民、心系家国天下的经世之责。而对于李氏莱山书院这样的家族书院，欧阳守道也给予了高度重视。家族书院分布的广泛性和教育的基础性正可与白鹭洲、岳麓等高层次书院相互补充，相辅而行，通过对社会组织的基本单元——家族的教化，来达成儒家理想的人伦社会秩序。

伴随着执教岳麓书院的经历，与在醴陵李氏莱山书院的见闻，欧阳守道重返家乡吉州，继续从事教育活动。他教人“如和风之着物，如醇醴之醉人”，白鹭洲书院随之进入发展的鼎盛期。宝祐三年（1255），南宋民族英雄文天祥进入白鹭洲书院，师从欧阳守道学习，从此学业大进，德行也受其感染。次年，文天祥赴首都临安参加会试，一举夺魁，被宋理宗钦点为状元。当时，白鹭洲书院还考取了四十名进士，声势一时无两，理宗特赐御书“白鹭洲书院”匾额作为表彰，这也是对欧阳守道办学成绩的认可。此后，欧阳守道继续出仕，担任秘书省正字、校书郎兼景宪府教授、著作佐郎兼崇政殿说书、著作郎等职，他为官清廉，办事公正，卒后家无一钱，江万里、文天祥为之撰写墓志铭和祭文。著有《巽斋文集》《易故》等。

（赵伟）

石山书院

石山书院位于株洲攸县，也称光石山书院，被认为是中国历史上最早的一所民间书院，在中国书院史上有着重要的地位。

壹　书院简史

石山书院之所以有名，与一则道教修仙的神话传说有关。

石山书院原为南齐司空张岊读书之所。南齐末年，东昏侯萧宝卷在位，恣意妄为，又不听大臣劝谏，致使民不聊生，天怒人怨。身为司空的张岊感叹长此以往国将不国，便萌生了退隐林泉之念。为此，他希望寻求一个能够延年益寿甚至长生不老的地方。他寻访至攸县麒麟山时，为此地的美景陶醉，于是倾尽家资，在此筑坛瞻斗，旦夕研读《古洞真经》三十九章，一心修仙。某日，突然来了一位“貌古神清，披鹤衣，步松阴”的老者，自称为葛洪。葛洪教授了张岊点石成金之法。从此，张岊便利用自己掌握的点金术救济贫病之人。到了梁武帝天监年间，张岊与全家八十余口利用从天而降的紫云位列仙班。

由于唐朝皇帝尊奉老子李耳为祖先，对道教比较重视，到了天宝年间，唐玄宗下令建造供奉张岊的道观。时任潭州刺史的苏师道接旨后，在九十高龄的钟道士的陪同下参观了张岊曾经居所的遗迹，并作《司空山记》。苏师道的文字中留下了有关光石山书院的记载：“司空宅在山之西，去观十一里，今殿宇有像，坛井基图，宛然在焉。宅左有光石山书院，故基尚存。”根据张昷升仙的传说和唐代苏师道的记载，可以推测石山书院确实存在过。

石山书院在唐代以后即被废弃。南宋状元张孝祥因为闻山中的阳升观之名，曾专程来攸县游览，对此处的秀丽风光大为赞赏。张孝祥一时兴起，挥笔写下“阳升之观，真人之居，天下第一山”十几个大字。此外，他还题写了“张司空石山书院”“张司空白马溪书院”等匾额，成为当地著名的历史文化遗产。

贰 书院览胜

长期以来，人们普遍认为唐玄宗所建的丽正、集贤书院是最早采用“书院”作为名称的文化机构。清代诗人袁枚就曾提及“书院之名，起唐玄宗时丽正书院、集贤书院，皆建于朝省，为修书之地，非士子肄业之所也”，认为作为朝廷修书之地的丽正、集贤书院是中国书院的起源。但揆诸历史，在唐玄宗以前，民间已有书院建立的线索，攸县的石山书院便是重要例证。邓洪波著《中国书院史》一书对中国书院的起源问题进行了详细论述，指出攸县石山书院与陕西蓝田的瀛洲书院、山东临朐的李公书院、河北满城的张说书院是中国历史上最早的四所书院，而石山书院又是其中最显著的例证。

鉴于石山书院重要的历史文化价值，当地在书院废弃千百年后决定重新修建。石山书院的故址在今株洲攸县莲塘坳镇阳升观，近年重建时将之迁至攸县文化园东北角。书院重建后，建筑面积达到 1500 平方米，有 700 多件古物及藏品。新石山书院由大殿、前殿、前后门楼、钟鼓楼、厢房和连廊等部分组成，整体风格工整，布局错落有致，具有典型的江南楼阁风韵。

从书院正门迈入，便是大成殿，立有孔子雕像，为祭祀孔子的场所，如今仍会定期举行祭拜孔子的仪式，以弘扬尊师、重教、尚学的优良传统。依门而入，便是书院的核心建筑——讲堂。讲堂分为两层，是书院开堂讲学的重要场所。为纪念石山书院的道家渊源，讲堂内壁镶有目前世界上最大的木刻版《道德经》。正殿两厢中，御碑亭立有清代顺治九年（1652）皇帝颁发给天下学宫的卧碑，学碑轩立有乾隆皇帝御制的“平定准噶尔告成太学碑”。攸县书院史陈列室展示了攸县的书院发展史，攸县科举史陈列室展示了攸县的科举文化，是攸县厚重历史人文底蕴的体现。此外，还有藏书楼、劝善斋、山长斋等

新石山书院

建筑。

石山书院以其悠久的历史而享誉中外，千年之后在当地的鼎力支持下重新焕发生机，继续发挥应有的文化教育功能，充分展现出中国人崇尚文化、尊师重教的优良传统。

（赵路卫）

第三章

湘潭

Xiangtan

莲城湘潭风光秀丽，在湖湘文脉传承史上具有重要地位。碧泉书院是湖湘学派的发源地，使湘学、湖湘文化走向兴盛。毛泽东等老一辈革命家诞生于此，并求学东山书院，为这座百年书院注入了不朽的红色基因。

碧泉书院

湖南省湘潭市西南约四十公里的碧泉村，在连绵起伏的丘陵深处，有一座树木葱茏的小山，山脚有一汪三丈见方的水潭，因潭水色如碧玉，汩汩不息，被称作碧泉潭。本为一方自然水潭的碧泉潭，因南宋初年胡安国、胡宏父子的到来，开始获得开创性的文化内涵，成为湘学和湖湘文化一处重要的文化地标。

胡氏父子创建的碧泉书院在湖湘学派以及湖湘文化史上具有非常特殊、重要的历史地位，它是湖湘学派的发源地和第一个学术基地，是湖湘学派的理论创新之所，也是湘学和湖湘文化兴盛之源。

壹 书院简史

碧泉书院创办于南宋建炎四年（1130）。建炎三年（1129），胡安国因躲避战乱，携家眷来到了碧泉潭。胡安国一看到碧泉潭，便被它的惊世之美深深吸引：碧绿的潭水从群木苍翠的石山下汩汩涌出，形成蜿蜒的溪流一路流淌。登上石山极目四望，只见溪流注入涓水，汇入湘江，环抱着山岳奔腾而去。回顾清浅的溪水，胡安国想到了屈原诗中泛舟的渔父，不禁感叹：“此非沧浪之水乎？何其清之甚也！源可寻而濯我缨乎？”在战乱频仍的局势下，胡安国选择了与世推移，隐居碧泉讲学，以图保存文化的种子。

胡安国一家的到来，是一个偶然事件，机缘是胡安国有两个湘潭籍弟子——黎明和杨训。在这两个弟子的迎引之下，胡氏一家来到碧泉定居。但也正是这个偶然事件，开启了湖湘文化兴盛的大幕，让学术与文化的种子在湖湘大地上广撒遍播。

当时，胡安国派弟子与当地人联系，买下了这块风景优美、令他“徘徊不能去”的土地，接着清除榛莽，种植松竹，疏通被败草淤泥堵塞的水道，在碧泉附近修建了一座可供居住生活、读书讲学的院落，这就是碧泉文定书堂，也是碧泉书院的雏形。绍兴八年（1138），胡安国去世，胡宏承父遗志，将书堂扩建，更名为“碧泉书院”，并开始著书讲学。

现存《胡宏集》中有《文定书堂上梁文》和《碧泉书院上梁文》两篇珍贵的历史文献，是关于文定书堂和碧泉书院最早的历史记录。胡宏的《有本亭记》一文还记述了胡安国携家眷定居碧泉以及买地筑

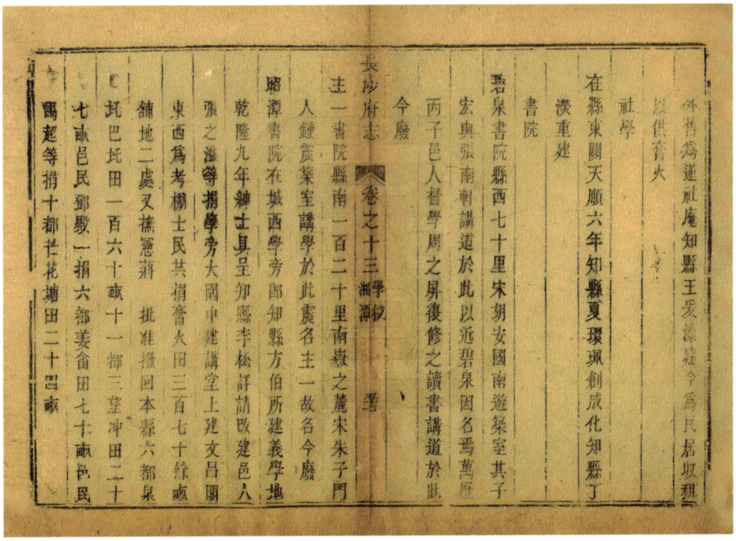
……爲蓮社庵知縣王……建今爲民居……
以供香火
社學
在縣東關天順六年知縣夏瓊瑱創成化知縣丁
溪重建
書院
碧泉書院縣西七十里宋胡安國南遊築室其子
宏與張南軒講道於此以近碧泉因名焉萬歷
丙子邑人督學周之屏復修之讀書講道於此
今廢
長沙府志　卷之十三　學校　湘潭
主一書院縣南一百二十里南嶽之麓宋朱子門
人鍾震築室講學於此震名主一故名今廢
昭潭書院在城西學旁郎知縣方伯所建義學地
乾隆九年紳士具呈知縣李松詳請改建邑人
張之溢等捐學旁大園中建講堂上建文昌閣
東西爲考棚士民共捐膏火田三百七十餘畝
舖地二處又撫憲蔣　批准撥回本縣六都泉
托巴托田一百六十畝十一都三堂冲田二十
七畝邑民鄧殿一捐六都姜畬田七十畝邑民
周起等捐十都芒花塘田二十四畝

乾隆《长沙府志》有关碧泉书院的记载

室的过程。

胡安国、胡宏父子在此辛勤耕耘三十余载。绍兴三十二年(1162)，胡宏去世。随后，碧泉书院学子群体北迁长沙岳麓书院和县城县学等，书院渐趋冷落。乾道七年（1171），胡宏的高足张栻重游书院时，曾用“书堂何寂寂，草树亦芊芊”的诗句来形容书院荒凉、破败的景象。南宋末年，书院在战乱中被焚。元代，里人衡氏修复，元末又毁于兵火。明万历年间，县人周之屏又予以重修。清顺治年间，书院再次不幸毁于兵火。不久，湘潭人唐世征避乱定居碧泉，感书院之荒废，与女婿胡禺（胡宏后裔）商议修之，至康熙初年修毕，作《文定公碧泉书院记》以纪念。乾隆年间，书院又被大规模重修，盘屈石山被纳入书院。光绪四年（1878）又再度被重修，牌楼上书联两副：“将以斯道觉斯民，乐得英才而教之。”“皆有所矜式，受命于先师。”后来胡氏后裔改院为祠，取名胡文定祠，专供祭祀。祠门有

重建后的碧泉书院

联："海纳百川，院育千人。""武夷道脉，湘楚名家。"20 世纪 60 年代书院毁坏殆尽，1982 年彻底拆除，后为民用宅基地。2017 年，碧泉书院得以重建。2018 年，在湘潭大学建校 60 周年校庆前夕，湘潭大学将哲学系与历史系合并，成立碧泉书院，2019 年更名为碧泉书院·哲学与历史文化学院。

贰　文脉传承

胡安国父子在碧泉书院的授徒讲学，代表着一个享誉千古的理学学派——湖湘学派诞生了。朱熹是第一个给这一学派命名的人，他提出南宋时期以胡安国、胡宏、张栻等人为代表的理学学派为"湖南一派""湖南学者"或"湘中学者"。后来黄宗羲在论述胡氏父子和张栻等人所代表的学派时，亦沿用朱熹"湖南一派"的称谓，并且明确提出"湖湘学派"这一概念。

湖湘学派产生于南宋初年，是那个时代最早出现同时也是影响最大的理学学派。南宋理学家真德秀说："窃惟方今学术源流之盛，未有出湖湘之右者。"黄宗羲说："湖南一派，在当时为最盛。"《宋元学案》为湖湘学派专列六个学案，为该学派个人列传者更多达数十人。

胡安国（1074—1138），字康侯，谥文定，建宁崇安（今属福建）人。早年受到良好的儒学教育，24 岁中进士后步入仕途。靖康之变前夕，胡安国已经非常讨厌官场的黑暗和权贵的污浊，一再拒绝朝廷任命，决心过一种“望云倚杖，临水观鱼”的隐居生活。然而动荡的时局使他改变了独善其身的想法。金兵入侵，大宋陷于危难，朝中主和、主战两派势如水火，胡安国鲜明地表达了主战的政治主张，并“幡然有复仕意”，决定前往京师，为国效力。但他因为性情耿介，不久被下放到通州做知州。

金兵攻占京师后，掳走徽、钦二帝，宋高宗继位，改元建炎。建炎三年（1129），金兵再次南侵，胡家迁至湖南湘潭境内之碧泉。胡安国在碧泉潭结庐而居后，湖湘士子纷纷造访问学。在学术上，胡安国是二程的私淑弟子，与二程高弟谢良佐、杨时、游酢等人“义兼师友”。胡安国虽然隐居碧泉，但对中原沦陷、遗民涂炭的惨况“常若痛切于其身”。因此，他“志于康济时艰”，立志为君主寻求治国安民、兴邦北图的良策。胡安国耗费巨大心血，完成了《春秋传》这一著作。此书后被元、明两代定为科举教科书。胡安国的《春秋传》建立

清《武夷山志》载胡安国（中）讲学图

了一套其自认为行之可成的尊王攘夷、振兴儒家传统文化的根本方略，具有很强的现实性。这种现实性使之具有久远的历史价值，开启了湖湘学派经世致用的学风，端正了湖湘学子的人生价值方向，对湘学精神的形成乃至对后世中国的思想、政治都产生了深远影响。

胡寅（1098—1156），字明仲（一作仲刚），又字仲虎，学者称致堂先生，胡安国养子（实为胡安国堂兄弟之子），湖湘学派的主要干将之一。胡寅少年时，甚为聪明倔强，胡安国为磨炼他的性子，曾将他关在阁楼上，楼上有杂木，胡寅竟将杂木全刻成人形。胡安国见胡寅有如此才智，便置书数千卷于阁楼，以为引导。年余，胡寅竟能全部背诵，这也奠定了他的学术基础。胡寅一生沉浮宦海，多次上书朝廷，主张起兵北伐、整顿朝纲，然而一直不得重用。绍兴二十年（1150），胡寅受李光、李孟坚私自著史一案牵连，被贬广东新州。在身边没有亲人、没有书籍的情况下，胡寅以坚韧不拔之毅力著成《论语详说》和《读史管见》，其学养之厚可见一斑。胡寅治学主要以胡安国《春秋传》为宗旨，注重经世，其史评《读史管见》的一个重要特色即援经入史，以理说史。

胡宏（1106—1161），字仁仲，号五峰，学者称五峰先生，胡安国季子，南宋初期著名理学家。胡宏少年时即接受良好的家庭教育，因胡安国服膺和推崇二程理学，胡宏受其影响，亦倾服二程学术。在十几岁时，胡宏就自撰《论语说》，编纂《程子雅言》并在序言中表达对二程之学的渴慕。除了家学渊源，胡宏还有两位重要的老师，皆为二程高弟，一为杨时，一为侯师圣。绍兴八年（1138），胡安国病逝，胡宏悲痛不已。这时，他已过而立之年，学术上也成熟了起来。

他特于碧泉之上建“有本亭”，作《有本亭记》，决心继承父亲遗志，“期确然自守，不敢与流俗同波”。

胡宏不愿出仕与奸邪合污，而是选择穷居僻远之地著书授徒。事实上，胡安国虽然是湖湘学派的开创者，但真正构建了完备的哲学体系，从而奠定湖湘学派理论基础的是胡宏。全祖望评价胡宏说：“绍兴诸儒，所造莫出五峰之上。其所作《知言》，东莱以为过于《正蒙》，卒开湖湘之学统。”全氏认为胡宏“卒开湖湘之学统”，即奠定湖湘学派的理论基础，而这个理论基础就是胡宏在碧泉书院中奠定的。

胡宏的思想创新性极强，在本体论、心性论、工夫论等哲学主要论域都提出了创造性的理论观点。他提出的“性，天下之大本”的本体论，使他成为既不同于程朱“理本论”，又有别于陆王“心本论”的“性本论”的代表人物，“性本论”亦成为湖湘学派最大的理论特色。除此之外，胡宏提出的善恶不足以言性、心以成性、天理人欲同体异用以及先察识后持养的工夫论，都是颇具创造性的哲学思想，也是南宋湖湘学者坚守的具有鲜明学派特色的理论。

张栻是南宋著名的理学家，湖湘学派的代表人物。张栻幼时随父亲到永州居住，后一直跟随父亲在湖南、广东等地生活。绍兴二十九年（1159），张栻听闻胡宏在湘潭碧泉传授二程之学，遂写信求教。绍兴三十一年（1161），张栻前往碧泉书院拜见胡宏，并正式拜师，后成为胡宏最得意的弟子。胡宏去世后，张栻受荆湖南路安抚使刘珙之邀，出任岳麓书院主教。其时岳麓书院办学的规模已经远超当年胡宏主持的碧泉书院，因此湖湘学派的中心也从湘潭转到了长沙。

乾道三年（1167），朱熹携弟子范念德、林择之专程赶到长沙，与张栻会友讲学，展开学术辩论，这便是历史上著名的学术盛会——朱张会讲。这次学术盛会开创了书院自由讲学的新风，对于加强各学派之间的学术交流、促进学术思想的发展产生了重要作用。

张栻虽然师事胡宏的时间不长，但学问上得到胡宏真传。朱熹说："敬夫说本出胡氏，胡氏之说，惟敬夫独得之，其余门人皆不晓，但云当守师之说。"黄宗羲甚至认为张栻之学虽得之于胡宏，但因"见处高，践履又实"，比胡宏之学更为纯粹。事实上，张栻不仅继承了其师胡宏的思想理论，而且提出了自己独特的理论见解，为湖湘学派的理论发展以及宋明理学的发展作出了重要贡献。在本体论方面，张栻继承胡宏"性本论"的思想，提出了"太极即性"的理论，并提出了性的"纯粹至善"；在知行观方面，张栻则批评了"重知轻行"的思想，提倡"知行互发"，也就是知与行两者相互促进。

湖湘学派人才济济，这一时期，被视为湖南人才群体涌现的第一个高峰，具有很强的历史示范作用。而这与碧泉书院这一空间场域的作用是分不开的。

叁　文化昌盛

"湘学"以湖湘哲学为核心和灵魂，其范围则不仅限于哲学，还包括文学、历史、政治、经济、法律、军事、艺术等领域的学术理论。"湖湘文化"则是一个涵盖面极广的概念，不仅包括哲学、伦理、政治、法律、文学、艺术、宗教等精神文化，而且包括民风、民俗、民族心理等“俗文化”，甚至将饮食文化、服饰文化、建筑文化、历史遗存、江山胜境、湖南地区的土特产等物质文化的内容都包括在内。

湘学和湖湘文化形成于宋代，宋代之前湖南地区的文化，应当称作“湘楚文化”，不能叫“湖湘文化”。湘楚文化属于古代楚文化系统，而湖湘文化则是一种理学文化，属于儒学系统。

在春秋战国时期，楚文化是南方文化的代表，儒学（以及墨学等）则是北方文化的代表。王国维指出，孔子、墨子代表的北方学派以实用为宗旨，而楚地的老、庄道家哲学则更关注对性与天道的探索。楚地思想的最高理论成就——老、庄道家哲学所阐发的“道”，既是宇宙的本体，又是派生宇宙万物的原始基质，具有非常明显的天道论和宇宙论的特征，这与北方儒家所着重阐扬的人文之道、伦理之道是相当不同的。

春秋战国以后，湖南地区很长一段时间处于重天道、崇鬼神、尚巫风的楚文化影响之下，北方儒学文化在湖南影响较小。到了宋代，这种状况发生了根本性改变。北宋时期，湖南道州（今湖南永州道县）人周敦颐，开创了理学，这是儒学发展的一个新时期。周氏之学（濂溪学），由他的弟子程颢和程颐传播到河南洛阳，并发扬光大，演变为“洛学”。后来，洛学经二程弟子们回传到南方，湖湘学派是这个回传过程中最早出现的一个理学学派。胡安国、胡宏父子以及胡宏弟子张栻等人，以湘潭碧泉书院和长沙岳麓书院为基地，著书立说、讲学授徒，在当时全国产生了广泛的影响，对湖南地区的影响当然更加深远。自此之后，湖南地区的文化由楚文化（湘楚文化）转变而为儒家文化（理学文化），湖南地区成为著名的“理学之邦”。后来王船山总结宋明理学，曾国藩、左宗棠等晚清理学名臣在政治、军事领域纵横捭阖、叱咤风云，甚至以毛泽东为代表的湘籍无产阶级革命家，都受到了湘学和湖湘文化的熏陶和影响。

湘学和湖湘文化在湖南地区的兴盛以及对中国思想文化界所产生的巨大影响，其源头就在湘潭碧泉书院。作为湖湘学派起源以及最早进行学术创新和人才培养活动的空间场域，碧泉书院当之无愧地成为湘学和湖湘文化的兴盛之源。朱熹诗云："半亩方塘一鉴开，天光云影共徘徊。问渠那得清如许？为有源头活水来。"亘古不断、喷涌不息的碧泉，极具象征意义，它是湘学和湖湘文化长盛不衰的源头活水。

（丁尚思）

东山书院

东山书院位于湖南湘乡，是清代湖南率先向近代学堂改制的书院之一。毛泽东、陈赓、谭政、萧三、毛泽覃等人曾求学于此。东山书院现为全国重点文物保护单位。

壹 书院简史

东山书院的筹建始于清光绪十六年（1890）。当时，湘乡士绅考虑到当地文风日盛，读书从文者数量众多，而涟滨、东皋等书院不敷使用，士子每每“苦于无地安置”，禀请筹资建立一所新的书院。书院的教学理念最初仍以传统的读书应举为主要目标，儒家经典是主要学习内容。

新建书院的倡议发起后，得到湘乡历任知县的支持，某严姓知县还捐出一百两以作表率。湘军将领刘锦棠亦捐资数千两，被公举为倡修。然而书院尚未完竣，刘锦棠就溘然长逝。光绪二十一年（1895），湖南巡抚陈宝箴正式批准新建书院的请求，还夸赞“东山精舍讲求实学，所见甚为远大”。在全县官民的支持下，书院在次年动工，于光绪二十六年（1900）正式落成，取名东山书院。书院采取三进院落的形式，东西坐落五座斋舍，共计六十余间。

光绪二十八年（1902），书院改为校士馆。三年后改为县立东山高等小学堂，以“公诚俭朴”为校训。

1915 年，东山书院改名“湘乡第二联合城镇乡立高等小学堂”。1931 年，又改为“湘乡县立东山高级小学校”。1940 年后，开始兴办中学教育，改为初级中学。1949 年，县立简易师范学校在此办学。1951 年，改为东山小学。1958 年，毛泽东题写“东山学校”校名。2006 年，东山书院获批全国重点文物保护单位。书院现为全国爱国主义教育示范基地、全国红色旅游经典景区。

贰　改制先锋

中日甲午战争中国战败，刺激国人，“只有兴学育才为救危之法”，变革教育以培养实用人才成为共识。湖南在巡抚陈宝箴、学政江标等开明官绅的带领下，以“变风气，开辟新治为己任”，推动湖南成为革新变法的桥头堡，而东山书院就是湖南书院向近代学堂改制的先导之一。

东山书院在筹建时，尚以传统的经史之学为导向。当书院正式建成后，中国的民族矛盾进一步加深，固守传统并不能适应“三千年未有之变局”。因此，新建的东山书院不再以科举之学为导向，而是试图破除旧习，探求新式学问。书院的主持者认为，传统书院多以读经应举作为教学目标，“成材终鲜”。《易经》有云，“穷则变，变则通，通则久”，书院的主持者决心秉持实事求是的精神变革教育制度：“穷变则通，苟非实事以求是，即物而穷理，恐书院究成虚设。”

近代以来，西方的坚船利炮使中国人深受刺激，穷究西方所以强盛之由，人们认为西式学堂教育开设专门之学、分科之学是一大原因。书院的主持者还有意学习中国近邻日本的长处，认为“日本数小岛耳”，其得以崛起并打败中国，是由于日本的学校众多，且都“力行西法”。因此，书院中必须效仿西方甚至日本，教授西学、实学，培养“真材”，如此才能改变长期受制于洋人的屈辱状态。

在革新自强思想的驱使下，东山书院仿照张之洞创设的湖北自强学堂的先进经验，“分科造士”，设立了格致、算学、方言、商务四斋，“教之以实事，程之以实功”，开启了新学传播之风。四门课程以算学为核心，规定“初学一年习几何、代数、平三角、少广，第二年则习曲线、微分、积分，第三年则习弧三角及微积分之深义、立体之几何”，由简到繁，循序渐进。为及时掌握世界发展大势及最新的社会动态，书院每月订购《万国公报》《格致汇编》《申报》等新式报刊，分给师生阅览，“俾通知时务与夷情夷形”。同时筹划未来经费充足时，赴上海订购“天、算、地、矿、医、律、声、光、重、化、电、汽学诸书”，以及西方先进科学仪器，“俾明其理而开其智”。东山书院强调，诸生不应闭目塞听、盲目自大，学问是“不争汉宋，不分中外”的，必当“虚心求是”、广收博览，如此，则学必有成。

对于山长的选聘，东山书院不再单纯注重科举功名，也严格禁止投机钻营者尸位素餐，而是以“品学兼优”“中西兼通”为标准，唯才是举。书院招生时同样不问科举功名，而是组织统一的招生考试，体现出一定的公平竞争精神。在当地官民的鼎力支持下，东山书院成为湖南教育改制的先锋而被载入史册。

叁 红色印记

1907年至1908年，少年毛泽东停学在家，从表兄文运昌处接触到早期改良派代表人物郑观应的《盛世危言》。这本书较为系统地提出了中国应当如何从政治、经济、军事、教育等方面去学习西方、改造自身，毛泽东对此书爱不释手，由此产生继续完成学业的想法。1910年湖南水灾，粮食歉收，米价腾贵，长沙发生抢米风潮。此时，父亲毛贻昌决定将毛泽东送入湘潭县城做米店学徒，而毛泽东随后从文运昌处得知湘乡县立东山高等小学堂是一所讲授新式学问的学府，这激起了毛泽东的求知欲望。思虑再三，毛泽东决心报考东山高等小学堂继续完成学业。在离开韶山冲之前，毛泽东怀着对父母的不舍与对未来广阔天地的向往，改写了一首诗留给父亲——

孩儿立志出乡关，
学不成名誓不还。
埋骨何须桑梓地，
人生无处不青山。

1910年秋天，毛泽东来到东山高等小学堂，但已经错过报名时间。学堂堂长李元甫告诉毛泽东，只要有真才实学，就有录取的机会。李元甫令毛泽东以《言志》为题作文，让毛泽东第二天交稿。而毛泽东提笔挥毫，当场写就。李元甫见文章立意颇佳，决定破例录取，将毛泽东分在戊班学习。

东山高等小学堂先进的教育理念与良好的学习环境为毛泽东打开

了新世界的大门。毛泽东在此第一次接触物理、地理、英语、音乐课程，“早上 ABCD，晚上之乎者也”。音乐、英语老师是曾经留学日本的萧克琳，他在授课之余，会分享他在日本的见闻，这给毛泽东留下了深刻印象。历史课上，毛泽东第一次看到完整的中国版图，非常兴奋，而当授课先生将版图中丢失的领土一一指明时，兴奋又化作悲愤，这种悲愤激励毛泽东开始思索国家民族的出路问题。

东山高等小学堂的藏书楼中收藏了大量从上海等地订阅的新式书刊，毛泽东经常在此阅读。毛泽东经常阅读中外历史和地理等类型的书籍，从中了解世界发展形势。毛泽东还从同学萧三处借来《世界英雄豪杰传》，从中了解到法国的拿破仑、卢梭、孟德斯鸠，俄国的彼得大帝、叶卡捷琳娜女皇，美国的林肯等世界著名人物的事迹。此外，毛泽东尤其喜欢阅读的是梁启超主编的《新民丛报》。《新民丛报》宣扬民众应当摆脱封建思想束缚，要成为具有“自尊”“进步”“利群”

东山书院

等精神的“新民”。此时的毛泽东对梁启超十分佩服，在阅读梁启超的文章时曾写下批注，发表自己的看法，一些重要的文章甚至可以全文背诵。在这个过程中，毛泽东逐渐形成自己的政治思想与抱负。

后来，毛泽东回忆自己在东山高等小学堂的求学经历时，不无骄傲地说道：“我在这个学堂里有了不少进步。教员都喜欢我……”足见这所学堂对毛泽东的巨大影响。1958 年 9 月 10 日，毛泽东为母校题写“东山学校”校名，表达他对母校浓浓的情谊。

肆　人才迭兴

从东山书院到东山学堂、学校，涌现出一大批革命战士。除毛泽东外，陈赓、谭政、萧三、毛泽覃等皆曾在此学习。

陈赓（1903—1961），原名陈庶康，湖南湘乡人。其祖父陈翼怀为湘军将领。从六岁时起，陈赓就在私塾中读书，接受了启蒙教育。1915 年，十二岁的陈赓厌倦了旧式教育，来到离家二十里路的东山高等小学堂读书。入学后，陈赓被编在乙班，开始了一年有余的学习生涯。他天资聪颖，又有蒙学功底，很早就展现出过人的才华。学堂的藏书让陈赓如鱼得水，传统经典如《春秋》《纲鉴》，传播新学的《中国魂》以及梁启超的《饮冰室全集》等著作、报刊都拓展了陈赓的眼界，也令他接触到时兴的社会思潮，初步产生了民族、民主、革命等意识。就读期间，陈赓面对不平之事往往仗义执言、打抱不平，曾参加过反对当局的罢课行动。1916 年，因反对家庭的包办婚姻，陈赓在尚未毕业之时就去湘军招募处报名参军，被编入鲁涤平部第六团二营，开始了四年的行伍生涯。陈赓在接受马克思主义思想之后，于 1922 年加入中国共产党，从此走上革命道路。1955 年被授予大将军衔。

谭政（1906—1988），原名谭世名，湖南湘乡人。幼年时与陈赓一同就读于七星桥谭氏宗祠蒙馆（后改为国民初级小学）。1923 年，谭政考入乡立高等小学堂，被编入第十六班学习。学堂不仅教授一般的知识文化，还会向学生传达中国、世界的时事新闻。谭政就在此了解到有关五一劳动节、五四新文化运动、袁世凯的“二十一条”卖国条约等内容。谭政还在学习世界历史时知道了俄国的十月革命，列宁领导的布尔什维克创建了人类历史上第一个社会主义国家。在学堂期间，谭政阅读了大量进步书刊和文章，如陈独秀在上海创刊的传扬“民主”“科学”的《新青年》杂志，中国共产党的主要创始人李大钊发表的《法俄革命之比较观》《庶民的胜利》《布尔什维克主义的胜利》等。他从中初步接触到马克思主义的基本理论知识。在进步思想的启发下，谭政成为学生自治会的领导人，积极投身学生爱国运动。经过在学堂三年的学习，谭政在学到知识文化的同时也坚定了革命斗争的信念。1927 年第一次国共合作时，谭政应陈赓之邀，离开家乡踏上革命征途。此后，谭政先后参加秋收起义、三湾改编、井冈山斗争等重大革命活动，1955 年被授予大将军衔。

萧三（1896—1983），字子暲，湖南湘乡人。自幼随父兄读书。1907 年，萧三随兄长萧子升一同入东山高等小学堂就读，被编入乙班。毛泽东在此求学时，二人尽管相差三岁，仍然结为挚友。读书期间，二人曾合作对出一副对联，萧三的上联是：“目旁是贵，瞶眼不会识贵人。”毛泽东的下联是：“门内有才，闭门岂能纳才子。”1918 年，萧三同毛泽东、蔡和森等人创办新民学会，1922 年加入中国共产党。1936 年，身在延安的毛泽东对着美国记者斯诺回忆往事时，特意提及萧三这位东山高等小学堂的“作家朋友”。萧三是具有影响力的作家，他的作品被翻译为多种文字。

毛泽覃（1905—1935），字润菊，湖南韶山人，毛泽东三弟。幼年时在私塾读书，稍长时入东山高等小学堂读书，被编入第十班。毛泽覃深受毛泽东影响。毛泽东在长沙稍能立足时，就将毛泽覃接至身边，送入湖南第一师范附属小学学习，亲自监督毛泽覃的学业。在毛泽东的影响下，毛泽覃在 1923 年加入中国共产党，走上革命道路。

百余年来，东山书院秉持“教之以实事，程之以实功”的精神，培育出了以毛泽东、陈赓、谭政、萧三、毛泽覃等为代表的栋梁之才，为这所百年书院注入了不朽的红色基因。

（赵伟）

涟滨书院

涟滨书院位于湖南湘乡，因坐落在涟水之滨，故名“涟滨”。涟滨书院历史悠久，培养出曾国藩、罗泽南、王鑫、李续宾、李续宜等著名人物，与湘军有着不解之缘。

壹 书院简史

涟滨书院建院可追溯到北宋的湘乡学宫，先后用名“涟溪书室”和“涟溪书院”。南宋湖湘学派创始人之一胡安国提举湖南学事时，将书院改建于涟水西岸。书院历经几百年的风雨兵火，曾先后七次修复、重建、扩建，清乾隆四年（1739）改为涟滨书院。

涟滨书院旧有学宫棂星门被改作书院大门，中庭为春风堂，两旁为学舍，共有三斋。斋前为龙门，左为学舍门，右为考棚。考棚规模颇大，为清代茶陵、攸县、安化三县考生参加县试之处。因为此三县离省城长沙较远，考生在县试后若等待府试，等待时间很长，若往返两次，则耗费颇大，嘉庆九年（1804），朝廷允许此三县考生就近参加考试。此后，湘乡每年县试有 2000 余人来书院考棚参加考试，这也为涟滨书院增添了盎然生机和读书生气。

涟滨书院的办学宗旨为“致知而务博，力行之基也；修身而不怠，致用之本也。二三予抑思如是以学，其学专，则造乎圣人之室不难矣。

若徒记诵章句，驰骋笔墨，惟功名利禄是务，而无补于道”，强调书院并不是一味鼓励人们从事辞章记诵之学的场所，并不以培养科举人才为鹄，而应“仰企前贤，远绍遗绪”，将南宋湖湘学派“传道济民”的传统发扬光大，将致知、力行、修身、致用作为书院教育的最终目标，反对将读书视作获取功名利禄的途径和工具。不过，在当时以科举取士的社会环境中，完全脱离科举并不切实际，因此涟滨书院仍保留了科举教学的内容。但在办学时，书院又不断提醒诸生不能为科举所累，这跟宋代理学家“德业并举”的书院教育理念异曲同工。科举功名固然重要，但更重要的是修身养性，希圣希贤，志存高远。

书院具体的教学活动以山长为核心，因此山长往往在很大程度上影响了书院的治学倾向。作为书院管理者、主讲者和学术带头人的山长，其品德和学问直接关乎书院的发展。在涟滨书院办学历史上，最有名的山长首推清代山长刘象履。

涟滨书院

刘象履，字元堂，湖南湘乡人。道光五年（1825）举人，曾掌教涟滨书院、连璧书院。刘象履教人注重以德业为本，使诸生辨明公私义利，成为有德有用之才。

贰 古院览胜

总体来看，涟滨书院讲堂、斋舍、书楼、大成殿坐落有序，无论是外部的形状，还是内部的装饰，都遵循纲常礼教的严谨秩序，体现出儒学的深刻影响。

穿过讲堂，其后有大成殿和藏书楼，分别为书院祭祀和藏书之所。藏书之所名为“尊经阁”，即今日的图书馆。尊经阁的藏书极为丰富，涉及诸子百家、经史子集等，还收藏了清代各种公文及臣工奏稿、书信等。涟滨书院的藏书无论从数量还是质量，在当时的县级书院中都是首屈一指的，这些藏书是书院学子汲取精神营养、成长成才的宝贵的文化资源。

涟滨书院原有的建筑在1956年被彻底拆除，2010年由当地政府组织重建，并作为曾国藩生平研究展览馆。展览馆为晚清建筑风格，上下两层，共有展室九间，约800平方米；馆内设有“寒窗苦读”“京师岁月”“湘军统帅”“总督南北”“倡办洋务”“一代儒宗”“家教传承”“流被桑梓”八个展厅和一个精品展室，以大量的文字、图片、实物，展示了曾国藩“立德立功立言三不朽，为师为将为相一完人”的生平。

叁　名人足迹

道光十一年（1831），曾国藩来到涟滨书院就读，成为刘象履的门人。此前，曾国藩曾先后四次参加院试，但都名落孙山。在涟滨书院就读的一年间，曾国藩受到山长刘象履的赏识，发愤图强，在次年第五次院试中顺利考上秀才功名。同时，他深刻自省，决心改去长期以来习染的烟瘾。为表明决心，他将自己的号改为“涤生”。曾国藩在日记中解释道：“涤者，取涤其旧染之污也；生者，取明袁了凡之言‘从前种种，譬如昨日死；从后种种，譬如今日生也’。”

在涟滨书院，曾国藩取得学业上的进步。书院的教育理念还深刻改变了曾国藩的品行，锻炼了他的人格。

除曾国藩外，罗泽南同样曾肄业涟滨书院。罗泽南是湘军的创立者之一，所谓“中兴将相，什九湖湘”中很多人都与罗泽南有着不解之缘。

罗泽南（1808—1856），字仲岳，号罗山，湖南湘乡人。罗泽南天资聪颖，先后肄业于涟滨、双峰、城南书院，咸丰元年（1851）举孝廉方正。在平定湘乡的会党之乱时，罗泽南与王鑫、李续宾师徒三人曾将营部驻扎在涟滨书院。在此期间，罗泽南等人白天训练，晚上则学习儒家学说，时人称“朝出鏖战，暮归讲道”，是书生带兵的典型表现。

王鑫、李续宾、李续宜、蒋益澧为罗泽南门人，蒋凝学曾为罗泽南的部属。

王鑫（1825—1857），字璞山，湖南湘乡人。少时能文，咸丰二年（1852）与刘蓉等人招募湘勇，治军极严。刘蓉（1816—1873），字孟容，号霞仙，湖南湘乡人，曾与曾国藩一同肄业涟滨书院，官陕西巡抚。李续宾（1818—1858），字迪庵，湖南湘乡人。湘军创建后随罗泽南出征，罗泽南战死后接统其军，后亦战死。李续宜（1823—1863），字克让，号希庵，李续宾之弟，随之东征西讨，官湖北、安徽巡抚。蒋益澧（1825—1874），字芗泉，湖南湘乡人，因军功官至广东巡抚。蒋凝学（？—1878），字先民，号之纯，湖南湘乡人，官陕西布政使。

湘军的另一著名统帅左宗棠的楚军就是以罗泽南得意门生王鑫的老湘勇为骨干改编扩充而成的，无论是募勇、训练，还是行军布阵都沿用王鑫的旧法。刘松山、刘锦棠叔侄便是出自这支队伍，后来左宗棠还起用罗泽南弟子蒋益澧、杨昌濬等人为楚军将领。

湘军是以同乡、同学、同族作为纽带走上历史舞台的军事政治集团，涟滨书院在一定程度上充当了湘军将领内部的纽带。

（赵路卫）

第四章

衡阳

Hengyang

雁城衡阳，因地处南岳衡山之南而得名，有『雁峰烟雨』『石鼓江山』等著名景观。中国书院自唐代诞生，衡阳书院亦从唐代而始，兴盛千年，是湖湘书院文脉传承的中坚。

石鼓书院

石鼓书院位于湖南衡阳石鼓山，肇始于唐代，原名李宽中秀才书院，宋代曾名列天下四大书院之一，明代时不少大儒在此讲学。清代，书院经多次重修，办学不辍，清末改为学堂，今为著名旅游景点。

石鼓山风景别致，石鼓书院人文荟萃，历史上不少名贤大儒与石鼓书院相遇，范成大、湛若水都曾到过此地，朱熹为书院作有记文，邹守益、蒋信曾在此讲学，余廷灿曾任书院山长。于衡阳乃至湖湘文化，石鼓书院都有重要影响。

壹 书院简史

石鼓书院肇始于唐。唐中后期，士人读书山林寺院之风甚盛，名山中如终南山、华山、嵩山、庐山、衡山等，均为士人乐居之所。元和年间，李宽中（一作李宽）于石鼓山建屋数间，作为读书之地。元和五年（810），吕温升任衡州刺史，次年，吕温之弟吕恭、吕俭、吕让至衡州，兄弟四人团聚。吕温曾同吕恭访李宽中秀才书院，作有《同恭夏日题寻真观李宽中秀才书院》，诗曰：“闭院开轩笑语阑，江山并入一壶宽。微风但觉杉香满，烈日方知竹气寒。披卷最宜生白室，吟诗好就步虚坛。愿君此地攻文字，如炼仙家九转丹。”由此可见书院景致。

五代战乱频仍，至宋建国，书院多有残破，士子读书无地，官方鼓励公私书院之创建。时李宽中秀才书院已倾圮，至道三年（997），族人李士真于李宽中结庐读书之地重建书院，作为衡阳地方学者栖止之所，石鼓书院因而得名。景祐二年（1035），知州刘沆奏请，仁宗皇帝赐“石鼓书院”额及学田五顷。因得到朝廷的眷顾，石鼓书院同岳麓书院、白鹿洞书院、应天府书院并称四大书院，闻名于世。其后，书院向东迁移，被改为州学，书院原有建筑废弃。淳熙十二年（1185），部使者潘畤在书院原址上建屋数间，仍名“石鼓书院”，未成而去。提刑宋若水继续潘畤未竟事业，于淳熙十四年（1187）兴复石鼓书院，在书院中祭祀孔子，搜集国子监及地方所印书籍藏于书院，从各州县选拔人员在书院肄业，书院学田的管理也得到加强，又聘请学者戴溪为山长教授生徒，石鼓书院得到新的发展。

戴溪（1141—1215），字肖望，或作少望，号岷隐，学者称岷隐先生，永嘉（今浙江温州）人。淳熙五年（1178）中进士，监潭州南岳庙，后任石鼓书院山长。任石鼓书院山长时，与诸生讲《论语》，汇辑成《石鼓论语问答》三卷，流传后世。

开庆元年（1259），蒙古攻宋，石鼓书院被毁。景定元年（1260），提刑俞琰到任之后，着手重修石鼓书院。不数月，燕居之祠、会讲之堂、肄业之斋、典籍所栖、先贤所奉皆成，又修复风雩等亭，新建仰高亭，又辟射圃，建武侯祠，书院各类建筑基本完备。

宋元鼎革之际，石鼓书院毁于战乱。元朝建立后，朝廷视书院如同地方官学，命官掌管，拨给田产，科举恢复后，书院生徒可以参加科举考试，这一政策较有利于书院发展。至元年间，石鼓书院得以重建，并设置学官。书院田产于至元十九年（1282）被灵岩寺僧人强占，经书院山长邓大任、王复、康庄、程敬直等长达六十余年的诉讼，得以归还。元末战乱，书院又毁于兵火，院田荒芜。

明初，朱元璋致力于官学建设，各州县儒学得到创建、修复，书院不仅没有得到发展，部分书院甚至被改为官署，院田被收归官学。永乐十一年（1413），衡州知府史中重建书舍六间以待游学之士，书院得以初步恢复。至天顺年间，书院颓败严重，按察副使沈庆至石鼓书院拜谒孔子，见书院衰败如此，于是令推官余敬主持修葺，衡州知府翁世资协助。天顺四年（1460）四月开工，立棂星门，构大成殿、斋舍，建碑亭，筑露台，次年九月二十七日完工。成化十七年（1481）知府何珣修建讲堂、号房、仰高楼。二十年（1484），又建大成殿。正德四年（1509），叶钊任石鼓书院山长。叶钊是弘治年间进士，曾任南京刑部主事，武宗时因陈言忤刘瑾，削籍归。叶钊在石鼓书院为

明万历年间《石鼓书院》载石鼓书院形胜图

诸生“讲圣贤身心之学、道德之旨，剖析疑义，阐发幽微”。叶钊讲学石鼓书院，扩大了书院的影响。

嘉靖间，学者湛若水曾到石鼓书院，王守仁的弟子邹守益也来此讲学。嘉靖二十八年（1549），知府蔡汝楠认为石鼓书院是朱熹、张栻、湛若水、邹守益等著名学者的过化之地，乃重新修整书院，扩建主静、定性二斋，订立规约，刊刻《说经札记》《衡湘问辨》《太极问答》等书，又请赵贞吉、茅坤等海内名流讲学。一时石鼓书院远近闻名，长沙、永州两郡的士人、官员也到这里问学。

万历四十年（1612），巡按史记事、观察邓云霄大修书院，书院规模进一步扩大，有讲堂、敬义堂、回澜堂、大观楼、仰高楼、砥柱中流坊、棂星门以及风雩、沧浪、禹碑、合江诸亭，规模一时称盛。明代嘉靖、万历、天启三朝，朝廷都有禁毁书院的政策，石鼓书院虽未受特别大的影响，但讲学事业遭到了打击。天启朝禁毁书院运动规

乾隆《衡阳县志》载石鼓书院图

模尤大，石鼓书院虽然未被拆毁，但也逐渐式微。至崇祯朝，以魏忠贤为首的阉党势力覆灭之后，被禁毁的书院得以恢复。崇祯十五年（1642），提学高世泰对石鼓书院进行修葺。明清鼎革之际，书院毁于兵祸。

入清之后，统治者鉴于明末士人聚众讲学牵连朝政，下令提学官不得创建书院，书院发展相对缓慢。顺治十三年（1656），偏沅巡抚袁廓宇会同地方官重建书院，动工于该年冬，落成于次年夏，并奏报朝廷。落成后的书院，中为武侯祠，祭祀诸葛亮；前为大观楼，楼下为七贤祠，右为公署五楹，两庑为书舍，书院初具规模。

康熙七年（1668），知府张奇勋于大观楼下建号舍二十余间，选拔衡阳士人中的优秀者到书院学习。康熙十九年（1680），提督学政蒋永修在书院后重建合江亭，又为书院增添书舍。二十八年（1689），知府崔鸣鸾又捐俸重修书院。由于七贤祠为僧侣所占，康熙四十九年

石鼓书院航拍图

（1710），巡抚赵申乔将僧人及佛像迁出，并委托衡阳县学训导吴炯迁居书院，监督师生课业。雍正六年（1728）知府陈沆增修。雍正十一年（1733），朝廷令各省于督抚驻扎之地创建书院，并各赐帑金一千两作为书院费用。乾隆初年，高宗视省会书院为“古侯国之学”，肯定书院补官学之不足的作用。受此影响，各地书院迅速发展，地方官员也以极大热情投入到书院建设、修复之中。乾隆二十六年（1761）衡州知府饶佺、嘉庆二十年（1815）护衡永郴桂道福顺分别重修石鼓书院。

同治十年（1871），署理衡州知府李镐认为石鼓书院斋舍不足以容纳学生，同府中士绅商议，打算扩建。彭玉麟捐款白银一千两以为响应，最终建成斋房上下二十四间，可容学生一百二十三十人。石鼓书院经数次重修、增建，规模甚大，有诸葛武侯祠、李忠节公祠、先贤祠、七贤祠，又有仰高楼、大观楼，以及敬业堂、留待轩、浩然台、

石鼓书院大观楼

合江亭及东西斋房等，“丹碧上耸，焕然巨观”。山长多一时之选，如陈士雅、余廷灿、林学易、罗廷彦、罗瑛、潘世晓、张学尹、徐锡溥、刘祖焕等，皆湖南名进士。

中日甲午战争中国战败之后，有识之士痛思其原因，以为中国之落后在于人才之缺乏，书院造就之人，不切于实用，遂提出改书院为学堂，所习内容由经史为主改为声、光、化、电等西方知识为主。光绪二十七年（1901）八月，清政府正式下令，将省城书院改设为大学堂，府、州县书院改为中学堂、小学堂。二十八年（1902），石鼓书院被改为中学堂，三十一年（1905）改称南路师范学堂，民国时改为女子职业学校。抗日战争中，书院毁于战火。20 世纪 60 年代，在石鼓书院遗址建石鼓公园。2006 年，衡阳市人民政府按照清代书院格局，重建石鼓书院。

贰 古院览胜

蒸水与湘水交汇之处，石鼓山兀立于江心，怒石嵯峨，倒影下垂，三面环水，林木郁郁葱葱，幽静深邃，江水滔滔，朱熹称“最为一郡佳处”。因石鼓山景色优美，文人雅士登临兹山题咏唱和者代不乏人，可谓人文荟萃。石鼓书院正坐落于石鼓山上，因其历史悠久，亦是历代文人游览访古之处。后人选奇特之处，构为八景：东岩晓日，西溪夜蟾，绿净薰风，窊樽残雪，江阁书声，钓台渔唱，栈道枯藤，合江凝碧。近代之前的石鼓书院，今人无由得见，但从前人诗文之中，尚可窥其梗概。元人陈淞年有诗："石鼓名山始自唐，天开此处读书堂。诸峰环拱儒风盛，二水交流道脉长。杰阁摩空苍树密，古碑过雨绿苔荒。我来夜静论文罢，窗外江声憾客床。"此诗追溯石鼓书院之创建、前贤讲学于书院传播理学的历史，描绘书院楼阁摩空、林木苍翠、碑刻林立的景象。明人陈宗契有《石鼓书院》诗"未讨金科迹，先探石鼓文。千峰杯外落，二水槛前分。古碣余秦篆，荒台滞楚云。西窗青一带，岳色远氤氲"，营造石鼓书院屹立于石鼓山头，千峰环绕，二水分流，一派宏阔悠远的意境。

2006 年，衡阳市人民政府以《清泉县志》中的相关记载为蓝本，复建石鼓书院，千年书院得以再现。今日之石鼓书院占地面积 4000 平方米，建筑整体布局呈中轴对称狭长分布，中轴线上依次有禹碑亭、山门、武侯祠、大观楼、合江亭。书院建筑类型多样，有亭，有楼，有祠，有堂，白墙青瓦，精致古雅。

叁　名人足迹

石鼓书院因其重要的文化地位，在其千余年的发展历史中不断得到文人墨客、知名学者的关注，这些人反过来又丰富了石鼓书院的文化内涵。始建于唐代的石鼓书院在宋代得以成为天下四大书院之一，就得益于著名文人范成大的表彰。

范成大（1126—1193），字致能，晚号石湖居士，苏州吴县（今江苏苏州）人，绍兴二十四年（1154）进士，历任知处州、知静江府兼广南西道安抚使、参知政事等职。著有《石湖居士诗集》《石湖词》等。乾道九年（1173），范成大赴静江府（治今广西桂林）兼广南西道安抚使任，途经衡州，游石鼓山并石鼓书院，留有《衡州石鼓书院》诗作："古磴浮沧渚，新黉锁碧萝。要津山独立，巨壑水同波。俎豆弥文肃，衣冠盛事多。地灵钟杰俊，宁但拾儒科。"他还作有《石鼓山记》，在其中提出了最早有关"四大书院"的说法："十四日泊衡州，谒石鼓书院，实州学也。始，诸郡未命教时，天下有书院四：徂徕、金山、岳麓、石鼓……石鼓雄据要会，大约如春秋霸主，会诸侯勤王，蒸湘如兄弟国奔命来会，禀命载书，乃同轨以朝宗，盖其形势如此。"徂徕为石介所建，在山东徂徕山；金山即茅山，在南京，侯遗所建；岳麓即岳麓书院，在长沙。很显然，范成大钟情者在山，在石鼓之"大约如春秋霸主"的地位。

与湖湘学派相互砥砺成就的理学家朱熹与石鼓书院也有很深的渊

石鼓书院正门

源。朱熹在绍兴十八年（1148）中进士后，于二十二年（1152）授同安县主簿，二十六年（1156）同安任满，监潭州南岳庙。淳熙十四年（1187），湖南提刑宋若水修复石鼓书院，请朱熹作文表彰他兴复书院的事迹，朱熹应命撰成《石鼓书院记》。在记文中，朱熹除记事之外，还阐述了自己的书院理想。在朱熹看来，当时朝廷在地方所办之学招收学生时，并不注重考查其道义德行，所授之学又皆科举之学，“使人见利而不见义”。朱熹对书院教育寄予厚望，告诫书院诸生勿为科举功名所乱，而是要辨明义利，有志“为己之学”。这一思想影响了明清两代的官、私教育。明成化十八年（1482），朱熹被衡州知府何珣增入石鼓书院先贤祠中祭祀。

在明代，石鼓书院又成为王守仁、湛若水之学的传播中心。

湛若水（1466—1560），字元明，号甘泉，广东增城人。弘治十八年（1505）进士，明代著名理学家。湛若水曾两次到南岳。其师

石鼓书院禹碑亭

陈献章生前想隐居衡山，但未能实现。嘉靖二十三年（1544）八月初九，年近八旬的湛若水从西樵发舟，往游南岳衡山。九月初二日至衡州，筑甘泉精舍，建白沙祠祀陈献章。十一月初八日，同督学应谨庵置酒相会于石鼓书院，还题诗石鼓书院讲堂："衡云烂睡六十日，江南痛饮蒸湘头。含情吊古忘言说，石鼓无声江自流。"嘉靖三十六年（1557），湛若水九十一岁，二月二十四日至衡州府，与门人祝咏同登石鼓书院，将己作《大同吟》刻在会讲平门之上。

蒋信（1483—1559），字卿实，号道林，别号正学，人称正学先生。湖南常德人，嘉靖十一年（1532）进士，历官户部主事、兵部员外郎、四川按察司佥事、贵州提学副使等职，有《蒋道林文萃》传世。嘉靖二十七年（1548），湖广兵备副使潘子正请蒋信开讲于石鼓书院、甘泉精舍，书院士子称蒋信"德性和粹，允孚于人"。

邹守益（1491—1562），字谦之，号东廓，江西安福人。明正德六年（1511）进士，授翰林院编修。嘉靖三年（1524），因"大礼议"下诏狱，被贬为广德判官。嘉靖六年（1527）升任南京礼部主客司郎中，后历官南京吏部考功郎中、司经局洗马、太常少卿兼侍读学士、南京国子监祭酒。嘉靖二十年（1541），因上书言事触怒世宗皇帝，被削籍。邹守益从学于王守仁，是江右王门最重要的人物之一，有《东廓邹先生文集》《东廓邹先生遗稿》传世。嘉靖二十八年（1549），邹守益游衡山，讲学石鼓书院，并留有教言二十五篇，记其与诸生对有关慎独、致知格物、已发未发等问题的讨论，以及其对治学、修身方法的认识。

清代崇尚经史实学，石鼓书院在经学家余廷灿的主教下，学风为之一变。

余廷灿（1729—1798），字卿雯，号存吾，湖南长沙人，乾隆二十六年（1761）进士，改翰林院庶吉士。散馆，授翰林院检讨，充三通馆纂修官。其学问渊博，通经史百家，又精几何勾股，有《存吾文集》传世。嘉庆二年（1797），余廷灿掌教石鼓书院。当时，衡州协兵弁在斯文重地石鼓书院牧马，余廷灿命人剪去马尾，兵弁回营将此事告知副将，副将大怒，下属士兵鼓噪，扬言要去石鼓书院报复。余廷灿也将协兵书院牧马之事上报给道、府官员。后经地方官调解，副将向余廷灿赔礼，维护了石鼓书院文教重地的地位。

宋代天下四大书院，石鼓书院与岳麓书院并峙于湖湘，共同承载着湖湘文脉的传承。石鼓书院历唐、宋、元、明、清而至今，是名副其实的千年名院，更是中国书院发展史的缩影，其文化价值不能等闲视之。

（刘艳伟）

邺侯书院

邺侯书院在衡阳市南岳区南岳镇衡山风景名胜区内，源于唐代李泌所建隐居读书之所，宋代初具规模，历元、明、清三代，虽时有废迁，但亦有修葺重建，延续至今。南宋理学家朱熹、张栻曾访书院遗迹，并作有诗篇。周恩来、郭沫若也曾到访此地。

壹 书院简史

邺侯书院肇始于唐。唐肃宗时，李泌曾隐居于衡山烟霞峰。李泌（722—789），字长源，京兆（治今陕西西安）人，历仕玄宗、肃宗、代宗、德宗四朝，位至宰相，封邺侯。李泌于烟霞峰下造庐舍，名“端居室”，以为读书之地。烟霞峰岩石上有“极高明”三字，据说为李泌所书。后李泌应召入长安，端居室被废。贞元间，李泌之子李蘩创建南岳书院于南岳庙左，以纪念其父，后书院芜废。

南宋开禧年间，书院得到重建，并仿照四大书院形制，官设教授以育生徒，还辟有田产以供资养。宝庆间，运使张嗣可认为书院靠近市尘，喧闹嘈杂，地势低洼狭窄，于是将书院迁建于集贤峰下，改称邺侯书院。

元至大元年（1308），山长杨宗饬更新院舍。至顺元年（1330），知县右扶允、山长何鼎扩建。其后，书院因管理不善，建筑颓败，田产被人侵占，教学活动基本停止。至正三年（1343），天临路知事颜普等集资重建，义化作《邺侯书院记》以记其事。元末书院废。

明万历中，巡按李天麟与郡守陈道淳、知县刘明简等，在烟霞峰李泌庐舍故址建明道山房，有门二楹，堂六楹，并建有斋舍，不久即圮毁。清初，邑人在福严寺侧重建明道山房，祭祀李泌。乾隆九年（1744），衡山知县贵德在旧址上兴建义学，仍称邺侯书院，并拨观湘书院田租五十石，延师课读其中。因地处偏僻，难以办学，乾隆二十一年（1756）即停止课读，田租被拨归集贤峰下之集贤书院，烟霞峰下之邺侯书院不久即湮没无闻。光绪十六年（1890），衡山人陈治与集贤书院山长戴心葵访得烟霞峰下邺侯书院故址，重建书院。因地形不便，建造之时又将书院基址移至古寿佛寺附近平坦之处，即今院址。1932年，书院倾圮，衡山县县长蔡庆萱、教育局局长宾联芳修葺。1980年，书院得到整修，并对游人开放。2002年被确定为湖南省省级文物保护单位。

贰　古院览胜

邺侯书院建于烟霞峰之下，书院坐北朝南，今存一单体石木结构，石墙筒瓦，仅有一层平房，面阔五间，进深一间，无梁架，庑殿顶，盖黄色琉璃瓦。门上嵌汉白玉横额，刻隶书“邺侯书院”。门前石柱刻联：“三万轴书卷无存，入室追思名宰相；九千丈云山不改，凭栏细认古烟霞。”

书院四周松柏环绕，茶园成片，溪流潺潺，清幽静谧。明人周圣楷有《衡岳三章》，其中有一首咏邺侯书院：“云荒露杳，邺侯书堂。星月照我，蔚然古光。往拜先生，昔貌不忘。嵩山之顶，衡山之阳。”可以想见书院古时景象。

叁 名人足迹

理学的集大成者朱熹与湖湘大地有着不解之缘，他在与执教岳麓书院的张栻进行著名的“朱张会讲”之后，又与之携手同游南岳。宋乾道三年（1167），朱熹携门人范念德、林择之访张栻于潭州，朱张二人论“中庸”之义三日夜，仍意犹未尽。十一月六日，朱熹与张栻及门人林择之同游南岳衡山，与张栻同为胡宏弟子的彪居正、胡广仲、

邺侯书院

胡伯逢等皆来相会。朱、张一行人慕邺侯遗迹之名意欲造访，但因林深路绝，无法前往。为此，张栻作有《自上封下福岩，道旁访李邺侯书堂，山路榛合，不可往矣》一诗："石壁巉岩路已荒，人言相国旧书堂。临机自古多遗恨，妙策当年取范阳。"

明代与王守仁齐名的学术大师湛若水亦曾在其晚年来游南岳。湛若水不仅学问精深，还官至尚书，声名显赫。嘉靖二十三年（1544），历经宦海沉浮的湛若水来游衡岳，访邺侯书院懒残岩，同样未能访见。湛若水的《访邺侯书堂懒残岩不得》诗云："识之有不见，见之有不识。邺侯与懒残，识见两相得。我来访其居，旬日无踪迹。或云险且远，草莽路已塞。嗟予闻此言，惘然三叹息。惜哉黄白衣，际遇无成绩。生为帝者师，死同草莽域。宁知死不亡，大化同流易。"借着对李泌的题咏，湛若水发出了大志难遂的慨叹。

在抗日战争期间，国共第二次合作，共同对日作战，周恩来、郭沫若曾负责与国民党方面的联络工作。1938 年 11 月，周恩来、郭沫若参加蒋介石召集的国民党高级将领政工会议，会后二人登衡山游览，曾到邺侯书院参观。郭沫若作《登南岳》诗："中原龙战血玄黄，必胜必成恃自强。暂把豪情寄山水，权将余力写肝肠。云横万里长缨展，日照千峰铁骑骧。犹有邺侯遗迹在，寇平重上读书堂。"

作为南岳衡山传播儒家文化的场所，邺侯书院在参天的古木与佛道的钟鼓声中散发着书香之气，向游人诉说着书院千年以来的点点滴滴。

（刘艳伟）

船山书院

船山书院位于湖南衡阳东洲岛上，“船山”指明末清初著名思想家王夫之，他晚年居衡阳之石船山，世称“船山先生”。他与顾炎武、黄宗羲、唐甄并称“明末清初四大启蒙思想家”，以“六经责我开生面”的气魄，潜心著述四十余年，至今存有辑录的著作百余种，八百余万字，对中国传统文化及思想进行了全面系统的总结。晚清时期湘学复兴，船山之学大行天下。为祭祀王船山，传播船山学术，弘扬船山精神，在湖南学政朱逌然等人的倡导下，湘军将领彭玉麟积极推动船山书院建设，使湖湘文脉得以在衡阳重振和发展。在鼎盛时期，书院曾为“衡永郴桂道”道级书院，不但省内岳麓、城南、渌江等书院学子求学于此，周边江西、广东、福建等地学子也负笈前来，有“学在船山”之誉。

壹 书院简史

光绪二年（1876），湖南学政朱逌然最先倡议修建船山书院。光绪九年（1883），由彭玉麟、王之春、杨概、程商霖、蒋霞初等共同捐资捐租，经衡阳知县张宪和主持，在衡州城南王衙坪王氏宗祠处创办船山书院，并于次年正式招收生徒，李扬华为首任山长。

在书院运营的过程中，彭玉麟深觉宗祠的环境不适宜学生安心治学，渐渐产生了另寻他处的想法，并很快看中了坐拥古衡阳八景之一“东洲桃浪”美景的东洲岛。东洲岛长约两公里，宽约两百米，位于湘江衡阳段的江心，与岳阳君山、长沙橘子洲为湘江三大江心岛。东洲岛风光秀美，远离闹市，十分适宜读书。彭玉麟再次捐俸银一万二千两，在东洲岛上精心营建。在写给郭嵩焘的信中，彭玉麟描绘道：“东洲书院拟上楼下屋，作三进、两廊，外坐落花厅一所，中进作讲堂，后进为山长住处。”

光绪十一年（1885），东洲岛上的书院建成，船山书院迁至东洲岛上。同年，彭玉麟上奏《改建船山书院片》，申请将船山书院升级为“衡永郴桂道”道级书院并获准。他还制订《船山书院永定章程》，分别对船山书院的办学宗旨、院长聘请、书院管理、学员名额、考核办法、奖惩制度、藏书管理、祭祀礼仪以及书院田产管理等作了详细的规定。彭玉麟曾多次盛邀晚清大儒王闿运来船山书院任掌教，光绪十七年（1891），王闿运终于同意出任船山书院山长，并前后掌教

东洲岛

二十五年。王闿运执教船山书院之后，采取了加强课艺评定、重视祭祀先贤等一系列措施进行改革整顿。

光绪十年（1884），曾国荃曾向船山书院捐赠金陵本《船山遗书》三百余卷及板片。船山书院广泛搜罗王船山佚稿，在此基础上增刻印刷船山书院本《船山遗书》，极大促进了船山思想的弘扬与传播。

船山书院还刊刻了王闿运的日记、著作以及书院的教科书等，是清末民初刊刻书籍最多的书院之一。随着办学规模日渐扩大，船山书院声名鹊起，“海内传经问学者踵相接”，成为清末十大著名书院之一。

光绪二十四年（1898），康有为、梁启超等维新派人士发起“戊戌变法”，在教育制度改革方面，提出了“废八股、兴西学”，改所有书院为兼习中西学的新式学堂等方案，拉开了书院改制的序幕。光绪三十一年（1905），科举制度正式被废除，书院改制势在必行。在这种趋势下，王闿运一直坚持在传统的范围内稳健改制，勉力维持船山书院。光绪三十二年（1906），突如其来的湘江大水使船山书院严重受损，王闿运愈发感到书院之存难以为继。1913 年，因王闿运不在书院，船山书院被农业学校占用。半年后经王闿运出面干预，船山书院得以恢复。1915 年夏，湘江水再次暴涨，船山书院又被淹没，无力维持。王闿运最终允诺船山书院与船山祠合并为船山存古学堂。1922 年春，船山存古学堂改称“船山国学院”，曾熙任船山国学院院长。

1925 年，船山国学院改名为“船山文科大学”，设国文、哲学、英文、历史、地理五个系。1926 年，因经费拮据，船山文科大学改为船山中学，雷孟强任校长，后在该校添办一所高级农业学校；1939年农业学校改为普通高中；1950年普通高中更名为衡阳市第一中学；1958年，衡阳市一中迁至丁家牌楼。

贰　书院览胜

清人常豫曾有吟诵：“二月春波慢慢流，桃花千树簇芳洲。飞红腻作燕支水，酿尽繁华洗尽愁。”彭玉麟亦曾撰联：“一瓢草堂遥，愿诸君景仰先型，对门外岳峻湘清，想见高深气象；三篙桃浪渡，就此地宏开讲舍，看眼前鸢飞鱼跃，无非活泼天机。”足见东洲岛之自然胜景。因有书院，东洲岛平添无限人文气息。2018年5月，全新的东洲文化园对外开放，成为衡阳市的文化新地标。

修葺一新的船山书院

如今，修葺一新的船山书院掩映在绿意葱茏中，大门前的一棵大樟树枝丫遒劲，形似五爪，古意盎然。进入大门，首先是讲会堂，一楼定期举办研讨会，二楼可以举办临时展览。书院一、二进为船山文化活动中心，设有“学在船山——衡阳船山书院历史文化陈列”展览。第三进为船山文化研究中心，设有图书室、自习室等。岛上另有一座夫子楼，曾为祭祀王船山之所，亦已重修并设“天地大儒——王船山思想文化陈列”展览。行于东洲岛上，习习清风徐徐而来，草木之香沁人心脾，一代湘军名将的苦心孤诣，历代鸿儒山长的用心经营，书院诸多往事仿佛重回眼前。

叁 名人足迹

船山书院的创建人彭玉麟（1816—1890），字雪琴，号退省庵主人、吟香外史，人称“雪帅”，祖籍今衡阳县渣江，湘军水师创建者，清朝著名政治家、军事家。官至两江总督兼南洋通商大臣、兵部尚书，封一等轻车都尉。有一种说法将彭玉麟与曾国藩、左宗棠、胡林翼并称为“晚清中兴四大名臣”。

船山书院首任山长李扬华（1822—1884），字镜先，湖南衡阳人。自幼秉承家教，博览群书，精通经史，著有《春秋四传汇笺》《四书备检》《雷鸣录》《浣红诗集》等。光绪十年（1884），经衡阳知县张宪和延聘，李扬华以石鼓书院主事身份就任船山书院山长，光绪十五年（1889）卸任。

晚清大儒王闿运亦曾担任船山书院山长。人称“湘绮先生”的王闿运曾居衡阳西乡，后迁居湘潭。他曾讲学四川成都尊经书院，辛亥革命后任国史馆馆长。著有《湘军志》《湘绮楼诗文集》《湘绮楼日记》等。王闿运与彭玉麟素相友善，经彭玉麟数次盛邀，王闿运终于在光绪十七年（1891）初春起掌教船山书院，至 1915 年方止。

王闿运之后，担任船山国学院院长的是曾熙。曾熙（1861—1930），字季子，晚年自号农髯，湖南衡阳人，是近代中国杰出的书画家、教育家。光绪二十九年（1903）进士，官至兵部主事、提学使。工诗文，擅书画。先后主讲衡阳石鼓书院、汉寿龙池书院，1922 年至 1925 年担任船山国学院院长，又任湖南教育会会长。

船山书院在其办学历史中培养了大批人才，知名者如杨度、刘揆一、齐白石、蒋啸青等。

杨度（1875—1931），原名承瓒，字哲子，湖南湘潭人，近代中国著名政治家，有“旷代逸才”之誉。其主张维新变法，主编《中国新报》（月刊），主张君主立宪。五四运动以后，长期与李大钊等共产党人接触，1929 年秘密加入共产党，为党做了很多有益的工作。杨度是王闿运最得意的学生之一。王闿运对杨度多有提点，曾授以“多见客，少说话”六字箴言。

刘揆一是近代杰出的民主革命家，华兴会创始人之一，同盟会重要领导人之一，曾代孙中山担任东京本部总理职务。新中国成立后，任湖南省军政委员会顾问。刘揆一在光绪二十年（1894）拜师王闿运，在其学生中颇有威信。

齐白石（1864—1957），字濒生，号白石、白石山翁等，湖南湘潭人，国画大师，世界文化名人。曾担任中央美术学院名誉教授、中国美术家协会主席。早年曾为木匠，后以卖画为生。光绪二十五年（1899）在船山书院拜王闿运为师，学习古典文学，与铁匠张正炀、铜匠曾昭吉、僧人释敬安合称为“王门四匠”。

蒋啸青（1882—1928），字式嘉，号常青，湖南耒阳人，革命烈士。光绪二十九年（1903）就学于船山书院，历任湖南多所学校教员、校长，被尊为“湘南教育王”。1921 年秋，经毛泽东介绍加入中国共产党，创建湘南最早的党组织——中共湖南省立第三师范学校小组。1928 年参加湘南起义负伤被捕后牺牲。

晚清湖南士人之所以要努力维持船山书院于不坠，并阐扬推广船山之学，大致有以儒雅而洗湘军血光之腥，以王氏之学阐明圣学、传授道统，足以振起颓俗等原因，而其目的之一是要完善湖湘学统。晚清重构后的湖湘学统起自周敦颐，中经朱熹、张栻，由王船山接续，

船山书院大门

可以表述为“濂溪之学→朱张之学→王氏之学”。湖湘宋明儒学一系之学统最终宣告成型。

（方芳）

甘泉书院

甘泉书院在南岳衡山紫云峰麓，又名甘泉精舍。当地山势耸拔，泉涧曲折，人称衡岳最胜处。明嘉靖二十三年（1544），湛若水建甘泉书院，后书院历经修葺，延续至清代。湛氏在书院讲述学说，对明代湖南学术发展影响甚大。湛若水弟子蒋信曾于甘泉书院讲学，明代学者曾朝节、清代文学家潘耒游南岳时都曾到访书院，并留有诗篇。

壹 书院简史

甘泉书院之创始，与明代理学家湛若水有关。湛若水是弘治十八年（1505）进士，曾选翰林院庶吉士，历官翰林院编修、翰林院侍读、南京国子监祭酒，官至南京礼、吏、兵三部尚书。

湛若水青年时期曾师从江门学派创始人陈献章。陈献章为学“主静”，以为“为学须从静中养出个端倪来，方有商量处”。湛若水一方面深明老师的学术宗旨，另一方面却认为将动与静、体与用、心与意、已发与未发、形而上与形而下截然区分，势必影响儒者于日用常行之间作圣贤功夫。因此，他又在其师的基础之上，提出在“随动随静”中，“随处体认天理”。其在南京任职期间，建造书院，聚徒讲述自己的学说。相比朱熹、王守仁等学者，湛若水年寿甚高，一生著作甚丰，有《圣学格物通》《春秋正传》《二礼经传测》等，多数被收入《泉翁大全集》中。湛若水是明代学术史上最具影响力的人物之一，在当时与王守仁齐名，二人被合称为“王湛”。

明嘉靖二十三年（1544），湛若水应弟子蒋信之请，偕骆尧知、周荣朱、黄云淡等诸弟子同游衡山。紫云峰下原有衡岳观，后废弃，鞠为茂草，仅存残石。湛若水过紫云峰时，爱此地钟灵毓秀，遂购衡岳观地基，建为书院，旁邻文定书院。九月初九日卜筑书院之时，湛若水作有《卜筑诗》：“遥遥起天柱，巍巍南台下。于兹结云松，以卜我精舍。芳邻接五峰，神明见中夜。诸子来端居，无玩亦无舍。”至十月十七日，书院建筑次第落成，湛若水偕弟子蒋信以及衡阳从游士子告祭土地之神。

建成后的书院有讲堂五间，寝室三间，大门一间，二门三间，周遭筑有围墙。书院又辟甘泉坐石、端默石、甘泉洞、甘泉上洞诸景，以“寓乡之泉石于目前”。其上另建白沙祠，以祀湛若水之师陈献章。

陈献章（1428—1500），字公甫，号石斋，广东新会白沙里人，世称白沙先生。正统十二年（1447）举人，入国子监读书，两次会试皆不第，转而追求学问，赴江西从学于吴与弼，绝意科举。半年后返乡自学，渐有心得，于白沙授徒讲学，远近闻名。黄宗羲在《明儒学案》中称陈献章“有明之学，至白沙始入精微。其吃紧工夫，全在涵养，喜怒未发而非空，万感交集而不动，至阳明而后大”，将他视为明代学术转折之关键人物。陈献章生前曾有意隐居衡山，未果而卒。湛若水为纪念其师，于书院中建白沙祠，专门祭祀陈献章。

书院建成后，湛若水开坛讲学。嘉靖二十三年（1544）十月二十一日，湛若水具帖请乡老二十四人，于次日在书院行乡约礼，礼成之后，由衡山县教谕王奎主持，与衡山诸生讲《孟子》“可欲之谓善”一章。其后，湛若水因事离去。行前，他为书院购置附近之田二十二亩，交与道士蒋明昶，以供书院修缮、祭祀之用。

嘉靖三十六年（1557）正月，湛若水以九十一岁高龄再游衡岳，从游者有门人黄梦龟、周荣朱、谢锡命，以及湛若水之孙湛天润。二月二十七日，至甘泉书院。二十九日，同诸生在书院静坐。三十日，作《南岳甘泉书院示同志诸贤诗》：“驱车紫云洞，悲喜并时臻。留滞罗浮间，一落十余年。井地虽芜秽，老屋尚仅存。息存仍后室，心性犹堂前。土苴填地缺，搴萝补天穿。踧踖谒师祠，俊逸何超全。天堂接天柱，嵂屼撑穹玄。俯视若有示，回合自靡门。如彼诣道者，循环而无端。会集同心友，坐进复浑沦。相观有立化，默契以神传。万化自流运，太虚亦何言。”三月二十日，江西门人郭应奎、王贞善及徽州祁门谢知远、周仪至书院。二十二日，湛若水在书院开讲，祝咏、王贞善、郭应奎等三十六人听讲。

书院建成十三年时，人谓书院将废。分巡湖南道胡尧臣，以身担守土之责，理应修葺，遂修祝圣台、白沙祠、讲堂、斋舍，并新建牌坊一座，题“南岳甘泉书院”，副使何石川又于仪门题“衡岳达尊”，并令道士八人耕种院田。万历时，张居正禁毁书院，甘泉书院亦受影响。万历十一年（1583），张元忭游南岳之时，过甘泉书院，书院已改为公署。清前期，改称紫云书院，增辟甘泉亭，刊立湛若水刻石画像、《心箴图说》碑等，祭祀湛若水、陈献章，亦称湛甘泉祠，清末停办。

1935 年，当地合文定、白沙二书院建岳云中学，办学至今。现存甘泉亭、甘泉像等，紫云书院石额存岳云中学。

贰　名人足迹

明中叶，两位齐名的学术大师王守仁、湛若水都曾经行过化于湖湘之地，很多学者慕二人之名先后从学，拜入门下。被认为是“楚中王门”代表人物的蒋信就是其中之一，他在拜入湛若水门下后，曾在南岳聆听其师训诲。

嘉靖二年（1523），蒋信赴北京求学，得识湛若水，拜入门下，深得湛若水赏识。嘉靖二十三年（1544）湛若水游衡岳，建甘泉书院，蒋信作《衡岳甘泉精舍记》，除记书院创建始末外，还于记文中力倡“勿忘勿助”，以求“心之本体”之说。嘉靖二十七年（1548），湖广兵备副使潘子正请蒋信开讲于甘泉精舍、石鼓书院。三十六年（1557）湛若水再游衡岳，修葺甘泉书院，蒋信再次远道而来，面见其师。

明代探花曾朝节也曾来过甘泉书院拜访。曾朝节（1535—1604），字直卿，号植斋，湖南临武人。万历五年（1577），曾朝节中一甲第三名进士，授翰林院编修，历官翰林院侍讲、国子监祭酒、南京礼部右侍郎、礼部尚书。著有《紫园草》《易测》《臆言》等。万历十一年（1583），曾朝节与张元忭同游衡山，曾到甘泉书院，曾氏作有《甘泉书院诗》：“精庐高傍紫云开，石老神游亦此来。见说古人佳处在，更无言说绝安排。”

到清代，文学家潘耒在游历时来到甘泉书院，作诗题咏。潘耒（1646—1708），字次耕，一字稼堂，江苏吴江（今江苏苏州吴江区）

人，清代文学家。康熙十八年（1679）举博学鸿词科，授翰林院检讨，充日讲起居注官，为丁母忧辞官，不复出仕。有《遂初堂集》传世。康熙三十八年（1699）正月，潘耒从湘潭出发，正月十三日至衡山，谒岳庙，游九仙观，登祝融峰。返程时过甘泉书院，作有《甘泉祠》诗："甘泉八十翁，锐志游岳山。径出不告家，扁舟越重关。不令官府知，婆娑千峰间。结庐选幽胜，石瘦泉淙潺。九十仍再至，霜髯映童颜。寥寥百岁后，高风杳难攀。"

时至今日，甘泉书院化身为现代中学，在承接其文化传统的基础上继续培育人才，服务社会。学子济济一堂，仿佛重现了数百年前书院讲学的盛况。

（刘艳伟）

文定书院

位于衡阳市南岳衡山紫云峰下的文定书院，又名文定书堂、胡文定公书院。书院得名于宋儒胡安国，历元、明、清三代而不废。南宋时，张栻曾到书院求学。明人湛若水、张元忭、曾朝节曾到访书院，并留下诗文。文定书院与宋代理学之传承关系密切，它的创建，是湖湘学派形成过程中的重要环节。

壹　书院简史

“文定”是宋代著名理学家胡安国的谥号。高宗绍兴元年（1131），胡安国筑书堂于南岳紫云峰下，并在此完成理学名著《春秋传》，宋高宗赞其“深得圣人之旨”。胡安国卒后，其季子胡宏遂以胡安国谥号“文定”命名书堂，增建春秋楼祭祀其父，著书讲学其中二十余年，完成理学名著《知言》《皇王大纪》等。张栻跟从胡宏时曾在文定书院学习，深得胡宏学问要旨。

元代，朝廷对文定书堂保持了应有的重视，除善加修葺外，还赐以匾额，命学士杨宗瑞为山长。于时先贤有祠，师生有室，育士有田。至明代时，旧室倾圮殆尽，书堂仅存故址。明弘治八年（1495），监察御史郑惟恒令衡州府同知邓淮重建，改称书院，又上书请求朝廷于书院祭祀胡安国，并著入官方祀典，派人守护，以使学者履其地而思其人，思其人而学其学，学其学则斯文不泯，士风益振。这一请求得到了朝廷批准。

书院建成后，中为堂，塑胡安国及其子胡宏、胡寅像，主祀胡安国而以二子配享，“房庑庖库之类皆备”。李东阳为之作《胡文定公书院记》，力倡其“尊王贱霸”“安夏攘夷”之义。邓淮作《题胡文定公书院》记其事，曰：“吾道中天永不孤，春秋大义岳山胡。熙宁不幸遭王氏，南渡真成有此儒。老柏参天谁剪伐，伏雏随地自抠趋。祠成又出当时篋，示我斯文未丧符。”嘉靖二十三年（1544），湛若水建甘泉书院为邻。崇祯四年（1631），知县何士冢祭祀南岳之神，后至书院祭祀，但“展拜无地”，只得“除芜隙以陈俎豆”，书院内塑像亦将坏。次年，何士冢遂集资重修，迁原在院左之长寿庵于院后，请胡氏后裔掌祀事，并作《重修文定书院并长寿庵记》，称书院“前以事吾师之弟子”“后以事西方之圣人”为双美之举。

文定书院

清康熙四十八年（1709），胡氏后人胡昌侯修葺书院，次年竣工。乾隆十二年（1747），知县谢仲坃将书院修缮一新，又拟拆毁长寿庵以拓院基，未果。十五年（1750），知县高自位增建中堂前廊庑，又建斋舍若干间，召集生徒，作为讲诵之地。二十一年（1756），书院田租并入雯峰、集贤二书院，教学停止，讲堂渐颓，仅存后室，置胡氏父子塑像其中。至道光初，前院两厢倾倒，讲堂已成瓦砾，仅存之后室，风雨剥蚀，时任衡山县儒学训导龚玥以为“非所以妥先贤之灵”，胡安国后裔偕族人自愿修复。道光元年（1821）八月十六日动工，十二月初八日落成，书院凡三进，前为大门，门前树牌坊，上书“胡文定公书院”；中为讲堂、厢房，后堂设神座。

辛亥革命后，书院改为胡氏文定小学，抗战时期改为质文小学，后停办。1946 年岳云中学选址南岳，质文小学房屋曾被辟为教职工宿舍，1949 年后正式并入岳云中学。1984 年拆建为岳云中学科技楼。2002 年，又将科技楼加以整修，改名为“春秋楼”。

贰　湘学渊源

北宋周敦颐、二程（程颢、程颐）等创立理学后，理学经南宋朱熹而集于大成。二程之学术传承分为两支：杨时得二程之学，传之罗从彦，罗从彦传之李侗，李侗传之朱熹，此为一支；谢良佐得二程之学，传之胡安国，胡安国传之胡宏，胡宏传之张栻，此为另一支。胡安国、胡宏、张栻等人都曾在湖南长期居留，并讲授其学说，朱熹称他们为“湖南学者”“湖南一派”。南宋书院与理学学术的一体化趋势，是促成湖湘学派出现的重要历史背景。宋代理学学派众多，湖湘学派即是其中一支，它的诞生标志了湖湘文化的正式形成。

文定书院的创建是湖湘学派形成过程中的重要环节。胡安国继承了程门心性义理之学，并传承孙复与程颐的春秋学，基于现实政治之需要，从理学立场阐发《春秋》中“尊王攘夷”“大一统”的微言大义。其子胡宏之学说，除继承家学之外，又有自己的特色。胡宏的学说贴近道学派核心话题理气心性，重在建设儒家伦理道德，较具现实意义，为湖湘学派的立派奠基。

胡宏读书于紫云峰文定书堂之时，讲学授徒，一时之间，湖湘士子竞相从学，如张栻、彪居正、吴翌、胡实等人。胡宏培养的弟子众多，其中尤以“东南三贤”之一的张栻著名。张栻继承胡宏之学说，引领湖湘学派，黄宗羲称：“湖南一派，在当时为最盛，然大端发露，无从容不迫气象。自南轩出而与考亭相讲究，去短集长，其言语之过者，裁之归于平正。”张栻讲学岳麓书院，造就弟子甚众，扩大了湖湘学派的影响。因胡安国、胡宏、张栻在宋代的影响巨大，湖湘学派成为与道南学派齐名的理学流派。理学家真德秀在担任潭州知州兼湖南安抚使时，对以胡安国为代表的湖湘一脉给予了很高的评价：“窃惟方今学术源流之盛，未有出湖湘之右者。盖前则有濂溪先生周元公，生于舂陵，以其心悟独得之学，著为《通书》《太极图》，昭示来世。上承孔孟之统，下启河洛之传。中则有胡文定公以所闻于程氏者，设教衡岳之下，其所为《春秋传》，专以息邪说、距波行、扶皇极、正人心为本。自熙宁后，此学废绝。公书一出，大义复明。其子致堂、五峰二先生，又以得于家庭者，进则施诸用，退则淑其徒，所著《论语详说》《读史》《知言》等书，皆有益于后学。近则有南轩先生张宣公寓于兹土，晦庵先生朱文公又尝临镇焉。二先生之学，源流实出于一，而其所以发明究极者，又皆集诸老之大成，理义之秘，至是无复余蕴。此邦之士，登门墙、承謦欬者甚众。故人才辈出，有非他郡国所可及。”

南宋后期盛于全国的湖湘学派，以人才辈出“有非他郡国所可及”而著称，诚所谓天下学术，无右湖湘。而考其学术源流，兴学于文定书院的胡安国（文定公）、胡寅（致堂）、胡宏（五峰）父子，以及门人张栻（宣公）等成为湖湘学派的源头与基干，构成一个完整的学统。在这个学统中，周敦颐上承孔孟，下启河洛，有开祖之目；胡氏父子设教衡岳，对湖湘后学多启导之功；张栻、朱熹二先生则阐明理义，集诸老大成，更被推为学派的旗帜，他们的著作“譬之菽粟布帛，不容以一日去者也”，被抬到了近乎神圣的地位。这种道脉传承的建构历经宋、元、明、清都被广泛认可。

叁　名人足迹

明儒湛若水行迹遍布大江南北，据说所过之处，常常建立书院以祭祀其师陈献章。嘉靖二十三年（1544）九月，湛若水来游衡山，前往岳庙祭拜南岳之神。之后经过胡文定公书院时，入门见胡氏神像俨然，再拜而出，兴卜筑之思。湛若水见书院左侧之山如蟠龙伏虎之势，询道士，知为衡岳废观址，鞠为草莽已久，遂于此地建书堂。湛若水于嘉靖三十六年（1557）第二次游衡岳，胡安国十三代孙胡瑛来见，湛若水作《得邻胡文定公父子书院》诗，云：“旷世有相感，感亦何所缘。人为天地心，一气象浑然。兰桂远芳馨，德盛必有邻。神明非待玩，息息而存存。古今儒释辨，惟有具眼人。”

状元张元忭继湛若水之后来游文定书院。张元忭（1538—1588），字子荩，号阳和，浙江山阴人，隆庆五年（1571）一甲一名进士，历官翰林院修撰、左谕德、翰林院侍读学士，谥文恭，明代文学家。万历十年（1582），张元忭奉命出使长沙楚王府，次年正月得以游南岳，于正月二十八日到访文定书院。与张元忭同行的还有曾朝节，曾朝节为万历五年（1577）探花。万历十一年（1583），曾朝节与张元忭同游衡山，曾氏作有《文定书院》：“岳下空斋老岁华，遗经相对饱烟霞。藏山不负看今日，俎豆依然自一家。”状元、探花携手来游，一时为书院盛事。

湖湘之学，于宋为盛。自胡安国筑书堂于南岳，著《春秋传》，明尊王攘夷大旨，湖湘学术即已奠定初基。胡宏创文定书堂祀其父，于其中著书讲学，张栻、彪居正等人从其游，湖湘学术规模渐宏。后张栻讲学城南、岳麓两书院，同朱熹切磋讲论，湖湘之学声名远播。湖湘之学闻名于世，文定书院扮演了重要角色。也正因为此，自书院兴建至今，地方官员屡有修葺，文人墨客题咏不断。文定书院是彰显湖湘文化的重要古迹，至今依然激励着湖湘学子。

（刘艳伟）

第五章

益阳

Yiyang

地处资江之畔、洞庭湖南岸的益阳，是湖南中北部的历史文化名城。益阳的书院发展始于宋代，至晚清达到鼎盛，出现箴言书院这一湘军将帅创建的服务乡梓的标志性书院，是湘军文化建设的标志性成就。

松风书院

松风书院在湖南益阳龙牙坪（今属桃江县），是益阳最早的书院。书院三面环山，一面临水，山清水秀，风景幽邃，因四周皆为苍翠青松，徐风吹来，可观松涛如海，故名“松风”。松风书院创建后，益阳安化、沅江等地书院纷立，一时兴学之风大开，传为千古佳话。

壹 历史沿革

松风书院由宋代学士李贤创建，为其讲学之所。据有关考证，其建立时间应在两宋之交（1120—1130）。当时，北宋经历“靖康之变”，徽宗、钦宗二帝及大批宗室、大臣被金兵掳掠北上，多数客死异乡，再也未能踏入故土半步。徽宗第九子赵构在南京应天府（今河南商丘）即位，建立南宋。

南宋朝廷在金兵的围追堵截之下一路南逃，经过岳飞、韩世忠、吴玠、虞允文等文武大臣的努力，最终在临安（今杭州）站稳脚跟。待局势渐渐稳定，人们开始怀念故国北宋安定、繁荣的经济文化生活。著名女词人李清照就深受动荡局势的影响。她出身书香门第，早年在良好的家庭环境中成长，其后与金石学家赵明诚共结连理，生活幸福美满。因此，李清照早年的作品多是悠闲恬适的风格，两宋之交的战乱使得李清照后半生颠沛流离、飘零孤苦，这一时期的作品多是感伤其不幸境遇的。李清照个人的经历就是当时遭受战乱的普通人的缩影，而继承了北宋张载“为天地立心，为生民立命，为往圣继绝学，为万世开太平”精神的儒家士人，则在感伤自我不幸遭遇之余，主动承担起心系天下兴亡的责任。他们中的代表，有胡安国、胡宏、朱熹、张栻、吕祖谦、陆九渊等理学家。

以胡安国、胡宏、张栻为代表的湖湘学派将“传道济民”精神与书院建设相结合，以期通过书院教育来弥补北宋形成的官学教育的不足。在北宋末年，国家的前途与民族命运都处于危急关头，素称“四民之首”的士人中，虽曾涌现出陈朝老、邓肃、陈东等一批深明大义的壮烈之士，但大部分由官学培养出来的士人累于功名，见利忘义。《三朝北盟会编》载：“金人索太学生博通经术者，太学生皆求生附势，投状愿归金者百余人……比至军前，金人胁而诱之曰：‘金国不要汝等作义策论，只要汝等陈乡土方略利害。’诸生争持纸笔，陈山川险易，古今攻战据取之由以献。又妄指娼女为妻妾，取诸军前。后金人觉其无能苟贱，复退六十余人。复欲入学……”可以说，这些太学生毫无社会责任感、正义感，更无民族意识，甚至连起码的廉耻之心亦丧失殆尽。这种士风败坏的严酷事实，无情地宣告了北宋官学教育的失败，也将创造一种新的理论以收拾人心的任务提了出来。此即所谓人心沦丧，价值观必须重建。为此，南宋理学家掀起了轰轰烈烈的书院建设运动。

松风书院就是在上述背景之下创建的，它除了有兴学一方的功能外，还具有重建思想、伦理、社会秩序的重任，其价值自然不容小觑。因此，在明清时期，松风书院得到当地人的鼎力维护，不断得到续建。

清光绪三十一年（1905）八月，松风书院改为学堂。1917 年改为松风两等小学堂，1919 年改为益阳县四里里办松风学校，1947 年改为益阳舞凤乡第三中心国民学校。新中国成立后，先后更名为益阳县第二十八完小、桃江县三堂街学校，1968 年升格为中学。现为桃江县三堂街镇中心学校。

贰 古院览胜

松风书院的建筑规制，为长方形四合院，坐北朝南，南北长约 40 米，占地面积约 800 平方米。中为天井，两旁斋房，周围有走廊相连，院门前左右各有石狮雄踞，四周绕以墙垣。书院房屋为三进式砖木混合建筑。

书院一进为院门，门为平头槽门，门楣有“松风书院”匾额，两侧有明代江西巡抚郭都贤题写的楹联。二进为讲堂，是名家学士讲学之处，正中悬挂孔子画像。左右列有斋舍，各八间。三进为厅堂，是山长、讲师、生徒、职事的安宿餐膳之地，东西斋室膳堂共有十余间。书院东北角有六方形凉亭一座，曰“松风亭”，据说为宋代所建，乃书院师生在讲课读书之余的休憩之所。

叁　名人足迹

松风书院的创建者“李学士”并未在史书上留下太多记载，使得后人难以一窥其“庐山真面目”。明代时，名臣郭都贤曾为书院题写楹联。

郭都贤（1599—1672），字天门，号些庵，湖南益阳人。天启二年（1622）进士，历任主事、员外郎、江西巡抚等职。郭都贤为官清正，在明末农民起义风起云涌之际与张献忠几度作战。他见朝局黑暗，难以挽回，遂弃官归隐。崇祯帝自缢煤山后，郭都贤悲愤不食，多次拒绝南明和清廷的征召，后落发为僧（一说皈依道教）。郭都贤擅长作诗，据说他的诗带有仙气，又多会抒发其爱国情怀。

郭都贤出家后，长期归隐于乡，他曾为家乡松风书院（一说是为书院旁的龙牙寺）撰写了一副流传至今的楹联，其文如下：

万山风雨锁龙宫，被樵子流连，识破一盘棋局；

千里云山迷洞口，问渔郎消息，放开几片桃花。

上联写山，“万山风雨锁龙宫”虚写山景，又扣住龙牙寺来作文章。龙宫迷失在风雨之中，只有流连的樵子，才把棋局似的山识破。此处，作者借用了一个晋代的传说。根据《述异记》记载：“信安郡石室山，晋时王质伐木，至，见童子数人，棋而歌，质因听之。童子以一物与质，如枣核，质含之，不觉饥。俄顷，童子谓曰：‘何不去？’质起，视斧柯烂尽，既归，无复时人。”所谓“山中方一日，世上已千年”，上联自然让人想到这个传说，也给书院周围的优美山势形胜带入一丝仙气。

下联写水，所用之典是人所共知的陶渊明的《桃花源记》。巧合的是，陶渊明笔下的主人公渔郎与王质一样，同为晋人。这篇文辞优美的记文中说："晋太元中，武陵人捕鱼为业。缘溪行，忘路之远近，忽逢桃花林，夹岸数百步，中无杂树，芳草鲜美，落英缤纷……"由于景色太美，渔郎才迷入洞口。下联里的"问"用得极精妙，既与前一句"千里云山迷洞口"中的"迷"相呼应，又自然引出下文的"放开几片桃花"。文笔颇为活泼，书院周围的景色亦被写活了。

这副楹联，别致之处在于并无平常那些正儿八经的说教，也没有那种师长似的训斥，只是一味写景，并借用两个传说，把松风书院写成了处于仙境中的桃源，可谓别具一格。

（赵路卫）

箴言书院

箴言书院在距离湖南益阳市区 20 公里外的瑶华山下，是一所罕见的建于乡村的县级书院。从创立之日起，箴言书院就因与湘军的密切关系而具有自身的发展特色，成为以军功起家的湘军将帅推行乡梓建设、文化建设的标志性成就。

壹　沿革规制

箴言书院在清咸丰三年（1853）由晚清名臣胡林翼创建，距今已有 170 多年的历史。胡林翼为益阳人，生于泉交河，出于桑梓之情，他在担任湖北巡抚期间出资修建箴言书院。书院取名“箴言”，是出于胡林翼对父亲的怀念之情。胡林翼之父为胡达源，是嘉庆二十四年（1819）探花。胡达源非常重视家庭教育，曾专门撰书《弟子箴言》教导子弟应当如何立身处世。

因种种原因，箴言书院于同治二年（1863）方才全部建成，而胡林翼却在此两年以前魂归道山，未能见到书院最终落成时的全貌。

箴言书院建有大门、先圣祠、宫詹公祠、大堂、藏书楼及半学、志道、据德、依仁诸斋舍，共计四进九十六间，可容纳学生一百二十人，另辟射圃、化字塔。箴言书院每年招收正课生监（生员和监生）十五名、正课童生十五名，附课生童各十名入院肄业。即便是胡林翼家族的子弟，如果想在书院就读，也须先通过考试方可入院。箴言书院本质上是一所建在乡村的县级书院，书院招生面向全县，也不排斥外县生徒，又突破了一般乡村书院的局限，是其办学的独特之处。名儒王龙文曾掌教书院，并订立《箴言书院学约》。黄自元、庄受祺、朱锦、程霖寿等名流亦曾主讲其中。

书院发展到晚清迎来改制高潮，共分为三个阶段。其中中日甲午战争以后为第一个阶段，戊戌变法期间为第二个阶段，八国联军侵华以后清廷推行清末新政为第三个阶段。第一、二阶段的改制，箴言书院并未参与其中。第三阶段的改制源自光绪二十七年（1901），湖广总督张之洞与两江总督刘坤一联名上奏“江楚会奏变法三折”中的第一折《变通政治人才为先遵旨筹议折》，提出“参酌中外情形，酌拟今日设学堂办法”，主张设立包括文、武、农、工、商、矿各类各级学堂的近代学制体系。此时，箴言书院才迎来其改制的命运。光绪三十年（1904），书院改为校士馆。宣统三年（1911）改为箴言学校，

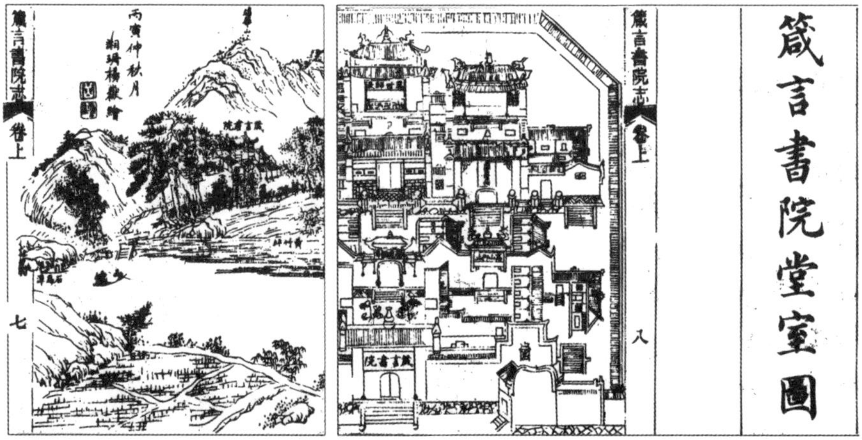

《箴言书院志》载箴言书院堂室图

随后改为县立第二高等小学。1954 年建为益阳一中，后改名为箴言中学。

胡林翼对建设于乡梓的箴言书院予以高度重视，亲自为其制订学规和日常管理章程。胡林翼认为“远大之业在道义不在科名，徒以文艺烂熟，词赋优长，即增傲慢，殊非学问相期本意……”，即书院的教育宗旨是培养学以致用和对社会有用的人才。

在教育方法上，箴言书院主张“先河后海”，注重基础教学，重视学生对基础知识的掌握，各种学说的基本教义成为书院的主要教学内容。除了《说文解字》《近思录》《小学》《大学或问》《资治通鉴》《史记》《汉书》《昭明文选》，还教授四书、应制诗、经史等。

明清时期盛行“以考代教”的教学方式，因此考试成为箴言书院最主要的教学活动。以考试的时间来分，书院考试有入学甄别、日课等名目。入学甄别考试类似于现在的招生考试，用以确定学生是否有进入书院读书的资质。日课是书院每月定期举行的考试。箴言书院每

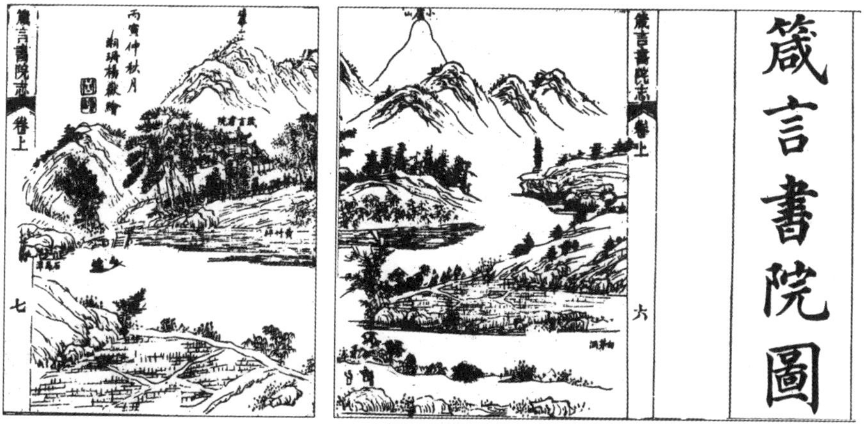

《箴言书院志》载箴言书院图

月课试次数为三次，分别在每月的初三、十三、二十三。

藏书是书院的基本规制之一，既是一种文化积累，也是文化传播的重要途径，更是书院进行教学和研究的重要资源。箴言书院藏书总量最多时超过了省会岳麓、城南二书院。

箴言书院的藏书管理制度别具一格，组织精简，职守分明。学子若借阅图书，须经监院“验标”，借出后限日归还，不许带出书院头门。若遗失书籍，就要赔偿或受罚。书院藏书除服务书院学子外，还对外开放。这在当时是相当具有进步意义的，起到了服务当地文教事业的作用，其功能类似于近现代的图书馆。

祭祀也是书院的基本规制之一。书院祭祀的目的是标榜书院的学术志向，激励学子希贤希圣。箴言书院设有孔子专祠，春秋定期祭祀。除了祭祀孔子之外，箴言书院还祭祀胡林翼的父亲与胡林翼本人。

箴言书院俯瞰

贰　书院览胜

箴言书院坐落在瑶华山下的志溪河边，依山傍水，四周风景秀美。在为书院选址时，创建人胡林翼就很费了一番心思。咸丰十年（1860），胡林翼特意邀请陈鼒去益阳为箴言书院选择修建的上佳地址。陈鼒，字作梅，江苏溧阳人，道光年间进士，先后做过曾国藩、胡林翼的幕僚。在陈鼒前往益阳之前，胡林翼确定了书院选址的原则，即“毋近城市，避嚣杂也；适县之中，道里均也；近水道，便负笈也”。陈鼒遵照胡林翼的原则，将书院基址定在瑶华山下，并绘制成图样送给胡林翼，胡林翼看了图样后对选址特别满意。

箴言书院整体格局为横向拓展，形成多轴并列布局，为四进四出式。第一进为大门，上书“箴言书院”，是集胡林翼字而成；第二进

修葺一新的箴言书院

为中堂，有“艺苑储英”门，其东另有“高山仰止”门；第三进为大堂，山长进馆、出馆，讲学、课艺及书院举行大型的仪式都在大堂进行；第四进为先圣祠、书楼，其东为宫詹公祠，西为半学斋，书院山长即在此起居。

箴言书院的建筑布局有其独特之处。首先是将藏书之所与先圣祠归于一处，使得书院藏书具有神圣色彩，寓意先圣之道应从书中探求。二是祭祀胡达源的宫詹公祠与先圣祠并列设计，极大突出了胡达源的地位。三是建有射圃来宣扬习礼尚武的风气，这在晚清内忧外患的社会危机下有明显的现实意义。

叁 名人足迹

胡林翼（1812—1861），字贶生，号润芝，出身书香门第。其祖父胡显韶熟读经史，以诸生身份教授乡里。父亲胡达源，嘉庆二十四年（1819）年进士，名列一甲第三，官至詹事府少詹事，毕生崇奉理学，著有《弟子箴言》十六卷。胡林翼自幼受家学熏染，后师从理学名师，同时受经世派陶澍、贺长龄、林则徐等人的影响，成为经世派在道光、咸丰朝的代表人物。

胡达源曾肄业于省城岳麓书院，胡林翼则另有就读于城南书院的经历。可以说，胡氏父子的学问成就离不开书院教育的陶铸。胡林翼为其父守墓时，就曾推衍其父之志，在墓旁为乡里子弟讲学授受，这成为书院的雏形，也使胡林翼萌生正式建立书院以造福乡邦的想法。

胡林翼文武双全，能诗善文，为官清廉，重视教育，对箴言书院的建设倾其所有、尽其所能，可谓是箴言书院的精神旗帜。

胡林翼虽未能亲眼看到箴言书院最终建成，但书院继承了他的兴学理想，在后人的精心维持下，成为当地的文化教育中心。箴言书院从建立到清末改制为学堂，汇聚了一批著名的山长，不乏榜眼、探花等高才，一时声势无两。

庄受祺（1810—1866），字卫生，号蕙生，江苏阳湖人，道光二十年（1840）进士。以词林起家，工古文，善书法。精通兵法，尤其善于识别将才。庄受祺在湖北为官时，曾为胡林翼下属，二人关系极为密切。庄受祺以其学识和品行得到胡林翼的赏识，担任箴言书院的首任山长。箴言书院在编纂书院志时，庄氏于同治五年（1866）为志书作过后序，除概括书院志“经始”“规制”等八条目各自的内容外，还向世人谆谆道出了胡林翼创建书院培育人才的良苦用心。

程霖寿（1830—1886），字箕仲，号汝沧，湖南宁乡人。邑优廪生，咸丰七年（1857）举人。程霖寿与胡林翼多有交往，因其过人的学识而被委以校刊《读史兵略》《皇清一统舆图》之事，还因此深受胡林翼信任，掌教箴言书院，为书院培养德才兼备的人才。

黄自元（1837—1918），字善长，号敬舆，湖南安化人。能诗文，善书法。同治七年（1868）榜眼。曾任顺天乡试同考官和江南乡试副主考。光绪年间，先后任河南道、陕西道监察御史，简放甘肃宁夏知府。其间，因丁忧回籍，主讲箴言书院多年。

王龙文（1863—1923），字泽寰，号补荃，湖南湘乡人。光绪二十一年（1895）探花。义和团时期主战，后被夺职除名，放归故里。

晚年在益阳、衡阳等地讲学、修史。光绪三十年（1904），王龙文掌教箴言书院，是书院的最后一任山长。王龙文主讲书院时，四方学子闻讯而来，以至斋舍不能容。他主讲的内容分为经史、立身、治事、为文四类。光绪三十一年（1905），王龙文为箴言书院制订《箴言书院学约》，分立志、存耻、补过、择友四个条目，每条目内容史论结合，极具说服力。在书院改制时，大部分书院被改为学堂，箴言书院得以留存较长时间，与王龙文的坚持有很大关系。

因为有这些知名山长，箴言书院培养了不少人才，有清末举人罗德源、周成厚、夏玉忠、贾兴元；有民国年间的教育家陈天倪、曾运乾、张德藩，民主革命烈士刘安帮，国民革命军将军蔡钜猷及红军将领张子清等。

箴言书院由湘军的核心人物之一胡林翼创建，胡林翼家族的家学传统与胡林翼本人在湘军中的特殊地位都赋予了这座书院特别的历史底色。箴言书院因为规制完善、经费充足、藏书丰富、知名学者担任山长等一系列因素，获得了长足的发展，不仅在乡村文化教育建设、培育湖湘文化的传承人方面成绩卓著，在同治中兴过程中的地方社会复兴方面也发挥了重要作用，成为清代湖南书院发展史上具有代表性的书院。

（赵路卫）

龙洲书院

龙洲书院位于益阳资江南岸龟台山上。龟台山“捍江抱郭，势如扼江之状”，资江水缓缓流经书院之前，此处诚为“天作地藏，钟秀之区”。龙洲书院自明代创建以来，在当地官民及蒋信、赵贞吉等学术大师的经营、过化之下，成为闻名遐迩的名教乐地。

壹　书院简史

龙洲书院是益阳继宋代松风书院、元代庆洲书院之后，创建的第三所书院。明嘉靖三十年（1551），益阳知县刘激见当地士子会文无所，有意自捐俸金创建书院。然而明代官员俸禄是非常微薄的，个人捐资实在力不从心。于是刘激下令，民间犯轻微之罪者允许交出赎罪罚金为书院购买瓦木材料作为相应惩罚。他还强令民间违法侵占县学空地者“抵修祠阁”。一番波折之后，新书院在龟台山落成。书院有大门、讲堂、号舍、尊经阁、五贤祠、图书妙合亭等。书院极盛时，有大小房舍六十余间，学田两百余亩。刘激聘蒋信等前来书院讲授“心法”，四方远来受业者络绎不绝，书院规模据说已有超越石鼓、岳麓书院之势。崇祯十六年（1643），书院不幸毁于兵火。

清康熙六十一年（1722），知县江成重建书院。乾隆十二年（1747），知县高自位重建五贤祠，内祀刘激所铸屈原、诸葛亮、张栻、张咏、胡寅五人铁像。乾隆三十七年（1772），知县冯鼎高增建石牌楼、洞原亭等。嘉庆二十五年（1820）以蒋信替代张咏为五贤之一。咸丰二年（1852），清兵驻扎此地攻打太平军，四年（1854）、九年（1859），知县林廷式、郑本玉重修。

同治《益阳县志》之中绘制了一幅龙洲书院图，从中可以看到，晚清的龙洲书院仍然继承了前代的建筑规制。从山麓的大门拾级而上，于山腰处可见“龙洲书院”坊门。再向上行走一段距离，方能到达书院的主体建筑。书院中最为高大、显眼的是五贤祠、大成殿，皆是两层。左右号舍对称排列，布局严整。书院之右建有东岳庙，之后建有魁星阁。图书妙合亭似已不存，故图中专门标注了“古图书妙合亭”遗址的方位。光绪十一年（1885），知县毛隆章以生徒日多，扩建斋舍，增加课额。光绪三十一年（1905），书院改为益阳学堂。

辛亥革命以来，益阳学堂相继改为县立第一高等小学堂、龙洲师

同治《益阳县志》载龙洲书院图

范学校等。1949 年后，龙洲师范学校并入省立第五师范学校，改名益阳师范学校，其址曾先后为医院、益阳地区干部学校、省立四中分校所有。1952 年至今为益阳市二中。

贰　名人足迹

明代湖南地区的学术领军人物蒋信与龙洲书院有着深厚的渊源。

蒋信是湖南常德人，嘉靖进士，他为官期间曾创建正学、文明二书院，聚士子讲学其中。后寻告病归，筑精舍于桃花冈，学徒云集。间或出游，所至均迎请开讲。初从王守仁游，未得其良知之教，后师事湛若水。蒋信治学重践履，不事虚谈。认为“宇宙只是一气”，“凡言命、言道、言诚、言极、言仁，皆指气而言”。指斥先儒之“性是理，理无不善”说，是“气质外别寻理”。强调“心是人之神气之精灵知觉者”，为学“不当于心外更求知”，只要保持“赤子之心长在”，“便自会生聪明睿智，日渐成熟，便自由善信而美大，美大而神圣，克到万物一体至极”。著有《桃冈日录》，合著有《新泉向辨录》。

蒋信在隐居常德德山期间，曾在常德古城东门外筑桃冈精舍讲学。蒋信的讲学不拘泥于固定形式，时不时与学生游憩山林，有时临池讲谈，有时席地而坐，注重与学生的互动和交流。蒋信在桃冈精舍的讲学吸引了益阳学子负笈前来，他们对蒋信的心学思想充满好奇与向往，《桃冈日录》中就记载了不少益阳学子与蒋信之间的问答语录。嘉靖二十七年（1548），蒋信应潘子正邀请，开讲于衡阳甘泉精舍和石鼓书院，之后又受邀讲学广东独冈书院。嘉靖三十一年（1552）秋，蒋信游金牛山，益阳知县刘激恳请蒋信赴新建不久的龙洲书院讲学。

当时，蒋信已年近古稀，精力体力日衰，已经不便外出讲学。知县刘激三顾茅庐，使蒋信深受感动，欣然前往龟台山上的龙洲书院讲授心学。蒋信的讲学以“人心惟危，道心惟微，惟精惟一，允执厥中”的“十六字心传”来作为主旨，认为“人心，言乎动以人者也；道心，言乎动以天者也。动以人者，感于物，而物得淆之者也。物得淆之，则何适非险？故曰‘危’。动以天者，感于物，而寂然顺应者也。寂然顺应，则何应非妙，故曰‘微’”。这是记载明代龙洲书院讲学活动的重要资料。

蒋信曾为龙洲书院撰写记文，说明书院的建设宗旨、规模等情况。在记文的上半部分，蒋信重点阐述了他的教育观点和学术理念。这说明蒋信在撰文时龙洲书院的学术思想已经成熟，已是暮年的蒋信迫切希望能有后来者加以继承。蒋信的学术理念除了受王守仁、湛若水的影响外，还有自己的思考和改造。蒋信的思想既注重“心”，也重视“气”。对蒋信而言，心便是道，见自心便是见道，尽自心便是尽性，达自心便是达天德，“心”是圣人之学所在。

蒋信的忘年好友赵贞吉也曾来到龙洲书院讲学。

赵贞吉（1508—1576），字孟静，号大洲，四川内江人。嘉靖十四年（1535）中进士，授翰林院编修，迁国子监司业。赵贞吉博学才高，嘉靖皇帝对其极为赞赏，擢升其为左春坊左谕德兼河南道监察御史，后其官至礼部尚书兼文渊阁大学士。赵贞吉在治学理念上道、释杂糅，蒋信担心赵贞吉有流入佛禅的可能，曾婉言劝解。而赵贞吉则认为“禅不足以害人明矣。仆盖以身证之，非世儒徒以口说诤论比也”。两人的学术争论并未影响他们之间的友谊。在龙洲书院建成时，蒋信与赵贞吉同登龟台山，蒋信赞叹道：“江南岸回龙峰，自浮丘蜿蜒而来，舒为龟台，捍江抱郭，势如扼江之状，而十洲者连络萦带，吞吐江心，共为邑左下流锁钥。曰：天作地藏，钟秀之区，其在是矣！卜书院于兹，群多士于兹，庶其有当之者乎？”赵贞吉也被此处秀美的山川感染，他见此处“龙峰蟠如，群洲鳞如”，建议书院取名“龙洲”，这便是书院得名的由来。新近落成的书院百务待举，赵贞吉受命为书院讲堂题额，曰“珠渊玉谷”，寓意书院人才辈出，如珠玉满渊。

龙洲书院创建以来，历经书院、学堂、学校，有近500年的历史。在这青山绿水、绿荫如盖的优美环境中，书院以深厚的文化历史底蕴

龙洲书院旧址

孕育出许多人才，如著名历史学家周谷城，著名文艺理论家周扬，著名作家、斯大林文学奖获奖者周立波等，均曾在此就读。

（赵路卫）

第六章

常德

Changde

常德，古称武陵，因陶渊明的《桃花源记》而为世人熟知。历史上，常德诞生了漳江、澧阳等书院，为当地培养了大量人才，在培育地方文风士气方面发挥了重要的作用。

漳江书院

位于湖南常德桃源漳江阁边的漳江书院，始建于明，兴盛于清，书院在历史上有重要的影响，湘军将领李元度及湖湘名儒李隆萼、瞿方梅等曾在此掌教，中国“宪政之父”宋教仁曾求学于此。

壹 历史沿革

漳江书院于明朝万历年间由李徵创建。李徵，字诚之，号源野，湖南桃源人。嘉靖十一年（1532）进士，官至江西布政使，因得罪权臣严嵩而罢官归里，结庐于元光洞。漳江书院创建后，有楼二间，厅五间，川堂、寝室、斋房、厨舍六十间，后废为公馆。

清乾隆九年（1744），桃源知县王赠华捐资重修书院，改书院名为“桃川书院”。十八年（1753），知县屈宜伸筹集资金加以重修，并恢复其“漳江书院”之名。三十一年（1766），书院因军务而被征用，改作宾馆。四十八年（1783），按察使姚姬谋划将书院重修，但因其他原因未能达成。咸丰五年（1855），知县刘廷玉、教谕王钧泽修复书院，恢复旧有规模。七年（1857），知县熊镇南重修。同治十一年（1872），巡抚王文韶增修，规制大备。

光绪三十年（1904），书院改制，漳江书院改为速成师范学堂，后又改为桃源县第一高等学堂。今为漳江小学。

贰　名人足迹

漳江书院在清代复建后，山长皆一时名流，先后有李元度、刘廷玉、李隆萼、瞿方梅等执教书院，他们的讲学以开启民智、培养人才为目的。

李元度（1821—1887），字次青，又字笏庭，自号为天岳山樵，晚年又更号为超然老人，湖南平江人。道光二十三年（1843）举人，此后屡试不第。咸丰年间，李元度应召入曾国藩幕，随曾国藩东征西讨，出谋划策，因军功加按察使衔。光绪十年（1884），中法战争爆发，李元度参与军务。著有《国朝先正事略》《天岳山馆诗集》，还曾主编同治《平江县志》。

李隆萼（1778—1866），字劭青，湖南宁乡人。少年时曾就读于岳麓书院，以文辞见长。道光五年（1825）膺选拔贡，授州判，改教谕。

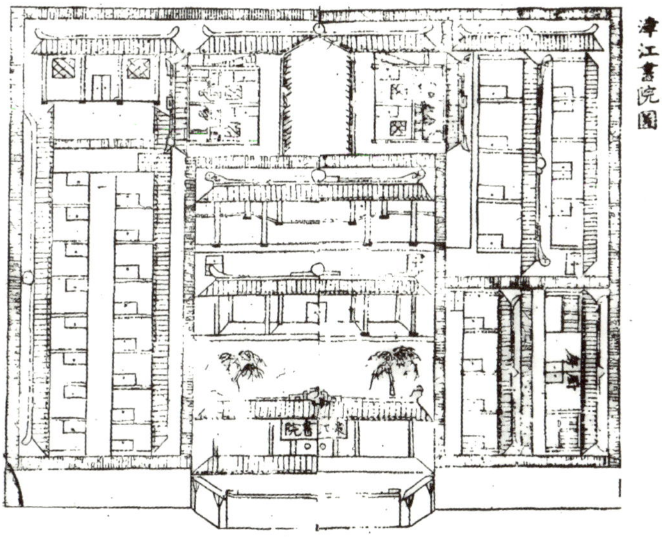

光绪《桃源县志》载漳江书院图

十五年（1835）中顺天乡试，南归主讲桃源、沅江等地书院。后历任清镇、南安、印江知县，多惠政。升同知，署兴义府事。善书法，风格近颜真卿。有《学愈愚斋诗赋钞》两卷、《文钞》一卷、《诗剩》一卷、《谈苑》八卷、《琴言》两卷等。

瞿方梅（1872—1921），字根约、羹若，湖南保靖人。光绪三十一年（1905）举人，工书法，主讲桃源的漳江、桃溪书院，以开通风气、提倡新学为己任，宋教仁、覃振等均出其门下。后瞿方梅考取知县，奖升郎中，曾任吉林宾州府知府。民国时期曾任吉林省政务厅厅长等职，后弃官居京。

在漳江书院培养的人才中，最著名的当数“桃源三杰”，分别为宋教仁、覃振和胡瑛，他们为中国近代民主革命书写了浓墨重彩的一笔。

宋教仁（1882—1913），字遯初，号渔父，湖南桃源人。幼年在家族所创办的私塾就读。光绪二十五年（1899），宋教仁进入县城漳江书院求学，受到了良好的教育。当时，县教谕黄彝寿、山长瞿方梅对宋教仁产生了重要影响。黄彝寿精通宋学，极具爱国主义思想。他曾在大堂撰写对联：“堂堂华夏愤膻腥，要大家励精致气，以湔国耻；纳纳乾坤运枢纽，看此日从新化故，懋育群生。”瞿方梅不仅精通传统学问，还对西方的法律、政治有所了解。瞿方梅教人以小学为读经之门径，舆地为读史之阶梯。宋教仁受两位老师感召，曾撰两副对联以自勉：

办天下事，自欧亚始；读古人书，在秦汉前。

莫使真心堕尘雾；要将热血洗乾坤。

在漳江书院，宋教仁尤其喜爱读书。某次，黄彝寿先生从长沙运来一船书籍，因路途中不慎将书籍沾湿，他找来宋教仁等几个学生帮忙晒书。宋教仁利用这个机会，边晒边读。待书籍晾晒完，宋教仁马上向黄先生请教书中的疑义，可见其不仅热爱读书，还能很快领会其中的要义。在各类书籍中，宋教仁偏爱兵、刑、法、舆地等领域的书籍，往往别有会心。同学纳凉江滨时，总是可以看到宋教仁在月夜下侃侃而谈中西政治得失及古今军事成败。

宋教仁经过在漳江书院三年的学习，学业有了很大进步，顺利考取秀才功名，而后到湖北武昌新式学堂求学，结识黄兴，与其一同组织华兴会，走上革命道路。

覃振（1885—1947），原名道让，字理鸣，湖南桃源人，是辛亥革命的先驱。早年就读于漳江书院，与宋教仁同窗，接受瞿方梅等人的教导。同盟会成立后，担任总部评议员。武昌起义时，任湘桂联军督战官。民国时期，历任参议院、众议院议员，中央执行委员会委员，国民党中央特别委员会宣传部部长。他积极拥护孙中山晚年提出的“联俄、联共、扶助农工”的三大政策，在两次国共合作期间做了大量有益于两党合作之事。

胡瑛（1884—1933），湖南桃源人，早年曾就读于漳江书院，其后成为黄兴弟子、华兴会与同盟会会员，是武昌起义的组织者之一。历任湖北军政府外交部部长、南京临时政府山东都督、参议员等。护法战争期间在湘西起兵，失败后去广州。

受漳江书院悠久历史文化传统的熏陶，面对近代以来不断加深的民族危机，书院师生尽其所学参与救亡图存，真正践行了“要将热血洗乾坤”的誓言。

（赵路卫）

澧阳书院

澧阳书院位于湖南常德澧县，因位于澧水之阳，故名。澧阳书院是当地历史最悠久的书院之一，前身是范仲淹读书堂，经过元、明、清三代的发展，成为当地的最高学府。张九钺、陶澍、黄碧川等曾在此掌教。书院今为澧县第一中学。

壹 历史沿革

北宋名臣范仲淹幼年丧父，他随母亲改嫁并跟随继父朱氏到澧州安乡居住，在兴国观读书，“寒暑不倦，学成而仕”。后人因崇拜仰慕范仲淹，在其读书处建造祠堂祭祀。南宋庆元初，宪使范处义“因陋就简”，在兴国观旁重建祠堂。理宗宝庆二年（1226），常平使董与几认为“问学精勤，立大志于穷约者，莫如范公；名节不屈，成大勋于显用者，亦莫如范公，学者所宜宗师”，于是将祠堂迁建于白沙洲，并改名为“溪东书院”。书院分为前门、大门、讲堂、通经楼、文正公祠、四斋等，集澧州所属四县之士肄业其中。任友龙撰写了书院记，勉励诸生“克志厉行，追踪前哲”，以“绍文正公之事业”。

元至元年间，溪东书院得以重修。明正德年间同知欧阳席又加以重修，改书院名为“文正书院”。明末，书院因兵火废弃。

清乾隆五十二年（1787），守道臧荣青等集资加以重建，改书院名为“澧阳书院”。有头门、二门、公局、文昌祠、讲堂、楼座、仓廒、厨房及东西两斋等三十六间，并置学田，每年收租八百余石，以供诸生膏火。嘉庆初年，书院编成《澧阳书院志》，学正王宝龙等作序，鼓励诸生“穷经稽古”，不得“徒以浮文为猎取功名之具”。道光、咸丰年间，地方官会同士绅为书院划拨院田。同治七年（1868），知州魏式曾命邑人彭必材整修，增修院志，刊行条规，以改“不古”之风。清末有长沙张启鹏、善化黄士对等担任山长。光绪二十八年（1902），根据清朝政府“府及直隶州书院改为中学堂”的诏令，澧阳书院改为澧州官立中学堂（含附设澧州官立高等小学堂），次年改为小学堂。

光绪三十年（1904），学堂迁址于旧岳常澧道道署，筹款改修，规模悉备，更名为澧州中学堂。光绪三十二年（1906），湖南省派监督（校长）陈国祥和地方耆儒共襄教学，学制定为五年，学校渐为社会所重视，班次渐增。1911年后，学校迭改联立、私立，学制

澧阳书院

更为四年。1921 年，学校与实业学校合并，迁校于澧阳书院原址。1923 年，学校定名澧县县立中学。1925 年，更校名为澧县县立初级中学。1952 年 11 月，改名澧县第二中学。1977 年，与澧县一中合并为澧县中学，翌年恢复澧县第一中学校名。

贰 名人足迹

澧阳书院自清代重建后，来主讲者一般都有举人以上功名，文化水平都有保证，其中以“湘中诗老”张九钺、经世派陶澍、才子黄碧川等人尤为著名。

张九钺（1721—1803），字度西，号紫岘，湖南湘潭人。天赋异禀，七岁能诗，九岁通《十三经》大略。十三岁登采石矶赋长歌，人呼为李太白后身。乾隆二十七年（1762）中顺天乡试举人，历宰南丰、峡江、南昌，以母忧归。服阕，历保昌、海阳等县，所至有治声。寻以海阳案牵连落职，此后绝意官场，四处游历。因仕途不畅，举生平磊落抑塞之气，一泄之于诗。其诗文宏博，才名震于一时，被誉为“湘中诗老”。状元巡抚毕沅雅重其名，迎之节署。晚年，张九钺归湘潭，主昭潭书院。所著有《陶园诗集》《陶园文集》等。乾隆五十七年（1792），张九钺应邀担任澧阳书院山长。此后数年，他以大师的智慧和德行兴规立约、易风树标，为重修不久的书院创造了良好的开局。

陶澍（1779—1839），字子霖，号云汀，安化人。清嘉庆七年（1802）进士，授庶吉士，任翰林院编修，后升御史，曾先后调任山西、四川、福建、安徽等省布政使和巡抚。道光十年（1830），任两江总督，后加太子少保，任内督办海运，剔除盐政积弊，兴修水利，并设义仓以救荒年。卒后，赠太子太保衔，谥号“文毅”，入祀贤良祠。著有《印心石屋诗抄》《蜀辅日记》等。陶澍是清代经世派的代表人物，也是湖湘经世派第一人。嘉庆十年（1805），陶澍在翰林院编修任上接到其父的讣告，随即返乡丁忧。其间，陶澍应邀到澧阳书院主讲约三年，培育人才甚众。陶澍对晚清湖南人才群体的成长起到了先导作用，体现在三方面：第一，他直接提拔了一批后辈政治领袖，如受陶澍影响或者培养的贺长龄、左宗棠、胡林翼、李星沅等，大都官至督抚，成为独当一面的封疆大吏；第二，他扶持了一批湘籍的思想、学术英才，如魏源、邓显鹤、唐鉴、贺熙龄等；第三，被陶澍提拔的人才又提拔了一批走向全国的人才。萧一山在《清代通史》中说：“不有陶澍之提倡，则湖南人才不能蔚起。”“曾国藩、左宗棠、胡林翼皆标榜经世，受陶澍、贺长龄之熏陶者也。”

黄碧川（1834—1890），字照临，湖南石门人。同治元年（1862）举人，历官山阳知县、大同知府、署理山西按察使。光绪十一年（1885）正月，以亲老患病，乞养回籍。居家期间，湖广总督张之洞曾力荐其出仕，黄碧川终未前往，而情愿居家读书讲学，赋诗行文。居乡期间，在光绪十一年（1885）至十六年（1890）出任澧阳书院主院。其学有本原，于历朝治乱兴衰、典章掌故、中外形胜及天文星占无不涉及。诸生遇有疑难，黄碧川在指导时总能别出心裁，发人之所未发。他教导诸生读书做官应以范仲淹为榜样，自撰一联云：“不食民一饭，不爱民一钱，乃吴隐子为太守；先天下而忧，后天下而乐，是范文正作秀才。”黄碧川还为澧阳书院题写楹联：“故老说宋玉屈原，自六经以来，骚坛嗣响；大江历岷山沱水，挟九澧同去，学海朝宗。”道尽当地厚重的地理人文底蕴。

澧阳书院历经宋、元、明、清，弦歌不断，见证了澧县的发展和变迁。澧阳书院从创建之始便是当地的文教中心，也在某种程度上代表了常德地区社会文化事业的发展水平，尤其在培育地方文风士气方面发挥了重要的作用。澧阳书院与晚清名臣陶澍的渊源，使得它在湖南书院史上留下了属于自己的印记。

（赵路卫）

第七章

岳阳

Yueyang

岳阳，古称巴陵，是湖湘书院文化的重镇，诞生了天岳、汨罗、金鹗等著名书院。彭德怀、滕代远等革命家在天岳书院誓师起义，印证了湖湘文脉中『先天下之忧而忧，后天下之乐而乐』的伟大精神。

天岳书院

天岳书院位于湖南岳阳平江，在清代属于县级书院。其建筑保存完好，风格庄重典雅。1928 年彭德怀在此领导平江起义，使得天岳书院以“平江起义旧址”的身份成为全国重点文物保护单位。

壹 历史沿革

天岳书院始建于清康熙五十九年（1720），由知县杨世芳建于三阳乡小天岳峰后。乾隆十一年（1746），知县杨富仑迁建于平江县城东。四十年（1775），知县吴镄又迁建于县城西。嘉庆九年（1804），知县徐以垣迁建于城西五龙山，改书院名为昌江书院，日久渐废。同治六年（1867），署知县麻维绪慨然以兴复书院为己任，大集士绅，董理其事。适逢平江籍湘军将领张岳龄道经故里，鼎力襄助重修事宜。张岳龄捐资购买城东南黄土岭土地数顷为书院基址，还置办学田以助师生膏火之资，岁收租谷百三十八石。又购藏书数千卷。随后，另一位平江籍湘军将领李元度归自黔中，捐钱千缗以为之倡，邑中人士踊跃捐输，各殚其力，工程因而得以顺利进行。次年宣布竣工，复名“天岳书院”。

新天岳书院仿照了省府长沙岳麓、城南二书院之制，共有栋宇四座，计讲堂三间，院长住屋三间，头门、二门各三间，东西斋各十有四间。讲堂东畔建屈子祠、九君子祠，西畔立罗孝子祠和藏书楼三间。李元度亲自书写匾额，并请李汉章作记。书院朔望行香，春秋奉祀，尊崇前贤以为后学楷模。这次修葺奠定了此后天岳书院的基本规模，后世基本沿袭。

光绪二十七年（1901），清政府下达书院改制上谕，全国书院被改为大、中、小三级学堂。二十八年至二十九年（1902—1903），天岳书院筹备改为高等小学堂。

1912 年，学堂改称学校，由留日归国的同盟会会员李晓初任首任校长，著名革命家李六如、余贲民在此任教。1915 年，平江县初高两等小学校改名为平江县第一高等小学校，迁至文庙。1919 年，为解决师资短缺的问题，周士鹄等在天岳书院创立平江县立师范学校。1925 年，师范学校改办平江县立中学。1927 年，因为战乱，县立中学第一班毕业后中学即停办，书院成为驻军之所。

天岳书院前门

1928年7月22日，彭德怀、滕代远率湘军独立第五师第一团部分官兵在天岳书院操坪宣布起义，成立中国工农红军第五军，是为“平江起义”。天岳书院从此与平江起义紧密联系在了一起。

1929年，平江县立乡村师范在天岳书院开办，同年迁至文庙。1941年春，平江县立中学重新开办，时在金窝张家大屋，校长方典康。第二年，黄佛任校长，率众修复天岳书院，增筹校产，当年11月，中学迁回天岳书院。1944年5月，平江县城被日寇攻陷，学校迁至木贞乡。1945年8月，日军投降，学校复迁回天岳书院。同年，中学开办高中，次年即中止。

1949年7月，平江解放，中国人民解放军第四野战军代表金明、王首道与国民党湖南省政府代表在天岳书院草签湖南和平解放协议。8月，平江县人民政府接管县立中学。1952年，县立中学改名为平江县第一初级中学。1958年，平江第一初级中学重设高中部，易名平江县第一中学。如今平江一中的校歌《天岳雄鹰》，就以天岳书院门联“天经地纬，岳峙渊渟”起头，昭示着学校的历史渊源。平江一中还专门建有校史馆，追溯历史，“以昭前贤，示后人”。馆中记述其校史始于同治六年（1867）新建的天岳书院。

1985年，平江一中撤出天岳书院办学，书院改作平江起义纪念馆。彭德怀住房、第一营营部、滕代远住房等做复原陈列。

1988年，国务院以“平江起义旧址”的名义公布天岳书院为全国重点文物保护单位。2001年，书院被中宣部公布为第二批全国爱国主义教育示范基地。2008年，平江起义史料陈列馆新馆建成，与起义旧址相邻，为园林式仿古建筑。2016年，平江起义旧址被列入

《全国红色旅游经典景区名录》。

贰 传统规制

讲学、藏书、祭祀与学田是书院的四大基本规制。其中，山长的讲学、院中的藏书和书院祭祀的对象最能反映书院的价值取向。历史上，天岳书院的教学内容并非一成不变的，它紧随时局的变化而调整。天岳书院一度走在全国书院变革潮流的前列，这在戊戌变法前后体现得最为明显。

讲学是书院教育功能的体现。讲学这一规制可分为传授一般文化知识的普通教学和涉及学术传播的传道讲学这两个大的方面。讲学多由书院山长主持，但天岳书院的山长姓名、数量皆无从考证，有关天岳书院讲学的资料也极少。但我们仍可从他处做推断，如同治六年（1867）书院重建时，李汉章在其《天岳书院记》中提到书院的教学目的是“宅心于礼义以植其基，博综于十三经、诸史以厚其积，浸淫于秦汉唐宋诸大家以发其华”，可见，此时的天岳书院是一座传统意义上的书院，它围绕科举，教授儒家经典展开教学活动。直到戊戌变法前后，天岳书院才主动变更教学内容，培养实用人才，实现了学风的转变。

天岳书院藏书始于同治六年（1867），时张岳龄为书院购地，又“购藏书数千卷，以供汲古者之搜罗”。书院为此专门建藏书楼于讲堂西侧，“度经史子集于其上”。其藏书“俱考据、词章之学”。因管理不善，致书籍“散亡殆尽，毕竟一空中楼阁”。光绪二十一年（1895），平江县知县冼宝榦、教谕盛元恺、训导黄介繁以书院藏书“岁久散失，仅有存者”，联合绅民，设置董事，以“造就人才，搜罗群籍，博闻强识，以待问事”为急务，发起了大规模的“续购藏书”运动。又改革藏书借阅制度，专设司书一人与原斋长共同管理借阅事宜。

除藏书外，刻书是天岳书院另一大文化功能，天岳书院历史上至少刊刻了《平江县志》《平江天岳书院藏书目录》两部书籍。《平江县志》纂成于同治时，考其缘起，其序云：“同治四年，将修《湖南通志》，凡府州厅县志咸使修订。”时知县张培仁“谋于邑人士”，得到响应，邑人布政使衔前云南按察使李元度被推为纂修。同治十三年（1874）书成，凡五十八卷。《平江天岳书院藏书目录》的修撰起于光绪二十一年（1895）前后，时值天岳书院发起“续购藏书”运动，因大量购进书籍而需专门修订藏书目录。这份目录颇具特色，将中学、西学书籍共约两万余卷分入经、史、国史三大类，统帅全书，每大类又分数小类。冼宝榦于光绪二十五年（1899）为这份藏书目录作序，而这份目录于光绪二十八年（1902）才刊于天岳书院。

祭祀是书院规制中一个极为重要的组成部分。天岳书院的祭祀，除在讲堂后厅设大成殿专祀孔子外，在讲堂东畔另建有屈子祠、九君子祠，讲堂西畔立罗孝子祠，三祠中所祭祀者在平江享有极高地位，邑人李汉章在同治《平江县志序》中如此评价：“志忠当自屈子始。”“志孝当自罗氏二子始。”“志道学当自九君子始。”

平江所建的屈子祠最早可追溯到宋代，当时屈子和秦罗氏姐弟合祀于忠孝双庙。到清代同治时，已废弃日久。同治六年（1867）兴复天岳书院时，应李元度的建议，建屈子祠于书院左。祠成，李元度作《天岳书院新建屈子祠记》，其中叙建祠缘由：一是屈子自沉于汨罗，而“平江与湘阴，古为罗县。故一称汨罗”，因此平江是屈原“过化地”；二是取其道德，即“其忠爱本性生，百折不回，既足扶树人伦，廉顽立懦”；三是取其文章，即“《离骚》一经，上继《风》《雅》《颂》，尤后世文词之宗”；四是取其节义，即“至其舍生殉义，则逄、比、夷、齐以外所仅见也”。

因此，“学者幸生先贤过化地，读其书，想见其人，又以入庙思敬，钦挹其流风遗韵，益当奋兴百世之下”。屈子祠今已不存。2008年，天岳书院翻修时，曾在讲堂一侧挖到基址，但无法断定是屈子祠还是九君子祠。

所谓“九君子”，是指朱熹的九位平江籍门人。南宋时，平江是传承朱子学说的重镇。当时，张栻讲学于岳麓书院，湖湘之学快速发展。尔后，朱熹知潭州，重建岳麓书院，湖湘正学大明。平江之李练溪、吴伯英、邹行之，为朱熹的及门弟子，在《语录》中多其问答。朱熹离开潭州后，来自平江的许仲明、方明甫、毛竹间、鲁宝潭、方叔行、万子静私淑于朱熹，求学于朱熹的弟子。以上九人，号“九君子”，在元代时建九君子祠奉祀于平江，一直持续到清代。同治七年（1868），李元度提出将另四位平江籍儒士李杞、李雄、李璠（均亲受业朱子之门），许应寅（朱子再传弟子）并祀于九君子祠，为后学矜式。遂呈请知县张培仁申详司院，请增祀君子祠，经巡抚刘崐批允施行。适逢重建书院不久，遂立新祠于书院左。于是“筮日迎主，释菜如典礼”“额仍称九君子，从其朔也”。九君子祠今已无存，毁弃时间无考。

天岳书院的祭祀对象还有罗孝子。罗孝子一说名珍，秦朝罗县（在今汨罗、平江、湘阴一带）人。相传，罗孝子的父君用为秦武陵令，督运官铁，船没于洞庭。孝子与其姐徇涯求父尸，不获，皆赴水死。后人每于阴雨时，见姐弟抱其父尸湖上，随波往来，因此建祠以祀。宋代，罗孝子被封为孝感侯。罗孝子祠中奉祀罗氏姐弟二人，早在宋时即与屈原并祀于忠孝双庙，入清后废。同治八年（1869），邑人建书院时立祠于右方。

叁 书院革新

光绪二十年（1894），中日之间爆发甲午海战，清军在战场上一败涂地，宣告了清政府以学习西方器物之学为主的“洋务运动”的失败。甲午战争的惨败令国内有识之士开始寻找救国良方，维新变法成为一时潮流。光绪二十四年（1898），平江知县冼宝榦受维新思潮影响，决心改变天岳书院教学中偏重科举制艺的局面，力求讲习“实学”，以培养“真才”。

冼宝榦（1849—1925），字雪畊，广东佛山人。光绪九年（1883）考取进士，历官湖南祁阳、永兴、平江、沅陵知县。每到任，即以兴贤育才为急务。陈宝箴担任湖南巡抚后，锐意改革，推行诸多维新举措。时任平江知县的冼宝榦遥相呼应，开始对天岳书院进行教学改革。当时，岳麓书院山长王先谦等官绅筹划创办了时务学堂，聘请《时务报》主笔梁启超、翻译李维格分别担任中、西文总教习。梁启超是近代改良派代表人物康有为的弟子，康梁二人在后来共同领导了维新运动。梁启超到任时务学堂后，制订《湖南时务学堂学约十章》，分“博通学”和“专门学”教授学生。同时宣传西方民权、平等思想，力倡维新变法，湖南风气为之一变。

受维新思潮影响，冼宝榦给担任时务学堂总教习的梁启超写信，“欲行公之道，小试于一邑”，将梁启超主张的维新变法在平江县加以试验。冼宝榦不仅命令平江士绅阅读新式报刊，还主张各族自发禁止缠足。在诸多的革新事务中，冼宝榦认为改革教育以开风气是当务之急，而着手处就是改革天岳书院章程。因“师书两阙”，冼宝榦的改革面临诸多困难。他草拟了三项初步的革新措施，向梁启超咨询建议。这三项措施即“购书”“置器”“聘教习”。

待章程拟定后，冼宝榦正式开始了革新事业。冼宝榦在书院“添设经古、时务诸课”，分经、史、掌故、算、译五门课士，以“兴实学而起真才”。值得注意的是，冼宝榦在办学中仍然注重传统的经史之学，他对当时“辞章外，经学史学为尤重”的学风予以了充分肯定，这实际上仍然未能摆脱“中体西用”的框架，经史之学在书院中仍占主要地位。

冼宝榦在大力改革书院教学内容的同时，还联合绅民，设置董事，为书院大规模购置藏书，以期“造士储材”。第一次购书活动在光绪二十一年（1895）初步完成，冼宝榦详细制订了借阅章程，专设司书一人与原斋长共同管理借阅事宜。冼宝榦与教谕盛元恺、训导黄介繁同撰《书院续购藏书记》，立碑勒石。第二次购书活动在光绪二十四年（1898），冼宝榦在阅读梁启超的《西学书目表》后，准备购置其中推荐的书籍，并新订课程表、章程，定经史、舆地、译学、算学等为诸生应习之业。冼宝榦自捐俸钱，向全国各省书局购置书籍六千余本。第二年，所购“四十余箱”书籍陆续到达，冼宝榦将之藏于书院供师生阅读学习，还刊刻了《平江天岳书院藏书目录》供人查验。

正当平江的革新运动如火如荼地开展之际，百日维新宣告失败。作为维新运动前沿的湖南省遭到了重大打击，支持维新运动的巡抚陈宝箴被革职。冼宝榦也在光绪二十八年（1902）告养还乡，投身家族乡里建设。

肆 起义中枢

天岳书院在清末与全国书院一道被改制为学堂，教授西学、新学。

天岳书院大门

进入民国，学堂又改为学校，儒家文化逐渐淡出，历史的尘埃似乎逐渐掩埋了这所古老的书香庭院。然而，1928 年彭德怀领导的平江起义打破了书院的宁静，为其赋予了一层革命色彩，使它成为一所独特的红色书院。

1928 年 6 月，为镇压高涨的平江工农革命运动，军阀何键调湘军独立第五师第一、二、三团进驻平江。当时，独立第五师中已有秘密党组织，第一团团长彭德怀早在当年 4 月就由段德昌介绍，加入了共产党。来平江前，彭德怀曾召集共产党员黄公略、贺国中、黄纯一等人，决心创造条件，争取全师起义。7 月 17 日，滕代远以中共湖南省委特派员的身份到达平江，传达了中共湖南省委员会关于准备在必要时举行起义的指示。不料黄公略等人共产党员的身份很快暴露，第一团党组织决定先发制人，以士兵闹饷的名义立即发动起义。

1928 年 7 月 22 日上午，彭德怀在团部召开排以上干部会议，揭露国民党反动派的罪恶，宣布实行士兵会章程。随后，部队在第一营驻地——天岳书院操场举行誓师大会，宣布起义。下午，八百勇士越过浮桥，向平江县城发动进攻，一举解除城内的武装，占领县城。随后，贺国中、黄公略也率部队响应。7 月 24 日，起义部队宣布建立平江县工农兵苏维埃政府，成立中国工农红军第五军，彭德怀任军长兼第十三师师长，滕代远任军党代表，邓萍任参谋长，全军共 2500 余人。不久，平江起义部队遭到湘鄂赣国民党军的联合进攻，红五军主动撤出，转战于湘鄂赣边区。1928 年 11 月，彭德怀、滕代远率领部队转向井冈山，12 月与毛泽东、朱德领导的红四军会师，改编为红四军第十三团。红五军一部由黄公略率领，继续在湘鄂赣边界地区坚持斗争。

平江起义是继南昌起义、秋收起义之后中国共产党领导的又一次重要的军事行动，有力地推动了湘鄂赣边界革命斗争的发展，为创建湘鄂赣革命根据地奠定了基础，也为井冈山革命根据地和中央革命根据地的创建和发展作出了贡献。

1958 年，彭德怀回到当年平江起义的旧址——天岳书院，曾亲笔题写“平江县第一中学”的校名。

1988 年，天岳书院正式以“平江起义旧址”的名义成为全国重点文物保护单位，儒家文化与红色文化皆是天岳书院的重要底色。

（赵伟）

汨罗书院

汨罗为屈原怀沙自沉之地，汨罗书院因祭祀屈原而建，有上千年的历史。2009 年，重新修缮后的汨罗书院改名为屈子书院，承担起讲学、陈列展示、藏书以及科学研究等功能。

壹　屈子怀沙

屈原是战国时期楚国的政治家、诗人，被视为湖湘文脉之祖。

屈原（约前 340—约前 278），名平，字原，在《离骚》中则自称名正则，字灵均，丹阳（今属湖北宜昌）人。屈氏为楚国贵族，其先祖屈瑕是楚武王之子，官至“莫敖”，为楚国百官之首。到屈原这一代，屈氏已趋没落，因此屈原在《九章》中自称“忽忘身之贱贫”。屈原自幼博闻强识，被楚怀王任命为左徒，处理对六国的外交事务。春秋战国以来，各国陆续施行变法以图强。在屈原的主持下，楚国同样展开变法，打击旧贵族势力，却遭到以上官大夫为代表的顽固势力的反扑。上官大夫嫉妒屈原之才，屡进谗言以邀宠。屈原因此被楚怀王罢黜，担任三闾大夫，流放汉北。

当时，楚国和齐国结成同盟，成为秦国对外发动战争的阻碍。为此，秦国派出张仪出使楚国，假意许诺给予楚国商於之地六百里，换得齐楚之间废除盟约并断绝往来。张仪回到秦国后，拒不兑现承诺。楚怀王大怒，发兵攻打秦国，几次都被秦军打得大败。不得已，楚怀王重新起用屈原，令他出使齐国，恢复同盟关系。而当屈原从齐国归来后，楚怀王又疏远屈原。屈原目睹国是日非，与秦国的战争一败再败，在忧愁幽思之下而作《离骚》。楚怀王三十年（前299），秦国攻打楚国，连下八城，秦王约楚王在秦国境内的武关会盟。楚怀王不敢拒绝，屈原称“秦是虎狼之国，不可信”，力劝楚怀王不要赴约。在幼子子兰的怂恿下，楚怀王仍去赴约，果然被秦国扣留，最终客死咸阳。

楚顷襄王继位后，任用子兰为令尹，复以谗言罢去屈原三闾大夫之职，将他放逐江南。屈原出郢都，过洞庭，来到沅湘之地，在这里度过了人生的最后阶段。公元前278年，秦将白起攻下郢都，楚顷襄王出奔。五月初五，屈原披发行于汨罗江畔，颜色憔悴，形容枯槁，不甘以自身“皓皓之白，而蒙世之温蠖”，作《怀沙》绝命之赋，自沉于汨罗江中。

屈子书院俯瞰

贰　书院简史

为纪念屈原高洁的人格和忠贞的品行，沅湘之地多有祭祀屈原的场所。汨罗书院的前身就是祭祀屈原的祠庙，原坐落于玉笥山麓，始建时间至少可追溯到汉代。北魏郦道元撰写的《水经注》记载，此地“渊北有屈原庙”，可以推测当时祭祀屈原的传统得到保留。南北朝、隋唐之际战乱频仍，屈原祠庙一度遭到废弃。唐天宝年间，玄宗敕长沙郡建立三间大夫屈原祠，岁时致祭。太和二年（828），文学家蒋防途经此地，作《汨罗庙碑》文以为凭吊。

北宋真宗大中祥符年间，屈原祠改建为书院，在祭祀屈原的同时，承担起培养人才的重任。由于书院与屈原之间荣辱与共的联系，书院随着屈原封号的变化而数易其名。元延祐五年（1318），追封屈原为

屈子书院

忠洁清烈公，故祠又称“忠洁清烈祠”，书院亦更名清烈书院。历代人们捐置给屈原祠的田产越来越多，周围的一些僧侣开始侵占祠产。泰定元年（1324），州守宋仲仁来汨罗祭祀，才收回被侵占的祠产，并将祠庙修缮一新。继任州守孙天才在祠庙之东建斋舍，并拨置学田三十六亩。本州士人彭翼飞又增置私田，书院经费愈加充裕。至元间，茶陵人张希辙出任山长，这是书院第一位有姓名籍贯可考的山长。

明嘉靖间，知县戴嘉猷“叹正学之不明，而异端之足以惑世”，将南阳寺之僧舍拆除，率众重建书院，祠宇焕然一新。其后，书院渐为湖水侵蚀。

清雍正九年（1731），朝廷下旨修葺各地忠烈名贤祠墓，当地动用公费重建屈子祠，加春秋二祭。乾隆二十一年（1756），知县陈钟理重建三间祠于玉笥山上，以五月初五日致祭。咸丰四年（1854），三间祠被战火摧毁。同治间，邑绅欧阳博吾为兴学计，捐钱千贯重建

屈子书院藏骚阁

祠宇，借屈子祠大殿为讲堂，新建斋舍若干，恢复书院办学。

1924 年，省参议员彭熙治等人在书院旧址创办汨罗公学。1925 年，欧阳博吾后人欧阳淑以此为基础，新建私立汨罗初级中学，并拨置祠产，新建教室与办公场所若干间。1949 年后，学校发展为屈子祠完全小学。1980 年，建立屈原纪念馆，有屈子祠、濯缨桥、独醒亭、屈原故宅、骚坛、招屈亭、藏骚阁等建筑，其中屈子祠为湖南省省级文物保护单位。

2009 年，当地复建书院，复建后的书院更名为屈子书院，占地面积达到 15000 平方米，为全木结构仿古建筑，设计元素结合了《楚辞》中的意象以及楚地出土文物中的特色装饰。其布局按照湖湘当地传统院落中的东、中、西三路展开，牌坊、求索堂、沅湘堂、藏骚阁、清烈堂等建筑依次坐落，表达了人们对屈原的敬重与怀念，重现了湖湘文化的庄严与厚重。

（赵伟）

金鹗书院

金鹗书院位于湖南岳阳金鹗山南麓，清光绪年间由巴陵知县刘华邦等人倡修。戊戌变法之际，金鹗书院受新思潮影响，率先新订章程，成为引领当地学风的文化教育中心。“临湘双凤”吴獬、田凤昌曾在此掌教，革命志士彭一湖是书院培养的优秀学子，金鹗书院在教育史、革命史上皆有重要地位。

壹 沿革规制

清雍正、乾隆之际，朝廷诏令天下立省会书院，于是直隶莲池书院、山西晋阳书院、湖南岳麓书院等次第而兴，迎来大发展。省会以外，府、州、县也闻风响应，纷纷设立各自的书院，招收本辖区范围内的生徒入院肄业。巴陵为岳州府首县，岳州设有岳阳书院作为府级书院，招收包括巴陵县在内的各县生徒。随着时间的推移，巴陵文风日盛，岳阳书院已经难以满足当地的文化教育需求。为此，在光绪十年（1884），知县刘华邦、邑绅王启昌等呈请知府、布政使、巡抚等备案，捐资八千余串，创建书院于金鹗山下，取名“金鹗书院”。

金鹗山之得名，缘于当地传说，据说曾有颜色如金的异鸟飞集于山。金鹗山周围群冈起伏，林木茂盛，为城东屏障。山麓四周存有壕沟遗迹，相传是清初吴三桂军所掘。此地优美的环境与便利的交通，使其成为书院选址的不二之选。

金鹗书院建筑仿照了白鹿洞等书院，有门坊、讲堂、藏书楼、稻香楼、奎星阁、先圣祠、报功祠、知味轩、文昌亭、斋舍等。刘华邦等还为书院置办学田、房屋，收取租钱作为经费。刘华邦还请求湖南巡抚，将巴陵县的茶捐、货捐收入作为书院的常年经费。

光绪十二年（1886），士绅为书院酌议章程八条，对书院的各项规章制度作了规定。书院设置山长一人、监理四人、监院一人、账房一人、管理田庄首士二人、斋夫二人。山长主教学，由邑绅“公举品学兼优，夙有名望者”充任，每年由知县关聘；监院管行政，“由士绅公举志洁行芳之士”担任，“定期三年更替”；“另举公正绅耆”为监理。每年招生童正课二十名、副课二十名、附课五十至六十名肄业其中。每月官、师各三课，名列前茅者有奖。

光绪二十四年（1898），受维新思想的影响，金鹗书院极力访求学贯中西者担任掌教，还新订章程三十余条以革新课程，打开风气。新章程规定，书院分舆地、掌故、格致、算学四斋教士，俟经费扩充，再添翻译斋。诸生在研治经典时，还要专一门、习一业，以求博览旁通。书院还拟购置《时务报》《农学报》《格致报》《湘学报》等新式报刊，开拓诸生心胸，增长见识。待经费有余，再购各种机器、各国土产、矿质及人工制造之物，以资考究。

光绪末年，时局动荡，金鹗书院被迫停办。民国间，又遭南北军阀兵燹，书院遭到破坏，办学随即停止。

1995 年，当地在原址重建书院，更名为“金鹗山孔子书院”。重建的书院为明清式仿古建筑，占地两千多平方米，共四进，有讲堂、藏书楼等建筑。

贰 名人足迹

金鹗书院创建后，湖湘名士吴獬担任了首任山长。吴獬（1841—1918），字凤笙，湖南临湘人。十八岁考中秀才，十九岁在省城岳麓书院就读。其后，先后在临湘莼湖书院、通城青阳书院等处执教。同治十二年（1873）被选为拔贡，光绪二年（1876）中举，名列亚元。十三年（1887），应邀担任金鹗书院山长。在教学上，吴獬不拘泥于一家之说，注重培养学生包容的为学品格。吴獬还注重教育事业对社会的教化功能，他后来以《增广贤文》为蓝本，广收民间俚俗谚语，编为《一法通》三卷，作为民间童蒙教材。

金鹗书院两年的山长生涯，使吴獬的学识也有所增长。光绪十五年（1889），吴獬辞山长教席，赴京会试，高中十一名进士。其后历任广西来宾、荔浦知县。在荔浦时，他见当地文风不振，借鉴在金鹗等书院的执教经验，创办正谊书院以兴文教。在任三年后，吴獬许多政见不能展布，遂弃官从教，先后在敦仁、研经、石鼓等书院任教。光绪三十年（1904），再任金鹗书院山长。1913 年，赴南京三江师范任中文总教习。次年在长沙任教，被选为国民代表。1917 年，第三次掌教金鹗书院。数十年的掌教生涯，使其门生达数千人之众，遍布各省。

在担任金鹗书院山长时，吴獬曾为鹿角救生局大堂题写楹联：“莫学秦皇惟赭树，要同傅相共为舟。”楹联涉及了两个典故。《史记》记载，秦始皇在统一六国后，开始了六次全国巡游。其中第二次巡游时来到洞庭湖旁的湘山祠，正好遇上大风，一时难以渡江。秦始皇问随行的博士：“湘山祠中祭祀的湘君，是什么神？”博士回答道：“我听说是尧之女，舜之妻，死后埋葬于此。”秦始皇一听所谓“湘君”并不是什么神仙，不仅失去了恭敬之心，还大怒其胆敢放出大风阻碍自己的脚步。于是秦始皇命令三千刑徒将湘山之树砍伐殆尽，以至于山体都呈现出红褐色的泥土。吴獬的上联就是在劝诫世人要以秦始皇为鉴，做事不能仅凭个人的喜怒。下联提及的是商朝名臣傅说的事迹。傅说本为负责筑墙的奴隶，被商王武丁提拔为相，商朝因而得到大治。《尚书·说命》记载，武丁在提拔傅说后，命傅说无论早晚，都要随时纠正他的过错，以帮助其成德；如果武丁是钝锈的金属，傅说就要成为磨刀之石；如果武丁要渡过大川，傅说就要成为船和桨；如果天久旱不雨，就要将傅说当作甘霖。傅说感念知遇之恩，应命发挥才干，全心辅佐武丁。吴獬在此勉励世人应以傅说为榜样，发挥“公心”，团结共济。

民国初年，北洋军阀吴佩孚驻军岳州，听说吴獬在金鄂书院执教，特地前往拜访。吴獬心知吴佩孚的来意并不单纯，以“今日上课，恕不会客”为由，拒绝会见。1917 年，吴佩孚再次驻军岳州，以弟子身份向吴獬求教治军之策，吴獬便着粗衣便帽，与之谈笑自若。临别时，应吴佩孚之请，赠以对联：“民国正需廉耻将；吴家曾出广平侯。”下联提及的“广平侯”，是指东汉光武帝时位列“云台二十八将”之一的吴汉。吴獬意在勉励吴佩孚，在民国乱世应保持气节，不辱吴氏先人。

作为岳阳地区率先开展新式教育变革的文化教育机构，金鹗书院培养了一批敢于与旧势力作斗争的优秀学子，其突出代表当数彭一湖。

彭一湖（1887—1958），原名蠡，字忠恕，湖南岳阳人。幼时曾在金鹗书院就读，受书院新式学术风气的影响，决心出国寻找救国之道。宣统元年（1909），以湖南公费生的身份赴日本早稻田大学攻读经济学。在日本，彭一湖加入孙中山、黄兴等人组织的同盟会。1911年，彭一湖回国参加辛亥革命。历任湖南省立第一师范学校校长、晨光大学校长。其后加入国民党，参加十九路军的反蒋运动。抗战后担任民建中央委员，解放战争时拥护程潜、陈明仁和平起义。新中国成立后，历任湖南省中山图书馆馆长、全国政协委员等职。

金鹗书院接连涌现优秀学子并非偶然。早在书院建成时，当地人就在讨论书院应当以什么作为“立教之本”。经过激烈而深入的讨论，最终确定以“遏虚浮以实践，化嚣陵为礼让”为宗旨，金鹗书院学子后来也充分践行了这一宗旨。

（赵伟）

沱江书院

沱江书院位于湖南岳阳华容，始建于清代，是一所官办县级书院。经过几百年风雨，书院发展为华容县一中。为纪念文脉的绵延，今日的华容县一中校园内重建了沱江书院，在现代教育中继续传承、发扬书院传统。

壹　书院简史

湖南省北部的华容县，与洞庭湖相邻，拥有千余年的建城史。明初，华容县隶属岳州府管辖，到清代仍是如此。长期以来，华容县内仅有官方兴办的县学，招收全境秀才肄业，而广大尚未考取秀才功名的学生则没有类似“义学”的场所供其就读。明代时，当地建龙峰书院，名臣刘大夏、黎淳曾读书于此，此即沱江书院的前身。

清乾隆二十三年（1758），江左名宿狄兰标到任华容知县。刚一下车，他就集合县内读书人，与之谈论讲学，了解士风民情。狄兰标发现，华容县诸生可造之才甚多，只是长期苦于没有专门的场所学习，学问难以精进。并且诸生散处城乡各地，平日无法随时聆听贤师的教诲，对于当时流行的各家学术之间的分歧也无从分辨。狄兰标作为华容知县，宣德教、正风俗是其当然之责。为此，他慨然有兴学之意。乾隆二十五年（1760），在与其僚属进行商议以后，狄兰标很快就撰写公文禀请岳阳知府以及省内长官，请求建立书院，得到批准。

为了能够在公务之余随时到书院讲学，狄兰标将书院的基址选在了县衙旁。在材木瓦石置办到位后，大门、墙垣、讲堂、斋舍次第落成，沱江书院正式创立。狄兰标访之远近，延请名师前来掌教。当地士绅李大鹏受狄知县兴学重教的感召，认为“国家承平百有余年”，“未有若斯之盛者”，因而专门撰写《沱江书院记》作为纪念。在记文中，李大鹏将沱江书院与唐虞三代之际的党庠术序相比，认为二者的教育理念是一致的：“其教自叙秩伦纪，以至升降揖让之仪，靡弗肄习。”书院“谨庠序之教”，可以端正风化，人才迭出，造就有用、模范之才，“退可以菑畬经训，扶持道教；进可以出入谟诰，珥笔雍容”。而“奔竞声气，游扬虚誉”之风，则是书院要坚决摒弃的歪风邪气。

沱江书院创建后，得到历任华容知县的鼎力支持。乾隆五十五年（1790），知县陈宾看到书院经费不充，将部分罚款用来置办学田。

沱江书院

嘉庆十七年（1812），知县宗霈捐资增置田亩，添充师生膏火。宗霈还兼掌教三年，“教诸生以实行”。道光二十五年（1845），因书院年久失修，又有水灾威胁，陶应昌“发印簿捐钱”重修书院，知府恽光宸为书院作记，以“敦品植学”警士。咸丰六年（1856），知县狄玉麟重修。光绪二十三年（1897），知县刘朝昆将书院迁到黄湖山南麓。二十八年（1902），逢清末新政，书院改为明达学堂，三十年（1904）再改为明达高等小学堂。

1922 年，小学堂由黄湖山迁至县城文庙，与模范国民小学合并为县立第一高等小学。书院旧址无人打理，渐至倾颓。1946 年，华容县政府筹建华容县立初级中学，选择了沱江书院旧址作为基址。起初，县立初级中学规模不大，仅有教职员工 11 人，首届设初中班和简易师范班，共有学生 121 人。其后规模逐渐扩大。1953 年，学校更名为湖南省华容县立第一初级中学。1958 年，改为湖南省华容县第一中学，直至今日。

贰　书院览胜

清代的华容县城与今日不同，高耸的城墙以外，斗子湖、田家湖、县河等环带而过，东南西北共有五道城门以供出入。城西有安公堤，是通过田家湖进入西门的必经之路。敲开西门，西长街、东长街贯通东西，将县城一分为二，沿此可直达东门。西长街以北，是县衙、捕署所在。西长街以南有文庙、学署、文昌阁。乾隆二十五年（1760）

当地新设沱江书院时，并未将书院设在华容县传统的文化教育中心文庙附近，而是在县衙、捕署东侧新辟基址，与祭祀关羽的武庙相邻。在选址上，沱江书院被寄托了当地人摆脱旧习、推陈出新的美好愿望。

沱江书院的营建过程颇具传奇色彩。据说书院开始动工后，适逢夏日阴雨连绵，沱江水势上涨，大有冲破护堤之势，不仅尚未完工的书院岌岌可危，全城百姓也有遭灾之虞。身为县令的狄兰标一方面组织抗灾事宜，另一方面带头祈求天晴，寄希望于天气尽快好转。好在阴雨很快散去，危机解除，沱江书院得以继续修建。就在水势退去十天后，一根楠木顺江而下，漂到县城附近。这根楠木两头经过了雕凿，恰可用作书院的房梁。于是，以楠木作梁的沱江书院得以顺利建成。

光绪时的沱江书院经过当地近百年的经营，规模达到最大。从光绪《华容县志》所绘制的图片来看，沱江书院与县衙、捕署并列而立，均坐北朝南。书院为三进建筑，大门之上，榜书“沱江书院”四字。讲堂前为东西斋舍，斋舍之间有庭院，诸生可在此列队聆听掌教在讲堂的训诲。讲堂之内的墙壁上，刻有“整齐严肃”四字，是从省府长沙岳麓书院摹刻而来。

今日的沱江书院坐落在华容县一中校园内，是 20 世纪 90 年代末在清代书院旧址上新建的仿古建筑。书院粉墙灰瓦，窗明几净，可从中想见书院往日的气象。大门两边的廊柱上，刻有原书院“湖山毓秀，沱水文明”的对联。原刻在讲堂内的“整齐严肃”四字得到复原，被镶嵌在书院大门两侧，继续发挥警醒学子的作用。

（赵伟）

第八章

邵阳

Shaoyang

邵阳，古称宝庆，历史悠久，名传潇湘。历史上，邵阳诞生了稽古、观澜等著名书院，湖湘文化名人邓辅纶、邓绎、王闿运等先后掌教于此，使湖湘文脉在湘中弦歌不绝。

稽古书院

稽古书院位于湖南邵阳流泽镇桃斯村，清咸丰年间由邑人刘文煌等捐款倡建，是清末邵东三大书院（资东、稽古、杨塘）之一。

壹 书院简史

稽古书院所在地原来是古刹仙峰寺，清咸丰四年（1854），桃斯村乡绅赵昌盛同安平、亲义、太一三乡绅民谋划创立稽古书院，作为培育当地人才的场所。因资金不足，赵昌盛等先是利用寺庙产业倡修，其后刘文煌等捐出重金，书院才顺利落成，曾瑞堂请曾国藩为书院题写院额。院门两侧撰有楹联："做工非专门为我，读书是预备作人。"这体现出书院"立德树人"的教育宗旨。书院有学田百余亩，每年获取租收作为经费来源。

光绪三十一年（1905），书院改制为高等小学堂。民国初年，书院停办。1920 年左右，三乡地方政府推选唐端生为校长，书院改为稽古学校，当时有教师三人，学生四五十名，学校既教经史，也教科学。1923 年后，安平乡士绅蒋南甫、亲义乡士绅周载继、太一乡士绅尹芝湘各担任校长数年，其间教师学生人数有所增加，新建教学楼一栋。

抗战期间，稽古学校将三乡原先所捐资产退还各乡，分办三个中心学校。稽古学校利用原来校舍，改为亲义乡中心学校，当时有教师八人，学生两百余人，校长每三年一选，先后由蒋廷跃、熊冲、曾湘凡、赵雅、王典等担任校长。

新中国成立后，学校由六区区政府曾钟川接办。1950 年，曾钟川调十三区工作后，由县政府委派周世范为校长，改校名为流泽乡中心学校。1952 年，校名改为稽古完小，周世范仍任校长。1976 年，校名改为立新学校。1998 年，学校恢复稽古之名。

贰　名人足迹

稽古书院得到晚清中兴名臣曾国藩题写的院额，使之名满三湘，成为邵阳地区的文化教育中心。曾国藩出生在湖南湘乡荷叶塘（今湖南省娄底市双峰县荷叶镇），距离稽古书院所在的邵东县城只有 100 公里左右，所以很多邵东人认为曾国藩是自己的半个老乡。曾国藩与书院创建人刘文煌、曾瑞堂关系密切，因此在收到题写院额的请求后，欣然写就。

刘文煌家境殷实，且乐善好施。他文武双全，在求学时与曾国藩同窗。太平天国运动时期，刘文煌鼎力支持曾国藩。曾国藩数次请刘文煌出山做官，但都被他回绝。刘文煌说："现在我是商，你是官，我年长你几岁，与你又是同窗，来往是宾客相待，两人平起平坐。而我一旦出来做了官，就成为你的下属，从此多了礼节，不能习惯。"刘文煌去世后，葬在曾国藩的家乡，可见两人交情之深。刘文煌尤其重视家乡教育事业的发展，当得知筹建稽古书院资金不足时，他慷慨解囊，书院因而得以顺利建成。

书院的另一位倡建人曾瑞堂与曾国藩是同姓宗亲。道光十八年（1838），曾国藩考中进士后不久，到邵东流泽镇曾氏祠堂议修族谱。在邵东期间，曾国藩受到曾瑞堂等宗亲的热情接待。曾瑞堂在其母李氏的教导下，大行公益之举，修育婴堂、办私塾、建茶亭等，在当地颇有声望。曾国藩对这位族人颇有好感，为其母李氏撰写了《慈荫亭记》。后来稽古书院落成时，曾瑞堂又出面恳请曾国藩题书院额。

今天，稽古书院成为稽古学校，门首仍有摹写的“稽古书院”四个大字，劲健刚拔，正是曾国藩的手笔。

（何君扬）

观澜书院

观澜书院位于湖南邵阳洞口高沙镇，始建于清代，“湘中五子”中的邓辅纶、邓绎、王闿运先后掌教或讲学于此，书院现为县级文物保护单位。

壹　书院简史

清嘉庆十三年（1808），例贡生袁敏和乡人一起捐资倡建观澜书院，但中途因故停止。后袁敏继续出资补齐资金，书院才得以继续修建。道光二十四年（1844），书院最终落成。

修建完成的观澜书院并没有一块“观澜书院”的匾额，只在书院前面牌坊上有“观澜”二字，乡人因此称之为“观澜书院”，不过书院内的许多碑记都用的是“观澜义学”的名称。宝庆知府黄宅中倾向于“书院”之名，专门撰写《观澜书院记》表达观点：古人说，要渡过大河，就必须观察水之波澜，研究涉水之方法。书院叫“观澜”，就是要让读书的人寻找学有所成的方法，这与《孟子·尽心上》“观水有术，必观其澜”的意思是相合的。道光二十七年（1847），书院延师开馆。

光绪年间湖南推行新政期间，受湘水校经堂、湖南时务学堂影响，士绅陆孝达、王佐龙等在观澜书院进行改革，把课程分为经义、史事、时务、舆地、兵法、算学、方言、格致八门，因师资及经费所限，实际开设了前五门课程。

1943 年，私立观澜初级农业职业学校创立在观澜书院内，与私立观澜小学共一校址，修业年限为三年。1950 年，学校停办。1981 年，书院被确定为县级文物保护单位。现在，高沙观澜完小坐落在书院旧址之上，校园内还有一栋清代的老校舍。

贰 古院览胜

观澜书院格局坐东南朝西北，为砖木结构，前后四进，两侧厢房纵横交错，有大小房子三十二间，上下两层，天井六个，占地面积三千多平方米。第二、三、四进及两厢已毁坏无存，现仅存第一进门楼及十二块石碑记。门楼为单檐歇山顶，面阔三间，进深一间，上下两层。正中是大门，门额为整块长条形青石凿制。

大门两边有书院创始人袁敏撰写的对联：“千重山势撑文笔，一派川流见道心。”“千重山势”指的是拱卫书院的云峰和稍远处的雪峰，“一派川流”则指书院门前的蓼水。楹联意境开阔，气势昂扬。

书院清代有四匾，第一块是大门牌坊上的“观澜”，柳体；第二块是二门上的“广育群材”，虞体；第三块是礼堂上的“丽泽风长”，欧体；第四块是大成殿上的“万世师表”，颜体。书院内还有两棵树干水桶一般粗的古柏树。

书院所在的高沙镇是湘西南农副产品的重要集散地。清代诗人萧鸿钧的《高沙竹枝词》中有两句赞颂了有“小南京”之称的高沙镇的繁荣景象："洞口黄桥石江路，逢人便说往高沙。"其中还有两句提到了观澜书院："雨后观澜门畔过，鹧鸪堤外鹧鸪啼。"

叁　名人足迹

观澜书院创办后，许多名人都曾在此教学，例如"湘中五子"中的邓辅纶、邓绎、王闿运。

邓辅纶先在京城为官，然后成为曾国藩的幕僚，再后来失意回家，闭门研究学问。当时观澜书院的山长曾源泗听说邓辅纶回乡的消息，亲自前来聘请他去观澜书院任首席教席。邓辅纶开始有些犹豫，后被袁敏创办义学、三十多年建书院的故事所感动，欣然前往。

邓绎是邓辅纶胞弟，被称为"通儒"，做过左宗棠的幕僚和浙江知府，后辞官教书，在河北致用书院任教，所撰《警士铎言》影响极大。当时任湖广总督的张之洞写信，请邓绎去潮州的学海堂任教，然而同时经邓辅纶推荐，观澜书院也请他任教，邓绎最终选择回到家乡。据说兄弟俩在观澜书院的院子里各种了一棵柏树，两棵柏树至今还枝叶繁茂。

著名经学家、文学家王闿运是邓辅纶、邓绎兄弟二人的好友，当他听说二人都在观澜书院任教时，欣然前往看望。山长曾源泗和其他教席及一些学子，早闻王闿运大名，就请王闿运讲学。王闿运慨然应允，并提出让邓氏兄弟也分别办一次专题讲座。那一次，三人连办三个讲座，吸引周边书院的师生过来听讲，名动一时。

观澜书院教师优秀，学规谨严，学风浓郁，各方生员因此慕名而至。

生员除武冈本州（包括今洞口）的，还有城步、绥宁、新化、溆浦等地的。

本州生员彭恭复，在观澜书院卒业后考取贡生。他读了无锡人顾祖禹所撰的地理著作《方舆纪要》，认为该书中关于东三省的内容有一定缺失，而东三省是清皇室发迹之地，对清朝相当重要，当时日本人又有觊觎之念，于是为《方舆纪要》补了东三省的内容。

绥宁人黄诚斋，他来观澜书院读书是为了一道拦河坝的权属。他曾代表本村和邻村打官司落败，但他认定那拦河坝的权属应该是自己村的，官司输了，说明自己读书太少，于是来观澜书院学习。研习三年之后，他再次代表村里打官司，最终赢得了官司。腹有诗书心自宽，赢得官司后，他反而劝说本村村民，与邻村共享拦河坝利益。从那以后，两个村子和睦相处，呈现出淳朴的民风。

从观澜书院走出去的学生还有：曾任民国教育部专门教育司司长、北京艺术专门学校校长、东北大学文德学院院长等职的刘百昭，毛泽东湖南一师的同学、曾任北平艺术学院和南京艺术学院等院校教授的著名画家曾以鲁，新中国成立后先后担任湖南省教育厅副厅长和湖南师范学院主要领导的著名教育家刘寿祺，民国时期曾任中央军校二分校书记官、新中国成立后任湖南省政协委员和湖南省人民政府参事室参事的曾光炎，以及著名作家谢璞等。

书院发展至清代，出现了普及性的繁荣，无论是通邑大都还是乡村僻壤，皆有书院矗立其中。观澜书院就是清代书院普及性发展下的产物，多位文化名流先后掌教其中，使得当地学子亲身感受到了近代学术文化的转型潮流。

（谢孝明　彭广业）

第九章

郴州

Chenzhou

郴州为湖南『南大门』，是湘南书院发展的重镇，历史上诞生了濂溪、观澜、鉴湖、承启、云头、白石、安陵等著名书院，培育出状元、进士等诸多知名学子，是郴州注重文化教育的重要见证。

濂溪书院

濂溪书院位于湖南郴州汝城西郊桂枝岭，始建于南宋，是为了纪念北宋理学鼻祖“濂溪先生”周敦颐而建的。书院前临秀溪，后倚青山，松涛白云，流水淙淙，历经八百多年风雨，存续至今，现为湖南省省级文物保护单位。

壹 书院简史

周敦颐（1017—1073），又名周元皓，原名周敦实，字茂叔，北宋道州营道（今湖南省道县）人，世称“濂溪先生”，“北宋五子”之一，是宋代理学的开山鼻祖。著有《太极图说》《通书》等，后人辑成《周子全书》。周敦颐所提出的无极、太极、阴阳、五行、动静、主静、至诚、无欲、顺化等理学基本概念，为后世理学家反复讨论和发挥，构成了理学体系中的重要内容。

北宋皇祐三年（1051）到至和元年（1054），周敦颐任桂阳（今汝城）县令。其间，他“风节慈爱，吏治彰彰”，并写下《爱莲说》等千古名篇。周敦颐不仅创立了理学理论基础，被称为“上承孔孟，下启程朱”的理学开山，而且是仁民爱物的一代循良。千百年来，汝城“士率其教，吏思其威，民怀其德”，并兴建书院以传其教，以祀其神。

南宋嘉定十三年（1220），在距周敦颐任桂阳县令百余年后，江西临川人周思诚追随先贤足迹，从郴县县令改知桂阳县。他慕先贤之德，仰君子之风，遂于县城西建濂溪祠，以祀周敦颐，成为汝城祭祀"濂溪先生"的首创者。南宋嘉定十五年（1222），濂溪祠建成，周思诚又置学田数十亩，招生童肄业其中。周思诚作《濂溪祠记》述其事："濂溪周先生去孔氏千五百余年，一旦复振洙泗坠绪，昌明道脉，传示圣学于无穷，使百世而下闻之者，犹足以释蒙启蔽。庆历间，（先生）尝宰桂阳，去今仅百八十年。而县屡经盗火，先生流风遗迹，乃仿佛无复存焉。县西五里，有山环合，林木茂翳，而溪流清泻，萦纡其间，土人号其乡为'予乐'，岂亦因先生而名之欤？思诚窃记程明道先生有'过前川而予心乐'之句，盖明道尝从先生游也。今读其诗，亦可想见先生之迹矣。"

从周思诚建祠起，濂溪书院经南宋（一次）、明代（四次）、清

濂溪广场

代（三次）、现代（一次）共九度修缮，多次迁建，四更其名，八百多年来，虽屡经兵燹盗火，沧桑变迁，但薪火相传，一直保存至今。

2001 年，书院被确定为市级爱国主义教育基地。2010 年，为弘扬濂溪文化，当地对书院进行了全面维修，并增设书院陈列展览。提质后的濂溪书院，古朴典雅，环境清幽，景致怡人，以崭新的面貌向公众开放。2022 年，当地再次对书院进行了提质修缮，古老书院再放异彩。

贰 书院览胜

如今的濂溪书院前有濂溪广场、太极亭，在“濂溪吟弄处”有吟弄亭。从濂溪广场望去，书院后倚青山，左右立着几棵茂密的大树，显得格外静谧。走进书院，青砖黛瓦，飞檐凌空，十分古雅，踏上布满青苔的石阶，即见大门两侧刻有清末名士王闿运撰写的名联：

吾道南来，原是濂溪一脉；

大江东去，无非湘水余波。

门头有刻着“濂溪书院”四字的匾额，门口有一对荷花石鼓，整体风格古朴庄重，典雅大气。

书院为四合院砖木回廊结构，透过第一道门，可以看到周敦颐的紫铜雕像。雕像矗立台中央，所在位置是古时用来观测日月星辰、研究阴阳数理的地方——观星台。周敦颐手握《太极图说》，温厚、慈祥又充满睿智地迎接到此希贤访古、游览观光者。从观星台登上九级台阶是希濂堂。堂名“希濂”，意味着周敦颐的思想与人品世所罕见，是后世崇仰和学习的典范。希濂堂一栋三间，正堂的祭坛上悬挂着“道学宗主”的匾额，匾额下边是濂溪先生的画像，画像两侧的对联“学衍道源，德化苍生”正是他一生学术德业的写照。

在濂溪书院，历代官绅文士留下了很多诗文，如明代状元罗洪先有《钓鱼台》：“泉石膏肓砭不开，九重恩诏许归来。江山景物资闲览，常共读书与钓台。”清代桂阳知县徐之凯有《谒濂溪祠》：“岭上秋香满桂枝，抠衣拾级拜名祠。弦歌在昔为人牧，俎豆于今是我师。时有光风披古树，依然霁月照清池。后来闻者能兴起，片石残碑正可思。”清乾隆时期，兴宁（今资兴）知县凌鱼游予乐亭时留下的《过予乐亭》更是脍炙人口：“孔颜真乐妙难名，吟弄千秋想二程。问柳喜逢云正淡，临川欣对水长清。应时禾黍皆含绿，适意鸢鱼更不惊。偶憩石亭思往事，风流谁得似先生。”

濂溪书院内景

叁 名人足迹

周敦颐在汝城的这段时期，是他理学思想孕育、形成、成熟的重要时期。在此，周敦颐写就理学经典《太极图说》和千古名文《爱莲说》《拙赋》等。《汝城县志·艺文志》载：“周子凿池种莲，著《爱莲说》。”“周子著《拙赋》。”《爱莲说》中的名句“予独爱莲之出淤泥而不染，濯清涟而不妖”千古传诵。《拙赋》中“以拙为荣，以巧为耻”的思想理念，赞颂了拙者默干实事的品德，贬斥了巧言令色者华而不实的虚伪，构成了濂溪理学的灵魂与基础。

关于《太极图说》的来由，另有一段传奇的故事。相传，周敦颐到汝城上任不久，其弟子程颢、程颐便来看望他。三人闲游至县西的予乐湾，见耒水曲贯而过，形呈太极图样，周敦颐感悟顿生，后创作出《太极图说》，是为理学思想文化的奠基作之一。而当时程颢也触景生情，吟出《春日偶成》一诗，成为位列《千家诗》所选宋诗之首的名篇。诗中写道：“云淡风轻近午天，傍花随柳过前川。时人不识予心乐，将谓偷闲学少年。”这是予乐湾名字的由来。

濂溪书院自创建以来，人文蔚起，声名远播，濂溪遗教历久弥光，名师硕儒，传道授业，俊才杰士，代有其人：明代两广总督、太子太保朱英，江西、福建布政使范辂，清代翰林何庆元，著名诗人郭远，中国人民解放军上将朱良才、李涛等人均曾求学于此。

朱良才（1900—1989），湖南郴州汝城人，出身书香门第，曾在白石书院求学，但成长过程中受过濂溪书院熏陶。他写下的《朱德的扁担》被选入小学语文课本，毛泽东夸赞他没有私心，是所有干部的楷模，是“军之良才”。

李涛（1905—1970），湖南郴州汝城人。少年时曾在濂溪高小读书。1925 年参加爱国学生运动，次年加入中国共产党。先后参加秋收起义、中央苏区第一次反“围剿”作战、南雄水口战役、长征等，历任红三军第七师政委、八路军驻武汉办事处处长等。1955 年被授予上将军衔。李涛将军一生清廉，恪守濂溪理学“爱莲守拙，正道直行”的思想精义。

（谢孝明　彭广业）

观澜书院

观澜书院位于湖南郴州资兴七里镇柏树村，又名醽泉书院、醽潭书院，始建于北宋，最初为兴宁曹氏家族书堂，后易堂为书院。在其近千年历史上，培育出一个状元、六个进士，近代又有曹觉民和曹里怀两位将军从这所书院走出。现为湖南省省级文物保护单位。

壹 书院简史

清雍正《湖广通志》载："观澜书院，在兴宁县西北，宋曹靖建。"《清一统志》亦载："兴宁县有观澜书院，北宋曹靖建。"兴宁即今资兴。曹靖，字中立，北宋嘉祐年间进士，郴州人，曾任益阳县令，颇有政声。书院名"观澜"，是取孟子"观水有术，必观其澜"之意。书院因建在醽醁潭旁，所以也有"醽泉书院"和"醽潭书院"之名。

宋末，书院废弃。前至元二十八年（1291）重建。元末，书院毁于战火。明弘治十一年（1498）、嘉靖二十七年（1548），书院两次重修。清乾隆四十七年（1782），书院因基址被水冲坏而搬迁至柏树村，其规模已不足鼎盛时期的六分之一。

清末，书院被改为学堂。1986 年，原办于书院内的小学停办。2011 年，书院被确定为湖南省第九批文物保护单位。

贰　书院览胜

观澜书院是湘南目前发现的现存最早的家族书院。书院呈方形四合院式建筑，坐西朝东。中为天井，铺以青石，上下两厅，两侧厢房各三，皆有楼。壁镶元明清碑刻十余方。檐饰木雕，门立石鼓，青砖黛瓦，古韵盎然。厅室洒扫一净，饰之以时贤字画联语，文采芳菲，雅韵悠长。大门上匾额“观澜书院”，黑底金字，极具功底。

书院外柱贴梁未冬先生一联：“七里观澜，智水仁山，有耕有读有正气；千年书院，文韬武略，立德立言立族风。”院门贴张枫先生一联：“纵览前贤，文武双修，名垂万代彪青史；寄言来者，德才兼备，功播千秋耀谱乘。”下厅悬一匾“诗礼世家”，为康熙年间书迹。

步走廊，越天井，至上厅，中挂书院创立者画像。上悬一匾“振铎休声”，为乾隆四年书迹。旁有一联：“祖德振千秋大业，宗功启百代文明。”晚清名臣张之洞为书院题联：“虽富贵不易其心，虽贫贱不移其行；以通经学古为高，以救时行道为贤。”

书院古色古香，周边村落亦是年深岁久，尚保存部分明清民居，书院与村落和谐地融为一体。书院周边的自然景观同样宜人。书院正对的回龙山，海拔一千四百多米，称“古南岳”，是闻名遐迩的道教和佛教圣地。“回龙望日”，是资兴古八景之一。回龙山山势雄奇，树木茂密，郁郁苍苍，莽然壮观，极具原生态风致。

叁 名人足迹

观澜书院在元成宗时曾经大放异彩，短短十一年间出了三个进士，成为湖南科举史上一段流传千古的佳话。观澜书院还留下了不少前贤翰墨镌刻和文化遗迹。元大德六年（1302），郴州教授左元龙撰有《观澜书院记》，记曰：“宋三百余年，诗书渗漉，上自王宫国都，以及乡党闾巷……于千万世而不坠，岂非诸儒之功与？此兴宁曹氏书堂所由创也。”明代，邑人杭州知府李端作《醽泉书院》诗：“一派甘泉积翠中，源头书屋白云封。半窗灯火牙戢旧，千古斯文气味同。衿佩从容均化雨，门墙高广霭春风。于今文教昭天下，莫讶丁宽易已东。”康熙四十年（1701），邑令申奇彩题联：“醽醁世家，兄弟名香七里地；观澜遗泽，祖先曾踏九重天。”乾隆五十一年（1786），邑令蒋兆甲题联：“望日庆升平，仰凤岭回山，气象峥嵘峙绣虎；观澜汇学海，带桃源渌水，文机活泼衍雕龙。”此外，阮阅有诗盛赞曹氏文教科名之光：“观澜古迹隐程乡，曹氏成名天下扬。书院尚存唐故事，石碑尤撰宋文章。耿耿高才尤见在，明明翰墨朗然香。待贮他年春试院，儒生定作状元郎。”诸贤题写，皆切情合景，诚为胜迹佳构。

肆　红色印记

革命年代，从观澜书院走出了文、武两位将军：曹觉民与曹里怀。

文将军曹觉民（1908—1980），家名才仁，学名先之，字仲萧，号觉民，资兴人。1926 年，曹觉民投笔从戎，考取黄埔军校，参加北伐。抗日战争时期，身经百战歼倭寇，铁血丹心卫中华，表现出崇高的爱国主义精神和民族气节。1949 年 8 月 4 日，曹觉民随程潜、陈明仁起义，为家乡湖南免遭战火蹂躏、和平解放作出了重要贡献。1981 年，曹觉民被追认为爱国将领。

武将军曹里怀（1909—1998），原名曹李槐，字植三，号树邦，资兴人。1928 年参加湘南起义，同年加入中国共产党。土地革命战争时期，任红三军第七师代理师长、红五军团参谋长等职，参加了长征。抗日战争时期，任冀鲁豫军区参谋长。解放战争时期，任东北野战军第四野战军四十七军军长、湘西军区司令员等职。新中国成立后，任中南军区空军司令员、空军副司令员等职。1955 年，曹里怀被授予中将军衔。

观澜书院作为湘南地区少有的千年书院，拥有醉人的自然、人文景观，加以出色的办学成就，充分说明了资兴人杰地灵。

（谢孝明　彭广业）

鉴湖书院

鉴湖书院位于湖南郴州桂阳余田乡，建于清代，依山势构筑，“殿庑堂皇，规划如制”。历经百余年的发展，成为独具特色的儒、佛共存的历史文化遗产。今为市级重点文物保护单位。

壹 书院简史

鉴湖书院由余田乡人创建于清咸丰十年（1860），同治十一年（1872）落成，成为西河三镇（今余田、浩塘、飞仙、十字、古楼、樟木、六合七乡）之文化摇篮。

鉴湖书院因坐落于鉴湖旁而得名。鉴湖俗名鸬鹚塘，王闿运的《桂阳直隶州志·卷十·学校》中有云：“州西四十里鸬鹚塘，塘多鸬鹚，故名。广五十余亩，四时不竭，水清可鉴。前面浮图秀耸若笔。乡人于其地新立鉴湖书院。”鸬鹚塘不仅景色宜人，还被当地人视为文星高照之福地，这源于明代万历年间乡人汤大濩的一段传说。

汤大濩是余田太平坊人。明万历十六年（1588），汤大濩中举，其后屡试不第。有一次，汤大濩从余田上桂阳，行至鸬鹚塘时，见一只鸬鹚叼起一条鱼儿飞进附近树林，他心里自认为“鱼儿”即“余田儿子”，今为鸟儿所啄，是不祥之兆，于是心中闷闷不乐。行至春陵江边时，特到距渡口不远的百福寺抽签求卦，问主何吉凶。住持问清缘由后，对汤大濩说：“鱼儿借力上青天，此乃吉兆。”汤大濩听后，心里释然。万历二十六年（1598）春，礼部会试后，汤大濩又榜上无名。但皇帝抽查会试落选试卷时，见汤大濩的文章明理通达，特赐“同进士出身”。这种从会试落卷中选拔特授的进士又称“明通进士”。汤大濩高中进士后，任蓬莱州知州，为政惠民，时人称为“蓬莱仙牧”。一同传开的还有在鸬鹚塘发生的“鱼儿借力上青天”的故事，当地人遂将鸬鹚塘视作文运启发之地。这即是鉴湖书院选址背后的文化传说。

光绪九年（1883），时任山东巡抚的桂阳泗州人陈士杰到书院视察，题额撰序，揭示书院立院宗旨，书院名声更盛，促进了桂阳文教事业的繁荣发展。其序曰：“鉴湖在州治西，周遭石甃，中拓一区，宽广约千亩，池水如镜，莹莹可以照人。遥对古塔，卓荦如笔。每逢晚照，塔影倒映，与水光荡漾，金碧交辉，真天然图画也。西乡耆宿取陆云‘心犹水鉴’之意，建讲舍于此，名曰‘鉴湖’……多士讲学其中，早暮讽诵经史，暇则凭临湖上，思所以涤虑洗心，而完其本然之性。上之可以希踪濂洛，次亦不失为洁己自好之儒，其所以副耆宿之望者，岂仅博取区区科第云尔哉！多士勉之。”

书院创建后，经历了一系列演变，从名儒讲学之所，到清末宣统元年（1909）变为近代的学校，其培养人才的目标更为明确，以“博学、审问、慎思、明辨”作为治学修身处事之道，引为校训。又有校歌曰：“佳哉鉴湖，源澈洙泗，学派实有宗。宝塔凌云，钟水环校，圣地灵有钟。亲爱精诚，互相砥砺，切磋琢磨功。矢诚矢勇，必信必终，砥柱中国中。”

民国时，书院先后改为大新乡中心校、湖南省私立鉴湖中学。新中国成立后，先后设立桂阳三中、桂阳县第六完小、鉴湖高中、余田初中等。1995 年，余田初中迁至新址。2004 年，书院作为寺院使用，除了供奉菩萨之外，还供奉孔子神像和桂阳先贤陈士杰神位，成为桂阳祭祀追思先圣前贤之地。

贰 书院览胜

鉴湖书院依地势而建，后倚青云山，远对高峰塔，坐西南朝东北，占地面积 16000 多平方米，有大小房舍 60 余间，为湘南地区现存规模颇为罕见的古书院。

书院目前的格局整体呈长方形，为砖木结构四合院式建筑。院内三阶四层，井然有序，颇似文庙。大门前的一堵高墙围着一块长方形坪地，一条贯通南北的石板路将之切分为两大块，南北两面各开一个小门，南门曰“圣域”，北门曰“贤关”。大门下的石阶有一对小型石鼓，立于此处仰观书院大门，给人一种雄伟壮观、肃穆庄严之感。门前两柱有对联一副：“何处溯渊源，地转鉴湖成泗水；于斯堪景仰，天回塔岫作东山。”

走进大门，左右各有厢房，是书院主持办公、住宿的地方。室内地面铺以木板，室外走廊铺以青砖。阶梯、栏杆、护坡，多为凿花条石砌成。距大门数步是二重木门，门顶有陈士杰书写的“鉴湖书院”匾额，至今有 150 余年。从二重木门起步，中间有条石道直通大成殿，八角亭矗立在大道之中，亭下是一条砖石铺砌的十字路，左通厨房、宿舍，右通仓库、宿舍，遥相对望。沿着这条砖石大道再登数级石阶，便到了奉祀孔子的大成殿，殿内四周镶嵌石碑，碑文大多是阐述修建书院历史的序文和捐资者的姓名。

殿外两侧是对称排列的书房，沿左右的走廊可通后院。登石级而上，左右是讲学大厅，往中是崇圣殿。崇圣殿是书院的正厅，正厅左右有厢房四间，是教务人员办公、住宿之所。左右各有小门，通向院舍之外。

登上书院后的青云山，书院美景一览无余，尽收眼底。细心观察，会发现大成殿、八角亭、大门顶上的壶颅口与古塔顶尖刚好成一条直线，可见设计者与建设者的匠心。

正殿上端置“至圣先师孔子之位”牌位，大殿两柱悬着一副对联：“今人与居，古人与稽，亦为明鉴；澄云不清，浠云不浊，有如此湖。”殿前殿后，均为花池。殿左右是自修室，每室有两张大方桌，可供八人自修。

叁 红色印记

中共早期农民运动领导人匡黎光、雷崇周早年曾就读于鉴湖书院，1922 年毕业后，二人一同考入省立三师二十八班。在共产党员吴鸣刚等教师的培养下，二人于 1926 年加入中国共产党，同年 7 月，二人受党组织派遣，回桂阳鉴湖书院任教，同时开展农运工作。1926 年 10 月，匡黎光、雷崇周等人组织农民自卫队兵分两路，一路经东河区的何家村、陈家村，一路经丰家圩、史家桥，合击设在飞仙桥西南面的三正团防局。经过激烈战斗，自卫队击溃团防局团丁，捣毁了三正团防局，缴获了一批武器，推动了全县农民运动顺利向前发展。

1928 年初，湘南起义爆发后，匡黎光任工农革命军独立第七师政治特派员，与雷崇周一道奔走于桂阳、常宁、新田之间，联络新田和常宁等地农民武装响应湘南起义。1928 年 3 月，匡黎光与雷崇周在赴常宁水口山联系起义事宜时，被县城关模范小学校长、国民党县党部执行委员会委员刘建勋告发，不幸被俘，后被杀害。匡黎光、雷崇周两位烈士牺牲之时，一个年仅 22 岁，一个年仅 20 岁。

革命先烈的流血牺牲，换来了新中国的成立，使往后的一代代学子能够在和平安宁的环境中专注于学业，承继鉴湖书院的传统，争作国家栋梁之才。

（谢孝明　彭广业）

承启书院

承启书院位于湖南郴州宜章碕石村，始建于清道光二十六年（1846），原为彭氏家塾，后改为承启学校，是中共宜章县委旧址。辛亥革命先驱彭邦栋，“国大代表”彭旭，著名教育家彭侃，著名革命家吴仲廉、陈正人、彭儒，以及革命烈士彭遂良、彭昭、彭晒、彭娟、彭良等曾在此求学。

壹　书院简史

承启书院始建于清道光二十六年（1846），为碕石村彭姓家族公建。碕石村始建于明洪武年间，当地彭姓始祖为彭元彤，奉命由茶陵卫调防宜章，镇守黄沙堡，授忠勇校尉。后战事平息，天下安定，遂家邑境，择黄沙堡北30里的一块风水宝地而居。这里青山环绕，林木丰茂，放眼前川，阡陌纵横，两股溪水在村中相汇，因村后屹立五座石岭，奇峰蜿蜒，似“五马归槽”之势，而得名碕石村。村内目前尚存明清古民居200余栋，均坐北朝南，蔚为壮观，从中可以想见明清时期的村落格局、风貌。

至清道光年间，彭姓扎根此地已400余年，枝繁叶茂，蔚为望族。古代传统家族推崇“耕读传家”，在物质条件达到一定水平后，兴办教育提升族人的文化水平乃至通过科举入仕，成为家族建设的必由之路。承启书院就承担了这样的使命。道光二十六年(1846),书院建成,成为彭姓子弟的就学之所,并在往后的历史沿革中逐渐扩大其公共性,为乡里服务。

咸丰十一年(1861),书院在兵毁后得到重建。清末学制变革,书院被改为高、初两等小学堂,正式告别家族书院身份,成为近代学堂。后来又改为承启学校,成为中共宜章县委所在地。在建筑风格上,书院在改制为学堂、学校后也在同步发生转变。现存的承启学校建筑为“人”字形梁,庑顶,盖小青瓦,砖木结构,上下两层,建筑面积约300平方米。

1992年,宜章县政府公布承启学校为县级文物保护单位,学校一层为“碕石村革命斗争史”陈列室,旁边建有承启希望小学,小学大门上有陈毅的题联:“承先应知责任重,启后当为国家谋。”萧克上将为学校题写“承启学校”校名。2011年,承启学校被湖南省人民政府公布为省级文物保护单位。

贰 红色印记

大革命时期,为推翻北洋军阀的反动统治,打击帝国主义的在华势力,国共两党展开第一次合作。以此为契机,承启学校成为朱德、陈毅、萧克、彭儒等老一辈无产阶级革命家战斗过的地方。碕石村暴动在宜章年关暴动中发挥了举足轻重的作用,彭晒、龚楷、萧克领导的以碕石儿女为骨干的工农革命军独立第三师碕石独立营,在打击反动势力、开展土地革命的战斗中冲锋陷阵，立下了汗马功劳。

1927 年，以蒋介石为代表的国民党新右派发动反革命政变，大肆屠杀共产党人及国民党左派，大革命失败。1927 年 5 月，许克祥在湖南长沙发动“马日事变”，捕杀共产党员与革命群众，湖南的革命事业一时陷入低潮。

在革命受挫后，宜章被白色恐怖笼罩，中共宜章县委书记李文香惨遭杀害，党组织由公开转入地下活动。1927 年秋，中共湘南特委派胡世俭继任中共宜章县委书记，重建县委。随即，宜章县委由县城秘密转移到承启学校。共产党员吴汉杰担任学校校长，学校大部分教员是党员。县委在这里成立中共碕石特别支部，并秘密发展壮大，组建了一支地下农民武装，打击土豪劣绅，有力地配合了宜章年关暴动。

1928 年 1 月 12 日，朱德、陈毅在宜章县城发动年关暴动。1 月 19 日，中共碕石特别支部发动了“碕石暴动”响应。彭琦、彭东明、彭维桥、彭振雁、彭孚、彭晞、彭文藻、彭严、彭勃、彭胜、彭立木、彭玉明、彭季白、彭成一、彭细奴、彭文昭、彭堃、彭谦、彭儒、彭霞、彭概、彭娟、彭琛等 30 多名青年学生组成的骨干，在暴动中表现得特别积极，被起义军和革命群众赞誉为“彭家将”。萧克就是这个时候来到碕石的。碕石村的 300 多名农民赤卫队员组编为工农革命军独立第三师碕石独立营，彭晒任营长，萧克任副营长兼第一连连长。之后，萧克率领这支队伍上井冈山，在资兴龙溪洞与毛泽东率领的部队会合。湘南起义军上井冈山后，反动当局对碕石村进行了野蛮的烧杀抢掠，承启学校被烧。

彭儒是“彭家将”中的优秀代表，她原名彭良凤，1926 年从承启学校毕业后，考入衡阳第三女子师范学校。1927 年 4 月加入中国共产主义青年团，1930 年加入中国共产党，次年担任中共江西省委妇委委员，与先后担任湘赣边界妇女运动委员会负责人的宜章战士吴仲廉、曾志，被誉为井冈山妇女运动的“三杰”。1934 年参加长征。

在清代所建的书院当中，承启书院原本并不突出，但因为一段红色革命的历史，成为一处儒家文化与红色基因有机结合的胜地。

（谢孝明　彭广业）

云头书院

云头书院位于湖南郴州汝城卢阳镇，于清嘉庆十年（1805）创建。书院古色古香、幽静雅致，每一处都是风景，远远望去，就像是一幅古老的山水画。书院培育了清泾州知州何镐、翰林何庆元等学子，革命烈士何举成、何秉才等曾就读于此。2009 年，书院被确定为县级文物保护单位。

壹　书院简史

汝城旧有朝阳书院，山长之延聘、经费之出入，皆由官府主管。官府主管一方面使书院有了官方政策支持，可以稳定发展；另一方面也使书院容易受到官僚体制影响，陷入公文案牍的泥沼。有鉴于此，当地士绅决定在朝阳书院之外，公建一所不完全由官府主管的书院，以求当地教育可以在一定程度上独立发展。

嘉庆十年（1805），邑绅集资创建云头书院，次年告成。在当地人的鼎力支持下，云头书院很快发展为汝城四大古书院之一。民国时期，书院被改为乡第一高小。

贰 书院览胜

云头书院现已被当地修复，坐西朝东，为两进院落，占地面积约1600平方米。有数栋两层楼房，由院坪、前厅、中厅、后厅、书斋、厨房等组成。门额“云头书院”四个楷体大字，为清代翰林何庆元所书。书院大门和前门柱上各有一副立意高远、志趣不凡的对联：

源清流远，理明道宽。

云生众岫向高远，头枕群经守正清。

书院旁有聚贤阁，阁高三层，气势非凡。棕色的油漆支柱，显得光洁油亮。阁楼正门联写着：

云顶为山顶世路穷尽成风景，

学涯亦生涯人情练达即文章。

背门联为：

云中大鹏驾万里长风飞天地，

头上祥壁焕千秋光彩毓人文。

阁楼前有广场，广场上种植着许多花草树木，同样是当地胜景。

叁 红色印记

在近代革命中，湖南始终走在全国前列，引领革命风潮。即便是云头书院这样地处乡村的书院，也争先传授进步思想，培养革命种子。

革命烈士何举成、何秉才即是其中优秀学子的代表。

何举成（1898—1928），又名快善、子达、情文，湖南郴州汝城人。7岁入塾读书，16岁转入汝城云头书院就读。1922年，他考入郴州湖南省立第七联合中学，在校期间加入中国共产党，开展革命活动。历任工农革命军第二师第一团团长，策应毛泽东领导的湘赣边秋收起义，率部攻克桂东县，突袭汝城县。1928年2月6日凌晨，率部到湘南与朱德部队汇合时，因叛徒泄密而牺牲。新中国成立后，被追认为烈士。

何秉才，又名何求，湖南郴州汝城人。1927年9月加入中国共产党。1931年2月被任命为红七军政治部宣传部长。红军长征后，留中央苏区坚持斗争，被捕后被国民政府关押在江西上饶集中营。国共合作后，何秉才被释放回到汝城，任县委书记，主编《星光》半月刊，开展抗日救亡活动，迅速恢复和发展中共汝城地方组织。1939年“平江惨案”后，国民党掀起了第一次反共高潮，何秉才转移至桂阳任桂阳县县委书记，从事地下革命活动。1944年，因叛徒出卖遭国民党逮捕，他忠贞不屈，英勇牺牲。

汝城县历史悠久，书院众多，而云头书院因创建较晚，被称为“最年轻的书院”。云头书院在其创建以后，成为当地士子求取真才实学之所，在其200余年的历史中谱写了华丽而又坚实的篇章。

（谢孝明　彭广业）

白石书院

白石书院位于湖南郴州汝城天仙风景区白石岩，始建于南宋，至今已有700多年的历史。书院层楼叠阁，若隐若现于丛林之中。院内曲径通幽，雅致清静。踏步院内小径，如压卷赏玩古诗，清高怡然，心地广袤无垠。

壹 书院简史

白石书院始建于宋理宗景定五年（1264），因邻近白石岩而得名。白石岩是一处天然岩洞，洞内石笋林立，钟乳悬垂，妙趣横生。自唐宋至明清，文人墨客至白石岩览胜者众多，留下不少脍炙人口的名诗、游记。南宋末年，书院毁于战乱。元朝统一后，按照原貌复建。元末明初，再次毁于战乱。

明清时期，白石书院成为湖南省著名的书院之一。明永乐九年（1411），资政大夫朱思谏将白石书院移址于郁林积聚、文峰耸秀的白石庵旁，一直延续至今。白石庵历史更为久远，建于唐朝末年，为汝城乃至湘南著名的佛教圣地之一。

白石书院曾培养出四名进士，即朱英、朱海、朱守孚、朱守恕。朱英、朱海于明正统十年（1445）同中进士，齐名京师，时人誉为“双凤登枝”。朱英历官御史、陕西参政、甘肃巡抚、两广总督，加太子少保。

朱海为朱英之弟，官御史、江西按察佥事，有直声。朱守孚为朱英之子，明成化五年（1469）进士，官刑部郎中；朱守恕为朱海之子，明成化八年（1472）进士，历官武陟、修武县令，后擢升为御史。

民国以来，白石书院继续办学。书院今为天仙风景区的组成部分。

贰　书院览胜

白石书院厚重的历史人文与优美的自然景观吸引了无数名家驻足题咏。朱英在书院读书时，时常赴白石岩游览。他在《白石钟声》中写道："白刹苍松曲迳深，晨昏几度发鲸音。悠悠和月落岭峡，隐隐随风到枕衾。入定老僧还出定，投林幽鸟更辞林。望云少慰归来客，听罢凄然梦不成。"心学大师湛若水游历至此，曾为白石书院题诗一首："白石映心白，临潭千仞高。岸头撒手去，著步得无牢。心似澄潭水，潭底日涓涓。即此观生得，何须更仰泉。"在赞美此地景致的同时，表达其心学主张。

白石书院别样的景色成为陶冶书院士子情操的重要教育资源，清代桂阳县令盛民誉也通过此地白石岩的景色洗涤身心，他在《白石岩》一诗中写道："松篁岩壑昼阴阴，异景天开古洞深。虚谷缓声山鸟应，寒潭幽咽水龙吟。到来簪组何心系，归去烟霞有梦寻。几日吏庭无一事，正堪消暑涤尘襟。"品味诗句，足见书院周围景致带给他心旷神怡、清幽舒畅而物我两忘的超脱意境。

除诗文外，书院旁的石壁也成为人们挥洒翰墨之处。嘉靖二十五年（1546），石壁上镌刻“别有洞天”等苍劲大字，雄浑潇洒，极富底蕴。

晚清太平天国运动时，翼王石达开曾率部转战于此。在白石岩后洞口外的山上，现在仍能看到当年石达开抵御清军的古战场，其周围有石墙、城门、壕沟和通道等遗迹。

中国工农红军长征时，朱德率红一方面军红一军团部分官兵曾宿营于此。古战场石匾上留有朱德题写的“红军万岁”几个遒劲有力的大字。

叁 名人足迹

近代以来，白石书院为国家培养心忧天下、敢为人先的实干之才，为中国革命事业作出了贡献。开国将领朱良才及全国政协原常委宋裕和就是白石书院优秀学子的代表。

朱良才，1906 年至 1912 年在白石书院求学。读书期间，朱良才格外尊敬师长与团结同学，遇到疑难也会积极钻研探讨，学习成绩总是名列前茅。他喜爱游览白石岩洞，饱览千奇百怪的洞堡风情。毕业后，朱良才走上革命道路，历任红一方面军军政委、晋察冀军区政治部主任等职。1955 年被授予上将军衔。

宋裕和（1902—1970），又名友训，汝城县人。宋裕和出身于贫苦农民家庭，曾就读于白石书院。1926 年参加农民运动，1927 年加入中国共产党。抗日战争中，任新四军后勤部长，冲破日、伪、顽军设置的重重经济封锁，力辟财源，保证了军需供给。解放战争期间，他任华东军区后勤部司令员，出色地组织领导了淮海战役中庞大的后勤、支前工作。后调任华东财政委员会副主任，参与领导上海的资财接管工作。

白石书院自创建以来，就以规制整齐、学风严谨而闻名，在数百年的办学过程中积累了深厚的底蕴，这是其人才辈出、文运昌隆的重要基础。

（谢孝明　彭广业）

安陵书院

安陵书院位于湖南郴州永兴便江边，始建于宋代。在鼎盛时期，安陵书院声名远播，成为湘南第一书院，曾有“北有岳麓，南有安陵”之称。书院创建以来，曾有许多名儒讲学于此。这些名儒的讲学活动对湖湘文化的传播、普及和发展产生了重要影响。安陵书院成为郴州人杰地灵、人文荟萃的重要象征。

壹 书院简史

安陵书院创建于宋代。永兴古号“安陵”，故书院亦名“安陵”。清雍正九年（1731），知县刘崚生扩建于按察司街。乾隆初，知县侯国正迁建于梧桐山凤凰宫左，有学舍三间。乾隆十八年（1753），知县康锡侯再迁至县署东宋代濂溪书院故址，有讲堂、学舍、门厅等十二间。乾隆四十一年（1776），知县李荣陛三迁至布政司街，以“士不造无以使之成，士不技更无以使之励”为勉，前建考棚，后为书院，祀文昌，集诸生肄业其中。

书院自乾隆十年（1745）始置学田，到嘉庆二十五年（1820）有田 120 余亩，年收租谷以供馆师束脩、聘金，生童膏火及月课、酒席、纸笔之费。

同治五年（1866），知县陆典臣于城西黄嵩山黄得和故宅重建书院。光绪二十八年（1902），书院改为中学学堂。光绪末年，学堂停办，其址今为永兴一中操场，院舍无存，仅遗石狮于校门前。

2006 年，为传播中华优秀传统文化，当地在便江旅游区的独体岛上重建安陵书院，使古老书院重现昔日光彩。

贰 书院览胜

历史上的安陵书院为传统三进院落建筑，格局方正，门、堂、斋舍一应俱全。惜岁月流逝，未能完整保存。

2006 年重建后的安陵书院规模更加宏大，建筑面积 70 余亩。书院以苏州园林式的古典建筑风格为基调，有假山飞瀑、文泉阁、鸳鸯厅、虚白馆、云帆月舫、凌虚阁、枕江楼、梯云山房、知乐楼、留听轩、

重建后的安陵书院

道古阁、寸心千里馆、明远楼、梵音入梦堂、西岭长霞居、春醉山房、采菊东篱堂、观沙洲白鹭楼、栖居别院、山月楼、半山精舍等，树茂竹秀，廊桥迂回，碧池喷泉，绿坪如茵，名树古木遍布园内，亭、台、楼、榭、假山与之相映生辉。

园中的建筑古朴典雅，又汲古图新，既有苏州园林的小巧秀色，又有皇家园林的轩昂气派。大门两旁立柱阴刻一联：“终日乾坤谈经谈济世，寸心切切论道论安邦。”书院的宗旨和使命一目了然。跨入大门处，有一副对联：“留客清言修竹里，得诗妙境晚风前。”这副对联道出了书院的妙境清幽，适宜论经传道，教书育人。进得门来，便是一座假山，山上怪石嶙峋，草木横飞，奇花点缀。往左走，曲廊迂回，其间轩屋，或合或独，门上皆悬楹联，如轩竹友的楹联：“独邀明月，一院萧然冷意生，知雁去鸿飞，君为知己谁为友；傲对桃花，几竿疏落惊云起，笑冬来暑往，你自调离我自青。”

讲学堂是书院内非常有特色的一处三进建筑群，沿岛的自然地形而建，栖于水面一角，既平静又高雅。文泉阁一层为小型讲学、会议之用，二层为藏书楼，藏书量达20万册。其楹联为：“百花开处松千尺，众鸟喧时鹤一声。”不仅楼阁，石山上亦有楹联：“朗抱舍清山川得秀，元音振声金石同。”

整个书院建筑错落有致、层次分明，两岸景色尽收眼底，时有徐徐微风扑面而来，令人心旷神怡。院在水中，水在山中，山水相融，浑然天成，山、水、院之间，互为添彩，相得益彰，风致万种，美不胜收。

（谢孝明　彭广业）

第十章 娄底

Loudi

娄底位于湖南的地理中心，亦是湖湘文化的中心区域。历史上，娄底创建了双峰、连璧、西团等书院，成为传扬中华优秀传统文化和宣传进步思想的基地。

双峰书院

双峰书院位于湖南娄底双峰永丰镇，是一所建于清代的官办书院。湘军将领罗泽南、探花王龙文等曾肄业其中。书院改制为学校后，又培养出蔡和森、黄公略等一大批人才。

壹 书院简史

清乾隆十年（1745），双峰知县张天如见永丰士子艰于求学，于是借民房设立义学，延师授徒。乾隆二十五年（1760），知县张董达将义学改建为书院，中里十六都（今双峰县范围）人士共集银千余两，购买本镇周家码头园地作为院址，派人督修。翌年建成，因前有双峰山，故取名“双峰书院”。嘉庆二年（1797），书院重修。道光五年（1825），知县胡钧率邑人程大闾修讲堂、斋舍。道光二十二年（1842），邑人黄道炳捐建文昌殿、东西斋各十五间。同治二年（1863），在书院对岸建文峰塔，从学者日众。同治八年（1869），邑绅曾国潢、程以敬、朱尧阶等扩建，复增修斋舍十六间、厅堂三间及书院前门石路。

从双峰书院的发展历史我们可以看到，地方官员在书院发展过程中扮演着重要角色。历代各级地方官员往往凭借其特殊地位以及对地方公共资源的调配权力，积极促进书院事业的发展。历代书院数量的增加、分布地域的扩展、规制的完善、社会地位的提高、社会影响的扩大，都离不开他们的倡导和支持。

光绪二十八年（1902），双峰书院改为校士馆，次年改为高等小学堂，其办学思想是“中学为体，西学为用”“教育图强”。革命先烈蔡和森、黄公略等曾就读于此。辛亥革命后，学校逐步注重培养学生的共和精神，要求学生德、智、体、美全面发展。双峰高等小学堂取“和毅诚朴”为校训。“和”指团结、友爱、互助；“毅”指自立、自强；“诚”指专一，“至诚无物”；“朴”指务实，戒浮夸，去骄惰。1941 年，改为湘乡县初级中学。1951 年始置双峰县时，与湘乡第二女子职业学校合并为双峰县一中。

贰　书院规制

双峰书院与佛教古刹双胜寺相对而立，同为永丰古镇的一景。书院面山带水，环境幽雅。文昌阁与文峰塔、双峰山跨涓水，三足鼎立，气势磅礴，蔚为壮观。文昌阁主厅大成殿金碧辉煌，四周绿茵簇拥。殿内“先圣”孔子灵位居中而立，两庙配“先哲”。每逢春秋仲月之上丁日及孔子诞生纪念日，全院师生和地方官绅络绎前来虔诚祭祀。

双峰书院设山长一人，综理全院要务。山长由地方官从境内“经明行修”的举人中择优聘请，先后有邓林皋、朱道濂、谢效谟、曾希文、蒋恁秋等应聘任职。另选具有德望文名的秀才担任经师，与山长分工授课。至于膏火、膳食等杂事，概由生徒轮流兼管。生徒来源由地方官选择“乡里秀异”保送入院，没有一定的修业年限。有不听教导的，即予斥退。乾隆、嘉庆年间，书院常年有生徒三四十人；咸丰八年（1858）以后，增至五六十人。书院生徒以中科举、登仕途为目的，故重视读经史、习时艺、试帖、《大清律》和性理之学，以自学为主，经师只择要讲授，做个别指点。

双峰书院考试制度健全，每月有两次课考：一次为官课，由府、县等官轮流出题、阅卷、给奖；一次为师课，由山长出题、阅卷、给奖。凡考取秀才者再入涟滨书院、东皋书院两所县学深造；补廪时，月给饩米二斗、缗钱若干。同治十年（1871），荷塘二十四都一次进学五名，传为佳话。

清代书院考试的一个主要特点是考课成为主流，考课是大多数书院所采用的考试方法。虽然其中不少书院的章程强调“举业代圣贤立言，必心和气平，见解宏通，自纲常名教，以及细微曲折之理，万有必备，然后随题抒写”，才合“国家设科取士之意本然也”，想竭力做到不要为科举而考课。但事实上，科举时代的书院极难做到这一点，沦为科举的附庸不可避免，尤其是经济实力较小、没有学术大师主持的书院，更是如此。这部分书院以科举为目的是一种客观存在的事实，它们把考课视为登科入仕的必要准备与训练。由于众多的书院都关心这种考试，因此它也日臻成熟，形成了从命题、考课、阅卷到公布结果、奖惩等各个环节严密配合的一整套制度。

双峰书院的经费来源全仰地方自筹，并无官府补助。在地方官的倡导下，地方富绅向书院捐钱捐田产。书院最终拥有学田数百亩，年收租谷千余石，供书院各项开支。

清末学制变革，双峰书院改为双峰高等小学堂，继续保持近代教育转型之后新文化教育中心的地位。

叁　名人足迹

双峰书院是清代科举制度的产物，但在湖湘“传道济民”思想传统的影响下，仍然培养出大批人才。湘军创始人之一的罗泽南曾就读于双峰书院。晚清“中兴四大名臣”之一的曾国藩及整个曾氏家族，皆与双峰书院有着极深的渊源。

曾国藩之父曾麟书曾经就读于双峰书院。嘉庆末年，曾麟书与朱镇南同学于书院，成为莫逆之交。后两家缔结婚姻，曾麟书第三女嫁给朱镇南之侄。朱镇南之子朱富春与曾国藩为挚友，朱富春曾在北京景山官学任汉教习，同治三年（1864）主讲双峰书院。

道光十八年（1838），曾国藩中进士后，请假回籍，于道光十九年（1839）二月十九和十月初三，两寓双峰书院。曾氏父子对双峰书院的建设多有支持。咸丰九年（1859），曾氏族人捐三十四都高叶塘田十六亩给书院办学。同治二年（1863），曾国潢等修门前石路五百多米。同治八年（1869），曾国潢偕程以敬等增置斋舍十六间、厅堂三间。光绪十四年（1888），书院整修，曾国荃捐银二百两为之首倡，书院刊石立碑作为纪念，此碑尚存于双峰县一中。1912 年以来，双峰高等小学堂同样得到曾氏后人的鼎力支持。

中国共产党的创始人和早期卓越的领导人之一，杰出的马克思主义理论家、宣传家和实践家蔡和森1912年至1913年曾就读于双峰高等小学堂。此前，蔡和森跟随母亲葛健豪从上海回到家乡双峰县永丰镇定居。为了谋生，13岁的蔡和森到“蔡广祥”酱园当学徒。蔡和森立志读书，所以在三年学徒期满后，进入了永丰国民小学读三年级，仅用了一个学期，就越级考入了双峰高等小学堂。蔡和森在双峰高等小学堂接受了基础及中等教育，为他后来考入湖南省立第一师范学校，同毛泽东等人一同开展革命活动奠定了基础。

黄公略（1898—1931），红军将领，军事家，中国共产党早期领导人之一。他曾在双峰高等小学堂第六班学习。黄公略后考入湖南陆军讲武堂，1926年参加北伐战争，同年入黄埔军校高级班学习。1927年加入中国共产党，并参加广州起义。1928年与彭德怀在平江县天岳书院领导平江起义。曾任中国工农红军第五军副军长，赣西南第六军、中央革命根据地第三军军长。在中央革命根据地三次反“围剿”作战中屡建战功。1931年9月在战斗中负伤牺牲。

书院是湖湘文化的重要传播基地之一。“两派交流，好向此间寻活水；双峰对峙，更从何处仰高山”是双峰先哲在学问和道德上树立的不朽典范，也是现在的双峰县一中师生不懈追求的目标。

（兰军）

连璧书院

连璧书院位于原湘乡县上里，今娄底娄星区观化门，创办于清乾隆年间，是当时湘乡县的五大书院之一。从书院到高等小学堂，有200余年的办学历史，是传播优秀传统文化的中心和宣传进步思想的基地，培养了大批优秀人才。

壹 书院简史

古代娄底地处湘乡西部边缘，处于与新化、安化接壤的三角地带，且仅为一小集镇。直到900多年前宋朝在新化治县，从江西、安徽等地迁来大量移民，带来了先进的中原文明，此地的地域文化与中原文化有了大的融合。在宋元明期间，这里虽有大量散落民间的私塾、蒙馆、经馆、族学，却一直没有一所较为高等的书院。娄底、杨家滩、谷水、壶天一带的学子如想深造，就得箪食壶浆往返奔波，到湘乡、长沙等地求学。

为满足娄底地区的文化教育需求，清乾隆十年（1745），知县张天如率众创建书院于湘乡县，取名“连璧”。道光四年（1824），因年久失修，书院形将倾颓，乡绅李东崖与邑绅李安轩等十余人发起捐献，本地乡民踊跃捐地、捐资，次年将书院移建于观化门左侧。道光九年（1829），主讲谢琇、李仁棠、彭永典等捐置田亩，维修扩建书院，并立先师庙，举行祭祀活动。咸丰七年（1857），李竹航、彭拙斋、李霜岩等捐资重修，添设斋房楼板及庙房、书院内石路。同治三年（1864），颜次豪、吴生等重修正殿，新安龛座牌位，增修钟鼓楼亭。

清代末期，废科举、设学堂成为教育变革的主流。光绪二十八年（1902）四月，湖南抚院接奉清政府诏谕："作育人才，端在修明学术。着各省所有书院，于省城，均改设大学堂；各府、厅、直隶州，均设中学堂；各州、县均设小学堂，并多设蒙养学堂。"书院改革是历史发展的必然，而改书院为学堂、改造传统书院、创建新型书院，为晚清书院改革的三个方案。传统书院改造、新型书院创建的成功实践表明，书院有实现自身从形式到内容的实质性转变的能力，即书院依靠自己的力量，可以在名称不变的情况下，实现从古代到近现代的转型。光绪三十二年（1906），连壁书院奉命改称为连壁高等小学堂，但其教学思想和教学内容，大致依旧。

民国时期，书院开始初步厘定国民小学制度，仿照西式教育制度设置班级教学。初分甲班、乙班，嗣后学生骤增，于连璧书院和孔庙之右，加筑新房三栋，内有教室四间，教师住宅一栋。教材为国文、数学，内容浅显简要。连璧书院旧址今尚有碑刻等遗存。

贰 书院规制

建书院是为子孙计的大事，不仅要"择形胜之地，揭山水之秀"，还得“卜吉于斯”，方可定夺。道光四年（1824），连璧书院移建，几经考察比较，最后选址于娄底邑绅李华轩义捐的位于观化门左侧山坡上的田地。此处背靠茶亭子右山，两侧清溪环流，水塘相拥；山后松林茂密，山下坪地开阔；不远处是终年清泉长涌的观化井，前面是万古长流的蓝田水（现名涟水河），的确不失为一块灵秀宝地。

连璧书院仿长沙岳麓、城南书院结构精心设计，精心选材，精心施工，“阅一寒暑”终建成主体建筑。后又“扩学田、立经营、增束脩”，经大众举力，配套设施方臻完善。书院当时有孔庙一栋，读书楼两栋，东西住房各三十九间，藏书楼一栋。到同治三年（1864），其规模几与岳麓书院、城南书院比肩。

连璧书院设山长一人，主持院务，一般在当地举人中选拔，报县府批准充任，无任期限制。学子多时，会增设课士一人。书院是唐宋以后社会的文化教育组织，长期以来，为了适应各种文化需要，设置了诸多的职事。各职事责有专门，相互配合，共同维系着书院的正常运转。由于各个地方乃至各个书院的情况不同，需求有别，各职事的设置也就不尽相同。连璧书院坐斋童生自学儒家著述，习作八股文和试帖诗，送山长评阅甲乙等第，书院按等第分发奖金，以助膏火。此外，学院还有首事、监院、讲书、斋长、堂长等教学行政管理人员及门房、伙夫等勤杂人员。书院所订的学规、学则、堂训等，均从道德修养出发，对学生的行为规范提出严格的要求，最终着眼于把学生塑造成品行端正、德才兼备的“修身、齐家、治国、平天下”的有用之才。山长、课士等人既是书院的管理者、讲学者，又是学生的道德楷模。这样的氛围培养出来的学子，多品行端正、人格健全。连璧书院先后出任山长者人多质优，令人遗憾的是记载甚少，有据可查之知名山长仅有颜大登、谢琇、刘象履、李葆元、李仪丞等。

书院与书有着一种天生的血缘亲情关系。可以说，没有书就没有书院。唐宋以降，藏书即成为书院的一种事业追求，而千余年的努力，也使书院藏书成就恢宏，形成了独具特色的包括图书征集、编目、保管、借阅等在内的一套完整的管理制度，得以与官府藏书、私人藏书、寺观藏书一起，并称为我国古代藏书事业的四大支柱。连璧书院昔日藏书颇为丰富，有数万卷，诸子百家、二十四史及《十三经注疏》《古今图书集成》《汉魏六朝百三家集》《佩文韵府》《通志》《通考》等应有尽有。图书卷首皆加朱印，印上首横刊“连璧书院”，下竖刊“隐瞒撕毁，永绝书香”。

惜后因南北军阀混战，殃及书院，数万卷藏书损毁殆尽。

叁 名人足迹

在当地人印象中，旧时的连璧书院，从山长到课士，从先生到弟子，哪怕是门房、伙夫，都彬彬有礼、温文尔雅……先生们以“继往圣、开来学、为万世典范”为铭，以“传道、授业、解惑”为责；学子们则人人自觉树立“志慕圣贤、视正端行、穷理居敬”的良好品格。民间崇教兴学、尊重师道之风兴盛。

历史上，连璧书院为发扬优秀传统文化、启迪民智起了一定作用，先后培养了大批人才，有不少还成为国家的栋梁。如曾入书院坐斋自学的清末官员、诗人李希圣。

李希圣（1864—1905），字亦元，号卧公，湖南湘乡人。光绪十八年（1892）进士。官刑部主事，荐举经济特科。初治训诂，通古今治法，尝纂《光绪会计录》以总综财赋，又草《律例损益议》，张百熙等极重之。张百熙奉诏管学，引以为助。李希圣通籍后始学为诗，有作必七律，以玉溪生（李商隐）自许，著有《雁影斋诗存》传世。白鹭湾罗长绮，光绪十七年（1891）中举，光绪二十四年（1898）登翰林，宣统三年（1911）擢任西藏左参赞。

光绪三十二年（1906），书院改办为学堂以后，也为国家培养了很多中坚力量。如就读于连璧高等小学堂的傅任敢后来成为国内著名的教育家、翻译家，姜齐贤成为中国人民解放军将军。他们都是社会发展的中流砥柱，连璧书院的美誉传遍湘中地区。

肆　红色印记

据相关史料记载，1921 年至 1925 年间，连璧国民小学校长最初为西阳乡的成圣启。成圣启毕业于两湖高等师范，学有根柢，治学严谨，慕名来连璧求学者与日俱增，且多为成童或弱冠青年。他们对时局之动荡，常多敏感，除弦歌之声外，常有人摇头叹诵古典诗文忧国忧民之句。接替成圣启的是湘乡涧山人李世逵。李世逵留学苏俄，不仅会俄语，且先得马列主义旨趣，思想极为解放。1926 年至 1927 年，正值大革命时期，校长为西阳乡之朱晴崧。朱晴崧毕业于本省优级师范，颇具组织才能，是当时国民党左派，与倾向马列主义之聂昭良共同领导娄底方面各项革命活动。当时，农运负责人曾策、胡秋生、李孝达等发动各校师生及各法团，举行多次示威，拥护三民主义，散发传单，揭发地主恶霸压迫和剥削劳动人民之种种罪行，口号为“打到土豪劣绅、打倒军阀、打倒帝国主义”。

大革命失败后，连璧学校教员中的中共地下党员李孝达、胡秋生，国民党左派朱晴崧等向学生和老师赠送进步书刊，传播进步思想，组织对时局的评论，宣传共产党和国民党左派的政治主张，团结了一大批进步人士，为娄底播下了革命火种，因此遭到了反动势力的猜疑和排挤。1929 年 4 月，公选清代最后一届乡试拔贡谢佐勋任校长。谢佐勋于小学外，还为培养国民初小教员，创办了连璧师范班。教员中，梁政训（长沙人）、童光焘（湘乡人）、柳止一（娄底人）均为湖南一师学生，三人思想默契，评谈国事，虽然三人先后被迫离校，但他们的言行和影响为学校留下了革命火种。

“涟水湘山诸有灵，其秀气必钟英哲；圣贤豪杰都无种，在儒生自识指归。”曾国藩为连璧书院撰写的这副对联，道尽了他对当地学子的期盼，激励他们当立志成为“圣贤豪杰”，为家为国贡献力量。这份浓重的家国情怀成为连璧师生积极投身近代革命运动的重要推动力。

（兰军）

西团书院

西团书院位于湖南娄底新化琅塘镇白云村，曾是新化、安化、溆浦三县学生争相求学的文化圣地，也是中国人民大学原校长成仿吾的母校，在办学历史上为国家输送了大量栋梁之材。

壹 书院简史

西团书院始建于清乾隆八年（1743），由地方茶商陈兼善捐资建成，原名为“兼善义学”。为纪念陈兼善的首创之功，书院纪念堂内供有陈兼善的神位，供士子瞻仰。清光绪二年（1876），湘军将领王子寿在此基础上捐资改建，取名为“西团书院”，后成为周边三府八县子弟竞相就读的知名学府，是湖南“城西文化的主要策源地”。

1940 年，书院已非常破旧，原有的校舍已经远远满足不了学生的需求。当地于是发起募捐，在王、戴、孟、刘等大姓乡民的捐集下扩建，在旧舍之后扩建一栋两层楼的新校舍，更名为平山乡中心小学。1943 年，增建教学楼、围墙等，新化太平、金凤、龙通、横阳、桥头，安化坪口和溆浦两江的学子争相来此求学，最盛时学生人数逾千人。抗日战争期间，新化县女子中学迁址于此。新中国成立后，学校多次更名。1958 年，建白云附中，即新化四中前身，保留了民国时期建成的一栋教学楼，以及年代更为久远的青砖围墙。1990 年，改名为白云完全小学。

如今，白云学子遍及世界各地。在第四届“中华百年名校”评选活动中，白云完全小学与长沙的雅礼中学、楚怡学校一道，成功入选“中华百年名校”。

贰 古院览胜

据资料记载，西团书院为四合院式建筑，占地面积约八亩，主体的五栋楼房为土木结构，青瓦盖顶。踏入校门，一条木瓦结构长廊直通大礼堂，两边设有栏栅、坐椅等。书院各建筑物之间也有回廊相接，铺以青石板路。书院有水沟环绕，由青石砌槽、青石板铺底而成。沟内引入的是几百米外的河水，水流清冽凉爽。书院左边是竹林，节节攀高。院墙内外桃树环绕，寓意书院桃李满天下。

书院内还有两口月牙形鱼池相互对应，池内蓄水，水中游鱼。书院中央放置有一口生铁铸成的大钟，直径一米有余，悬挂在过道大梁上。钟锤中间垂吊有绳索，打钟人拉住吊绳即可敲击出洪亮的钟声，可传四公里远。每天清晨，山上的放牛娃听到钟声后，会迅速赶来学校读书，颇有童趣。

1940 年扩建后，新校舍为青砖墙体，室内粉白灰，小青瓦屋面，木回廊加栏杆，门窗对称，采光通风良好，与原建筑组成“口”字形。有八间教室，办公室、教员室等列左右，礼堂之上为纪念堂。经过改建，校舍内外更加开阔，加之绿树成荫、花草铺地，实为潜心学业的理想之所。

今天的白云完小建有两栋新教学楼、一个食堂和多媒体综合楼，仍然保存着一栋木结构的房屋和厕所。书院原用青石砌成的水沟尚存，整体上仍然保存着古典风貌。

叁　名人足迹

由西团书院发展而来的白云完全小学为国家输送了大量的人才，特别以当代著名教育家、思想家、中国人民大学原校长成仿吾为代表。

成仿吾（1897—1984），原名成灏，出生在新化县知方团（今琅塘镇）澧溪村的一个知识分子家庭。1907 年，成仿吾在离家三公里远的西团书院住校读书，接受知识启蒙。五四运动后，与郭沫若、郁达夫等人先后在日本和国内从事反帝反封建的革命文化活动，建立了著名的革命文学团体“创造社”。1926 年 3 月，成仿吾到当时的革命中心广州，任教于广东大学，同时兼任黄埔军校兵器处代处长。1928 年 8 月，成仿吾在巴黎加入中国共产党，主编中共柏林、巴黎支部机关刊物《赤光》。1931 年 9 月回国，参与中国左翼作家联盟活动，历任中共鄂豫皖省委常委、陕北公学校长、华北联合大学校长等职。1952 年以后，担任东北师范大学校长兼党委书记、山东大学校长兼党委书记。1978 年至 1983 年，任中国人民大学校长。

成仿吾是中国无产阶级革命家，新文化运动的重要代表，也是著名的教育家、社会科学家、文学家和翻译家。

踏入西团书院，目睹庭院的斑驳，感受浓郁的书香。今虽物是人非，但书院传递文脉薪火的精神却始终如一，引领我们穿越时空，重温那段温馨而又激昂的沧桑岁月。

（兰军）

第十一章

永州

Yongzhou

永州地处湖南南部，自古便是重要的交通要塞。永州拥有浓厚的历史文化底蕴，是『理学开山』周敦颐的故乡，当地不仅创建濂溪书院纪念周子，还相继建立蘋洲、文昌等书院培养人才，使永州成为湖湘文脉的重要传承基地。

濂溪书院

位于湖南永州道县的濂溪书院，始建于南宋，历元、明、清，文脉绵延近千年。濂溪书院在历史上地位非常独特，因理学开山祖师周敦颐而得名，还多次获得皇帝御赐匾额，是中国书院史上一颗耀眼的明珠。

壹 书院简史

道县濂溪书院建于南宋绍兴九年（1139），位于道州学宫西面周家坊，最初为知州向子忞所建濂溪祠，胡铨作记，后人称之为濂溪书院之始。

淳熙五年（1178），知州赵汝谊“以其地之狭也”，“更度”重建，有祠堂四楹，奉祀周子，“并二程先生之像列于其中”，请张栻作记，表彰周子上承孔孟、启导二程、创始道学的“发端之功”。嘉定十二年（1219），知州董与几因为学馆狭隘，且往来不便，一面将旧馆交给周氏族人管理，以继续教育周氏后裔，同时在州治营道城西建濂溪书院，魏了翁作记。南宋景定四年（1263），知州杨允恭奏请理宗赵昀赐御书“道州濂溪书院”六字，以彰显道学之源，同时在道州周敦颐故里建立了濂溪小学。第二年，聘请李挺祖为书院掌御书臣，“辟台门而摹揭”，并拓地扩建，“凡祠宇、讲堂、斋舍咸新之”。书院扩建后，集诸生肄业其中，又作记告以兴学之旨。

到了元代，书院因时久损坏。元至正十九年（1359）以后，山长欧诚能、通判吴宥等相继修葺，有应门、濂溪祠、杨公祠、诚源堂、光风霁月堂、清远楼、爱莲亭等建筑，又聘任周敦颐子孙贤能者为书院山长，欧阳玄作《重修濂溪书院记》，训诫师生以“师道自树”，“善人自期”。元末，书院损毁，乡人组织重建，刘三吾作《道州路重建濂溪书院记》。

明弘治年间，知州方琼重建，正德、嘉靖年间，知府曹来旬、御史姚虞、知州王公接等均有修葺。万历年间书院毁于火灾，万历二十年（1592），御史大夫李桢重建，捐置祭田，参政吴中传作记，辟异说而“崇正学”。明末再次毁坏。

清顺治十三年（1656），知州高攀龙重修。康熙二十五年（1686），康熙帝赐御书“学达性天”额。康熙三十年（1691），司马史修御碑亭。

道县濂溪书院大门

乾隆六十年（1795），署知州李永琛修葺书院。嘉庆二年（1797），知州龙舜耕亦有修葺。光绪二十八年（1902），在书院改制大潮里，书院改为校士馆。

2016 年，道县人民政府选址周敦颐故里濂溪河畔周家坊街楼田村，重建濂溪书院，由湖南省文物文博设计研究院按照湖南省博物馆（今湖南博物院）所藏的图纸进行复原设计，包括状元桥、钟鼓楼、爱莲亭、太极亭、清风楼等二十余项。

名为濂溪的书院很多，皆取纪念理学祖师周敦颐之意，湖南汝城县、桂东县、桂阳县、东安县、江永县、邵阳县、新化县等地历代皆有书院名濂溪，道县由于是周敦颐的故乡，所以道县濂溪书院较为特殊。

贰 书院览胜

复原的濂溪书院，中轴线由大门、相亭、牌坊、拜殿、正殿、谏议祠等建筑组成。大门名棂星门，上有“羽翼道统”匾额，旁有“心传承孔孟，道学启程朱”对联。进门可以看到相亭，内设濂溪先生及二程、朱熹像，亭额为“万古儒宗”，亭柱对联为“图阐阴阳探妙理，书参动静见天心”。然后经过“道脉相承”牌坊，就到了拜殿。拜殿内有“万世宗师”“理学之宗”“继往开来”匾额各一块，以及船山先生的对联“自尧舜禹汤文周孔之传，汉董唐韩，总未窥先生项背；读诗书易礼乐春秋之旨，张铭邵数，无非参太极根源”。拜殿中奉周敦颐圣牌，左右为二程牌位，上有康熙御书“学达性天”匾额。左右有朱熹题联“千年道学兴吾宋，万世宗师首此翁”，张栻题联“道冠群儒，太极亭前春不老；名垂后世，光风台上月常明”。

拜殿前有一莲池，每当夏日莲花开时，荷叶可亲，见之忘俗。殿前有联：“不远数千里而来，合湘南东道、岭南西道，招邀殿前君子；愿闻二三子之志，会汉儒经学、宋儒理学，沉醉池中荷花。”拜殿后有谏议祠，中奉辅成公牌位（周辅成，周敦颐之父，北宋进士，赐“谏议大夫”），左右奉寿公、焘公（周敦颐长子、次子）牌位。院内立宋理宗御赐“道州濂溪书院”石碑。太极亭内有太极图及《太极图说》石刻八块，《拙赋》石刻一块。清风楼是书院藏书处。院西为周敦颐后裔居住处，有通道径入，门上悬“文献世家”匾额。书院融讲学、祭拜、藏书功能于一体，建筑规模宏大而壮观。

濂溪书院不远有濂溪故里祠，在道县清塘镇楼田村。祠旁有五星

道县濂溪书院拜殿

墩，祠左为豸岭，祠右为龙山，两山对峙，绵延数公里。祠西南方道山下，有濂水源头圣脉泉。祠在建筑规模、布局和风格方面，与县城内濂溪书院大体一致。

叁 道学之源

道县是理学祖师周敦颐的故乡，道县濂溪书院是周敦颐逝世之后，地方官员为彰显正学、纪念大师而建造的。

周敦颐，后世尊其为周子，因晚年曾经在庐山莲花峰下建濂溪书堂讲学，故学者称“濂溪先生”，其所创立的学派称为“濂学”，其为宋明理学的开山祖师。

周敦颐十五岁丧父，随母亲投靠在汴京做官的舅父，后因恩荫获得官职，此后出入官场三十多年，但主要是在州县做官。周敦颐虽身在官场，但心在林泉，向往着一种超凡脱俗的生活乐趣，从其著名的短文《爱莲说》中可观其意趣。

《爱莲说》中以菊花喻隐逸者，以牡丹喻富贵者，以莲花喻君子。周敦颐想做的就是身在世俗、心在方外的“君子”，真诚地追求“孔颜乐处”。诗人黄庭坚称其“胸中洒落，如光风霁月”，这也是濂溪书院规制中光风霁月堂的出处。

诚如张栻所说，“惟先生仕不大显于时，其泽不得究施”，但去世后，“世之学者考论师友渊源，以孔孟之遗意复明于千载之下，实自先生发其端”。因而宋代尊其为“道学宗主”、理学的开山祖师、湖湘学宗、湘学始祖等，不一而足。作为理学宗师，他的《太极图说》和《通书》虽然只有三千多字，却开启了一个时代。程颢、程颐奉父命受学于周敦颐，二程之学传至朱熹大成，后人称为“程朱理学”。二程为北方人，其学通过胡安国、胡宏传至张栻，后人称为湖湘学派。

“嘉定更化”（1208）开始后，理学告别黑暗，迎来光明，“东南三贤”朱熹、张栻、吕祖谦被追赠谥号。到嘉定十三年（1220），应魏了翁等人之请，周敦颐也被追谥“元公”，其道学宗主地位最终得到朝廷承认。又四十多年后，知州杨允恭奏请宋理宗赐御书“道州濂溪书院”六字，旌濂溪书院为“道学之源”。事成之后，杨允恭在谢表中称：“国家之建书院，宸笔之表道州，岂徒为观美乎？岂使之专习文词为决科利禄计乎？盖欲成就人才，将以传斯道而济斯民也。”可见这段时间书院的地位呈上升趋势，至皇帝赐匾更是到达了高峰。

需要指出的是，湖湘学统的确立与湖南书院的发展有着密不可分的联系。周敦颐作为理学祖师和湖湘学派祖师受到书院的尊崇，湖南地区其存神过化的地方，纷纷建立了以“濂溪”为名的书院，其中以周敦颐故乡道州（道县）的濂溪书院最为有名，历史上多次受到皇帝赐书赐匾，其作为道学源头的声名远播。清代大儒王闿运曾作对联“吾道南来，原是濂溪一脉；大江东去，无非湘水余波”，略有狂意，但也可见濂溪先生的影响，彰显了道县濂溪书院的地位。

（何君扬）

蘋洲书院

蘋洲书院位于湖南永州零陵蘋洲之上。蘋洲即蘋岛，位于零陵古城以北潇、湘二水的交汇处。蘋洲风景秀美，“潇湘八景”之一的“潇湘夜雨”即是此地胜景，而“蘋洲春涨”又位列“永州八景”之一。蘋洲书院自创建以来，在湘军将领王德榜等人的支持下，成为永州地区的最高学府。中国共产党的主要创始人及早期领导人之一李达曾求学于此。

壹 书院简史

蘋洲书院由零陵邑绅眭文焕创建于清乾隆四年（1739），又名白蘋洲书院，乾隆十九年（1754）即废。光绪十三年（1887），湘军将领王德榜卸甲回籍，与席宝田重建书院，交永州府管辖，由知府负责聘请学行兼优者主讲，全府士子皆可报名就学。光绪十五年（1889），书院生徒赴省会参加乡试，成绩优异，蘋洲书院由此声名大噪。光绪二十九年（1903），清廷下令兴办学堂，蘋洲书院改为永州府官立中学堂。民国时，改为永郡联立蘋洲中学。

新中国成立后，永郡联立蘋洲中学与省立七中合并为湖南省第七中学。1952 年，又改为零陵一中，次年春迁至向家湾。今为永州市第一中学。书院故址曾被其他机构占用。2011 年，蘋洲书院得以重建，有大门、中门、讲堂、儒行斋、经义斋、门庭、长廊、风雨亭等建筑。新建的蘋洲书院可供游人参观，同时开设了国学课程，继续发挥着文化传播的作用。

贰　名人足迹

王德榜（1837—1893），字朗青，原籍广东东莞，出生于湖南江华。他曾以监生身份与其兄募集乡勇对抗太平军，征战数年，后所部归入左宗棠麾下。同治四年（1865），出任福建布政使。后又随左宗棠镇压陕甘回民起义，参与收复新疆之战。光绪十年（1884）中法战争期间，王德榜受左宗棠之命在乡募兵八营，开赴广西前线，在与法军的作战中连战皆捷，毙敌千余。在老将冯子材指挥的镇南关之战中，王

蘋洲书院

德榜率军从小路绕道敌后，大败敌援军，缴获军需物资无算。随后进军甫谷、谅山，击毙法军两千余人，收复开战以来的失地。中法议和后，即卸甲回籍。

蘋洲书院之建，即在王德榜荣归故里之际。王德榜一生戎马，未能饱读诗书考取更高的功名。为了弥补这一遗憾，他寄希望于乡里子弟，也是“功成”后对乡亲报答恩情。

席宝田（1829—1889），字研芗，湖南东安人，早年曾就读于岳麓书院。咸丰二年（1852），举办团练与太平军作战，后升为知府、道员。同治六年（1867）起，在贵州与李元度一同镇压苗民起义。同治十一年（1872），攻占凯里，旋以病回籍。卸甲回乡后，席宝田多次出资支持地方的公共事务，如重建东安孔庙、纂修县志、兴办书院等。蘋洲书院即是席宝田参与创办的书院之一。

李达是中国共产党的主要创始人和早期领导人之一。他出生在一个佃农家庭，天资聪颖，幼年时跟随父亲李辅仁与乡先生读书识字，从《三字经》《百家姓》《千字文》，再到《三国演义》《水浒传》等名著，都烂熟于胸。

光绪三十一年（1905），父亲与教书先生胡燮卿带着十五岁的李达乘木舟沿河而下，打算让他报考由蘋洲书院改制而成的中学堂。在路上，胡先生吟出一句上联“东西两河皆蔡市”，让李达作对，李达稍加思索，很快就对出下联“潇湘二水汇蘋洲”。

到中学堂后，李达因年龄较小而受到众人瞩目。学堂的入学考试，据说李达的数学成绩可以拿满分，但八股文却不合章法，成绩排名并不靠前。李达深刻认识到了自己的不足，他以当时第一名的同学为榜样，决心赶上并超越第一名。在往后的学习中，李达努力提高国文成绩，从第二学期开始，成绩长期名列前茅。

在读书期间，李达并非“两耳不闻窗外事”，相反，他对遇到的种种不公、不平之事总是挺身而出，勇于斗争。当时，广大劳苦农工识字率不高，官僚地主利用这一点上下其手，从中渔利。一次，李达看到农民到县城粮饷局交粮，被故意多算数目，李达利用自己在算术上的优势，帮交粮农民算清了应交之数，阻止了官僚地主的无理盘剥。

李达在中学堂不仅提高了自己的文化修养，还形成了初步的阶级意识和爱国思想。当时，随着外国列强侵略程度的加深，出现许多民众与外国传教士之间矛盾冲突的“教案”，光绪二十八年（1902）的辰州（今沅陵）教案即是其中一例。辰州教案的起因，是当地因瘟疫流行死亡千余人，被怀疑是西洋传教士故意投毒所致。不明真相的民众聚集起来砸毁教堂，殴打英国传教士。清廷因惧怕英帝国主义的威势，非但不能还原真相、主持公道，还惨杀了与教案有关的中国人，严厉处理相关官员，又向英国赔款，并于此地立碑以示威吓。辰州教案的处理结果令全国震惊，更令湘人倍感屈辱。

在中学堂读书的李达与同学们齐聚操场，决心用抵制外国货物、练军事操的方式抒发爱国热情。李达后来回忆道：“当时我们爱国的办法，就只懂得这么两条。这一类的反帝爱国运动在那时是年年都要举行的，每逢帝国主义者向清廷提出亡国性的侵略条件时，知识分子和青年学生们就集会、游行、喊口号、发宣言、向清廷请愿。”由于清政府在当时处于任人宰割的状态，“这些运动每一次都以被压制而告终”。在这种形势下，李达愈加发奋读书，寻找救国救民真理的愿望更加强烈。

宣统元年（1909），李达从中学堂毕业，赴京考入京师优级师范学堂（今北京师范大学），此后又赴日留学。1920年，与陈独秀、李汉俊等人成立了上海共产主义小组，史称“中国共产党发起组”，筹备和组织中国共产党第一次全国代表大会，并在中共“一大”当选为中央局宣传主任。其后，在武昌中山大学（今武汉大学）、暨南大学、北平大学等校任教，致力于马克思主义的研究与宣传。新中国成立后，历任湖南大学校长、武汉大学校长、中国哲学学会会长等职，为中国的教育事业以及马克思主义理论的传播、应用、发展作出了重要贡献。

现在，我们从渡口涉潇湘之水踏足蘋洲，可以看到书院在如画般美景的映衬下散发着独具特色的魅力。书院厚重的历史人文底蕴，如滔滔的江河之水，构成湖湘文脉乃至中华文脉的万千支流。

（赵伟）

文昌书院

文昌书院位于湖南永州祁阳，又名永昌书院，背靠天马山，前临湘江，所在为当地形胜。文昌书院始建于明万历年间，经清代、民国，一直为教学场所，为地方人才之培养作出了重要贡献。

壹 沿革规制

祁阳历史悠久，三国时置县，因地处祁山之南而得名。祁阳修建书院的历史可追溯至元朝。至元三年（1337），零陵县尉曾圭“独捐家资”创办浯溪书院。书院落成之日，即“请于行省，设司官以司其

复建后的文昌塔

教。曾君又割私田三百亩以廪学者”。到明代，祁阳的书院迅速发展。成化十年（1474），邑人宁良建梅庄书院。宁良官至浙江布政使，曾聘请王守仁之父王华教育其子宁竑。七年之后，王华高中状元。成化二十年（1484），邑人合力重修浯溪书院。到万历年间，祁阳历史上的第三所书院——文昌书院宣告诞生。

万历十二年（1584），邑进士、铜仁知府邓球于县治东天马山麓建文昌塔，塔前建书院，即文昌书院，万历十六年（1588）落成。书院有石坊、讲堂等建筑。堂前置三祠，一祀文昌神，一祀周敦颐、程颢、程颐三位先生，一祀前代寓贤与乡先达名流。天启年间，邑人陈朝肃误信风水之说，倡众毁塔，书院亦废。

清康熙七年（1668），知县王颐建文昌阁于文昌塔废址，培植文风。并于阁后建书院。后因无人维护，文昌阁存，书院变为僧院。乾隆十二年（1747），知县陈大受捐银一千五百两倡修，邑人王镦、陈世俊、伍泽荣等董其事，于原址建塔，将文昌阁改建塔旁高冈，并于阁旁隙地创书院。前为门庑三间，后为厅事五楹，东西两厢各十间。乾隆十七年（1752），知县李映岱重建书院于新阁，有讲堂、大成殿、文昌祠等建筑。乾隆二十七年（1762），知县李莳详定文昌书院规制事宜，聘师、招生、考课等均有规章。道光二十年（1840），知县易学超重建书院，因祁阳古称永昌，书院遂改名永昌。咸丰九年（1859），石达开曾率兵驻扎于此，书院略有损毁。

光绪二十八年（1902），文昌书院改为小学堂，两年后改为祁阳第一高等小学堂。1912 年改称学校。1930 年改为乡村师范学校。今为祁阳师范校址。

贰　名人足迹

旷敏本（1700—?），字鲁之，号岣嵝，衡山人。乾隆元年（1736）进士，选庶吉士，未授职即归乡，不复出仕。以经学教授乡里，当时湖南几所有名的书院，如岳麓、城南、石鼓、昭潭、雯峰、集贤等，他都曾主讲。担任岳麓书院山长时，拟有《六有箴》——言有教、动有法、昼有为、宵有得、息有养、瞬有存，从言行、昼夜、瞬息等方面规矩诸生。乾隆三十年（1765）春，祁阳知县李莳延请旷敏本担任文昌书院山长。在掌教时，旷敏本注重以经史实学教士，曾作有《次陈眉湖韵兼示诸生》：“好把中心作寸田，农家耕具在陈编。灵台种子及时播，经训菑畬端是贤。见说莨稂能害谷，却愁卤莽不逢年。由来学殖防将落，莫似惰农但祝天。”在诗文中，旷敏本将学习的过程

乾隆《祁阳县志》载文昌书院图

比作农家种田，种子即是经史根柢之学。他还勉励书院诸生要勤于“耕种”，如此才能早日学有所成。

石达开（1831—1863），广西贵县（今贵港市）人，太平天国著名将领。咸丰六年（1856），太平天国领导层内讧，史称“天京事变”。翼王石达开率军返回天京，后因不满洪秀全猜忌，率兵出走。石达开率部离开天京后，欲经湘、黔入蜀，割据称雄。咸丰九年（1859）三月，石达开率军由江西入湘，连克宜章、兴宁、郴州、桂阳。三月初九，石军由宁远入祁阳境，猛攻祁阳县城。祁阳知县刘达善组织绅民坚守，石军连攻三日不克。后清各路援军到达，石军收缩兵力，至四月十七日，撤离祁阳县境。据说石达开攻祁阳县城之时，曾驻兵文昌书院。

明清两代，就教育机构而言，官学之外，书院兴盛。祁阳文昌书院始建于明万历年间，再建于清康熙年间，乾隆年间改建之后，规模完备，自此办学不辍，直到光绪末年改为学堂。因地方儒学招收学生有限，且教育功能渐趋弱化，书院担负起“补官学之不足”的功能。祁阳文昌书院办学历史悠久，且不乏名师主讲，对地方人才之培养、地方文化之发展起到了重要作用。

（刘艳伟）

第十二章

怀化

Huaihua

怀化，古称五溪，为多民族聚居之地。因其重要的地理位置，故又有『黔滇门户』『全楚咽喉』之称。在多民族交往、交流、交融的过程中，怀化形成了繁荣的书院文化，助益其成为湖湘文脉传承的重镇。怀化的恭城书院，更因为一次重要的会议，在中国革命历史进程中留下了光辉的印记。

崇实书院

崇实书院位于湖南怀化溆浦龙潭镇岩板村，在历史上作为家塾教导乡里子弟，是湖南省保存较为完好的一座宗族书院。2019 年 10 月，书院被列入第八批全国重点文物保护单位。

壹 书院简史

崇实书院为龙潭镇吴氏宗族创办，因吴姓以延陵为郡望，故书院又名延陵家塾。书院始建于清道光十四年（1834），最初为吴氏宗族所属族学，后逐渐扩展为书院，开始接纳附近村镇各姓子弟。如今书院西门仍可见“吴氏蒙养”字迹，显示出书院最初的宗族痕迹。一般宗族书院的创办经费、日常运营经费都是家族提供的，其主持院务者为家族成员或受聘于家族成员，其服务的对象则为家族成员的后一代，所谓“若子若孙，非我族姓不得入内”是其一般性的原则，当然也不排除出于各种原因而接收他姓子弟或游学之士入院读书的可能性，但这不是通例，改变不了书院服务于家族的特质。

咸丰五年（1855），延陵家塾正式更名为“崇实书院”。书院大门为传统牌坊式砖木结构建筑，飞檐翘角，雕龙镂凤，整体风格趋于古朴典雅，显示出儒家建筑庄重、严谨的特征。

光绪三十二年（1906），吴氏宗族代表吴人彦、吴龙兴、吴人念、吴墉、吴九如等率领族人对崇实书院展开扩建，整体建筑占地约五亩。书院后因种种原因损毁。新中国成立后，国家多次拨款维修。如今，书院已绽放新颜。

贰　书院览胜

古代书院，除了挑选山清水秀之地及书院自身的园林景观建设外，对院舍内外选种花木的品种也有讲究。一般书院前面都有柳塘和花园，柳塘植柳种荷，院内外多为松、竹、柏、梅、桂、桃、芙蓉、芭蕉、梧桐、樟、枫等象征高洁精神的花木。溆浦县处万山环抱之中，溆水纵横，山清水秀，风景宜人，名胜颇多，为古人创建书院提供了较好的条件。因此，溆浦各时期的书院都有良好的环境。

崇实书院虽为吴氏家族族学，但院前有一半月形池塘，在宗族书院中较为少见。书院内现存清宣统元年（1909）谌百瑞书写的“大学之基”匾额。书院选址于风水形胜之区，前临龙潭河，地势平坦，河上有一座古老的风雨桥沟通两岸。书院坐西北朝东南，建筑古雅，布局严谨，为三进厅庭院式砖木结构建筑。院内花园古桂合抱，石榴吐眼，翠荫蔽空。芙蓉依墙，与池塘荷花相映。古朴玲珑的大门，交织在绿荫红花之中。每当清秋明月之夜，身临其境，可感受到当年灯火连窗、书声琅琅之盛况。

崇实书院虽历经岁月沧桑，却保存较为完整。书院最初为二进式庭院，后来由家塾转变为书院，其布局形态仍保留有较多宗族祠堂风格。

崇实书院核心建筑多沿中轴线对称，由大门、讲堂、礼殿和左右斋舍组成，符合“主讲有堂，游憩有所，斋房庖湢，罔不备具”的布局理念。书院祭祀以孔子为核心的儒家先圣先贤，设有礼殿作为祭祀场所，殿中央为孔子像，每年春秋在此举行祭拜活动。书院大门与照壁之间的庭院较为宽敞，照壁上嵌有六块石碑，记载着崇实书院的历史和各项制度，诸如建院情形、教学宗旨、书院田产等。书院屋面为小青瓦，悬山顶，其主体建筑及四周外墙彩绘有山水、花草及鸟禽等壁画泥塑。书院两侧各开正门，门内为花园，花园中置宝塔型化纸炉，循两条麻石小径可直达前厅。出阁廊拾级而上，至后厅，后厅东西两侧为厢房。

崇实书院各建筑通过走廊相连，形成一个完整的院内交通系统。廊道的设置合理，即使是梅雨季节，师生也可在书院各建筑间来回穿梭、活动，不必担心被雨水打湿衣帽。书院还有几处小巧精致的天井庭院，沿中轴线两侧对称分布，既适合湘西地区的气候特点，又丰富了整个建筑群的空间层次。

叁 书院特色

崇实书院除具备宗族书院的身份外，还是一所保存较完好的乡村书院，是研究我国近代教育体制演变发展和书院建筑格局的重要实物。

传统的中国社会属于农业社会，绝大部分人口都分散居住在广大的乡村山寨，他们远离城市，生活自给自足，加上交通设施极为落后等原因，很多人一生都难得进府、州、县城一次。于是一些有识之士就在乡村山寨间创建书院，令其乡民子弟就近入学。这种建于乡间就近招收乡里子弟肄业的书院被称作乡村书院。它有两个界定，一是建在乡村，二是以一乡一村或几个邻近的村社为招生范围。乡村书院所招学生绝大多数与家族书院相类似，属子弟之列，即未成年人。因此乡村书院多属于启蒙教育或稍高于蒙学性质，属于初级教育阶段。

乡村书院的特点，向我们展示了这样一个事实，即从数量上讲，它是书院的主体，承担了中国古代社会普及教育的任务，成为将儒家文化意识和观念源源输向广大农村的主要管线，此正所谓“书院补学校之不逮”的意蕴所在。

吴氏家族由江西迁至溆浦龙潭镇，为传承家族家训及习文好学传统，创办私塾性质的崇实书院。创办书院的目的很明确，就是培养下一代，使其具有较高的文化知识水平和良好的道德素养，从而提高家

崇实书院

族的整体素质水平，为家族的繁衍发展提供更为强盛的生命力。这种目的决定了其坚持以教学授受为主的特性。当然，除了教学之外，也有祭祀先祖等其他活动，但如同奉祀先祖是为了提高后人的荣誉感和见贤思齐的上进心，从而提高其学习的积极性一样，其他活动都是围绕着教学中心而开展的，都处于辅助的地位。

崇实书院是展现湘西书院建筑演变过程和湖湘乡村书院历史面貌的重要实物，其重要性不可小觑。

（兰军）

恭城书院

恭城书院原名“罗蒙书院”，位于湖南怀化通道侗族自治县罗蒙山下，始建于北宋，是我国现存最完整的一座侗族古书院，也是我国少数民族地区独具特色、保存较为完整的书院。

壹　书院简史

通道侗族自治县位于湖南省西南边陲，为湖南、广西、贵州三省交界之地，东接绥宁、城步，北临靖州，南毗广西三江、龙胜，西连贵州黎平，在历史上为楚越分界的走廊地带，自古以来就是北接古越国、南连古楚国南部的通道，素有“南楚极地”“百越襟喉”之称。恭城书院就坐落于通道的县溪镇。

恭城书院前称为罗蒙书院，是县立私塾学堂，始建于北宋年间，后毁于火灾。清康熙三十三年（1694），知县殷道正建书院于县学左侧，后被大火烧毁。乾隆五十七年（1792），书院在原罗蒙书院原址重建，更名为恭城书院。光绪二十七年（1901），朝廷下令书院改制为大中小三级学堂。光绪二十八年（1902），恭城书院改为通道县小学堂。

1921 年，全县绅民集资扩建书院中间“工”字形两栋建筑，逐渐形成现在四栋沿中轴线依次排列的建筑格局。恭城书院是当时通道县城最高学府，甚至在湘、桂、黔三省交界一带也享有崇高的声誉，各地慕名前来求学的学生很多，恭城书院也为当时的社会培养了众多优秀人才。2002 年 5 月，恭城书院被确定为湖南省省级文物保护单位，同时被确定为湖南省爱国主义教育示范基地。

贰 书院览胜

恭城书院所在的县溪镇是个依山傍水、山清水秀的小山城。书院坐落于龟形山上，周围群山环抱，绿树成荫。书院西北方有一条小溪，名叫恭水，“恭城书院”之名由此而来。书院四周为两米左右的青砖院墙，将书院与外部环境分隔开来。书院整体均为两层高楼阁，房顶层舒卷飞檐，屋顶形式为重檐悬山顶，青瓦盖其上，翘角舒展。在县

恭城书院大门

溪镇的山丘上，恭城书院显得巍峨气派，给山城平添了古色古香的韵味。

恭城书院的阁楼为全木质结构，采用南方民居较为普遍的穿斗式构架，具有省工、省料、便于施工的特点。书院建筑物沿中轴线依次排列，由门楼、斋舍、讲堂、通廊四个部分组成。虽然书院部分建筑曾被破坏，但绝大部分保存较为完好，具有较高的建筑和历史文化价值。书院讲堂为师生讲学所用，较为宽敞，空气流动性好，视野开阔，能让学子们开阔胸襟，悟圣贤为学之道。讲堂的上层用作藏书，彰显了书院对书籍的高度重视。

恭城建筑群完整和谐，院外有两株桂花树，寓意书院生徒蟾宫折桂，为读书人营造了一个修身养性的优美环境。可以说，多民族的杂居和多元文化的交融成就了恭城书院的特色，书院小巧而精致，古朴而典雅，成为儒家文化和侗族等少数民族文化融合的结晶，是一座特

恭城书院俯瞰

色鲜明的文化博物馆。

恭城书院的知名度虽不如岳麓等四大名院，盛名却从未被淹没于群山之下，而是因儒家文化底蕴与侗族独特文化相结合而熠熠生辉。有一则发生在书院的故事至今仍令人回味：1921 年，通道一位名叫翁信浮的县长在书院前厅立柱上刻下一副对联，上联是“小学毕业的一定要升中学，中学毕业的一定要上大学”，下联为“家境富裕的固然要升学，家境贫困的也要想方设法升学”。如此直白的话语意欲何为？时人揣测有三：一是这位县长没文化，连一副对联也写不工整，但他号召民众读书上进的赤心若揭；二是这位县长具有新思想，故意用新白话冲击旧思潮；三是此地民智开化，求实创新，兼容并蓄。无论从哪个角度看，地处湘、桂、黔三省交界的恭城书院都成为儒家文化在少数民族地区的鲜明代表，赓续了中华民族生生不息的文明之光。

恭城书院内景

叁　红色印记

恭城书院在中国革命史上是一座不朽的丰碑。1934 年中央红军长征途经通道时，在书院内召开临时紧急的“通道会议”，作出了历史上著名的“通道转兵”决策，一度挽救了红军，挽救了中国革命。

因第五次反“围剿”失败，1934 年 10 月，中央红军决定从江西的瑞金、于都与福建的长汀、宁化出发突围长征。中央红军的既定战略方针是去湘西与红二、六军团会合，以期建立新的革命根据地。但在西进途中，蒋介石察觉了红军的战略意图，在中央红军突破四道封锁线特别是湘江战役之后，国民党军队加紧了兵力部署，调集五六倍于中央红军的兵力在通道以北的城步、绥宁、武冈、芷江、会同、靖州一带，形成了一道严密的袋形防线。蒋介石还电令湘、桂、黔地方军阀分兵堵截合围，企图全歼中央红军。1934 年 12 月 10 日，中央红军开始进入通道境内。此刻，李德、博古等人不顾红军湘江战役后兵力折损过半的实际情况，以及敌人张网以待的险恶局势，仍然坚持从通道北进湘西与红二、六军团会合的既定方针，三万多人的中央红军将面临一场生死抉择，随时都有全军覆灭的危险。

1934 年 12 月 12 日，党中央主要领导人在恭城书院临时召开了紧急会议，史称通道会议。出席会议的有毛泽东、博古、周恩来、张闻天、王稼祥、朱德，以及共产国际派来的军事顾问李德，会议由周恩来主持。会议中心议题是讨论迫在眉睫的进军方向问题。会上，毛泽东详细分析了敌我态势，阐明通道北面之敌数量为红军的五至六倍，南面之敌为红军的两倍，西面之敌为红军的十分之一。如果中央红军继续按原计划到洪江去创建新的根据地，去钻敌人布好的“口袋”，势必落入强敌的虎口之中，就有全军覆灭的危险；如果南下广西，有五六万桂军堵截，且深入广西，并非中央红军的战略目标。因此，红军唯一的选择和出路，只有转兵西进，向敌人力量薄弱的贵州进军。但李德、博古不顾实际，非要坚持原定方针，会上发生了激烈的争论。但最终毛泽东关于放弃与红二、六军团会合，改向敌人力量薄弱的贵州进军的意见，得到了与会多数同志的赞同。于是，中央红军避实就虚，由通道转兵西进，实现了伟大的战略转移。于是有了军委的“万万火急”电报，有了“通道转兵”。12 月 13 日，中央红军从通道分两路转兵西进：一路由当时通道县溪进入靖州县的新厂、平茶，然后由新厂、平茶分两路进入贵州；一路由通道的播阳进入贵州的洪州向黎平进军。12 月 18 日，中共中央在黎平召开了政治局会议，进一步讨论了战略方针问题，肯定了毛泽东在通道会议上提出的转兵贵州的正确主张。

恭城书院，不仅因为儒家文化和少数民族文化的融合形成丰厚的文化底蕴彰显其特色，更因为一次重要会议，在中国革命历史进程中留下了光辉的印记。

（兰军）

鹤山书院

鹤山书院位于湖南怀化靖州苗族侗族自治县。因南宋著名理学家魏了翁曾传道授业于此，鹤山书院得以与长沙岳麓书院、衡阳石鼓书院、道州濂溪书院等相比肩，成为南宋时期湖湘大地上著名的学术中心之一。

壹　被贬靖州

鹤山书院由魏了翁创建于南宋宝庆二年（1226）。

魏了翁（1178—1237），字华父，号鹤山，邛州蒲江（今属四川）人。他与真德秀齐名，是南宋后期杰出的理学家，他们倡导书院讲学，竭尽全力，在嘉定年间，为饱受“庆元党禁”之苦的理学家平反昭雪，为周敦颐、二程、张载、朱熹、张栻、吕祖谦等学术大师请得谥号，完成乾淳时代理学家构建学统的任务，使其成为官方哲学，更使建设书院传授理学成为一种时尚。是为“嘉定更化”，理学从此告别黑暗，迎来光明。

南宋宝庆元年（1225），以工部侍郎暂代尚书的魏了翁因忤逆权相史弥远，被贬为常德知府。诏书下发后第二日，谏议大夫朱端又弹劾魏了翁欺世盗名，朋邪谤国。魏了翁被诏降三官，贬至靖州。靖州“南距广西，东障湖南，北抵沅辰，西极夜郎”，古属“黔中故地夜郎天”，到宋代隶属荆湖北路，当时号为天下穷处的陋邦，因而成为罪臣贬谪之地。

来靖州之前，魏了翁就在邛州、蒲江、泸州建有三所鹤山书院，作为聚友、藏书、讲学之所。甫至靖州，即沿例创建第四所鹤山书院，作为自己聚友读书、讲学著述的场所。

谪居靖州期间，魏了翁远离了京师的政治旋涡，虽然生活过得比较清苦，但是靖州怡人的山水、舒适的气候、丰富的物产、安定的社会环境、淳厚的风土民情和热情的地方官民，为魏了翁创造了得天独厚的治学与创作条件，使他能够澄心静虑，精研学问，最终取得丰硕的学术与创作成就。他谪居靖州七年，在靖州大地掀起了儒家理学普及的高潮，给靖州人民带来了一场文化的盛宴。

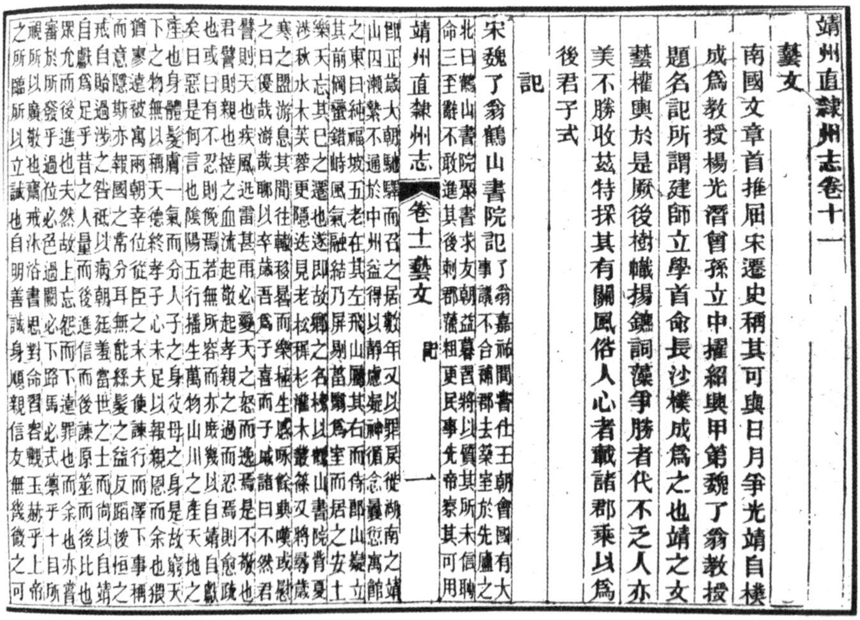
靖州直隸州志卷十一

藝文

南國文章首推屈宋遷史稱其可與日月爭光靖自椟成爲教授楊光濬曾孫立中擢紹興甲第魏了翁教授題名記所謂建師立學首命長沙椟成爲之也靖之文藝權輿於是厥後樹幟揚鑣詞藻爭勝者代不乏人亦美不勝收茲特採其有關風俗人心者載諸郡乘以爲後君子式

記

宋魏了翁鶴山書院記

光绪《靖州直隶州志》载魏了翁《鹤山书院记》

贰　鹤山讲道

鹤山书院距魏了翁寓所仅数十步之遥，风景优美宜人。此处“背夏涉秋，水木芙蓉更隐迭见，老梅稚杉，灌木丛筱，又将寻岁寒之盟”。书院之左有五老峰，其右为飞山，侍郎山则嶷立于前，“冈峦错峙，风气融结”，在此筑室而居，竟能使人忘记自己是贬谪之身。

书院落成之后，魏了翁时时携友“游息其间，往辄移晷，而乐极生感，咏余兴叹”，畅言君天、敬天、君亲、孝亲、谏行、隐意诸事。魏了翁在所作的《靖州鹤山书院记》中谈道：“而余也猥由寒远，被遇两朝，幸位从臣之末，夫使谏行而泽下，事称而意隐，斯亦报国之常分耳。顾无能丝发之益，乃蹈浚恒之戒，自殆过涉之咎，只以病朝廷羞当世之士，而尚以自靖自献为足乎！”这篇记文确乎有罪臣“自儆”之意，但其意蕴并不仅限于此。

在遭到权臣迫害后，魏了翁仍不忘忠正本色，“识其语于室以自儆”，也可谓有超然物外之境。这得益于他的理学修养，记文中由学理而及实践，意在清理各种矛盾，平复遭贬而谪蛮荒之地的复杂心情。而心情归于平静之后，其结论是“古今无未定之天，而亦无难事之亲”。如此看来，在观过知非的“自儆”之后，虽有远离“黜陟理乱”的庆幸，魏了翁更多的仍是退忧天下，安守本分，知天明命，此皆圣贤正学。由此可知鹤山书院的学术倾向。正因魏了翁有此卓识，所以他在逆境中仍然保持着积极的心态，对国家无比忠诚。他建立书院，授徒讲学，著述立说，都反映了他胸怀广阔，志存高远，即便在靖州这个僻远的地方，也要为国家培养人才。

魏了翁以“古今无未定之天，而亦无难事之亲”为宗旨教导书院生徒。在他的努力下，鹤山书院为当地培养了第一批举子，这在文化相对落后的内地边郡靖州算是破天荒的大事。魏了翁专设“鹿鸣宴”，并作诗《次韵靖州贡士鹿鸣宴》，表达了对书院成功办学的欢庆和对举子们初试告捷的赞扬，还对举子们表达美好的祝愿，提出殷切的期望：

何处何时不产贤？黔中故地夜郎天。
虽云地脉原无间，欲破天荒未有先。
万蚁场中春锁棘，九宾庭下晓鸣鞭。
便将正学昭群瞶，留取科名万口传。

由于魏了翁深厚的理学造诣，四方闻风负笈来鹤山书院求学者众多，其中包括陆九渊之子陆持之的门人叶元老，绥宁的戴立本，全州的滕处厚、蒋公顺，以及四川学者高斯得、程掌等人。史书中有所谓“了翁至靖，湖湘、江浙之士不远千里负书从学”的记载，可以想见鹤山书院盛极一时的学术繁荣景象。居民不满四十家的夜郎小城，因魏了翁在鹤山书院的讲学活动，“虽曰陋邦，实号乐土”。在“四方义理之问日至”的学术滋润下，靖州日渐褪去荒蛮与山野之气，沐浴着儒家礼乐文明的光辉。鹤山书院带来的文明之光照耀夜郎，“教思无穷，容保民无疆”，“以类相亲，日渐月渍，君子之观是象也，其望人以成德之意，亹亹洋洋，何有穷也已”！这就是学术的力量，书院的功效。此所谓地以人而重，院以学而名。

叁　书院传经

靖州鹤山书院是典型的私家学术机构，相与往来者为成年士友，鲜有子弟，教学功能比学术研究弱，属研究型书院。鹤山书院的日常学术活动，在魏了翁给朋友的书信中就有讲述。例如《答苏伯起》中讲道："从两三郡士友家宛转借得诸经义疏，重别编校，益叹从前涉猎疏卤，使无是役，亦泯泯此生矣。"

魏了翁几乎集中了全部精力执教于鹤山书院，他把儒家诸经义疏重新编校，在研治经学上下功夫，提出了自己独具特色的经学思想。《九经要义》《周易集义》《古今考》等重要著作，都是在靖州成书的。在靖州期间，他写给各地学者的书信就有六十九篇，这些书信都被收入《鹤山集》之中。可以说，谪居靖州鹤山书院时的著述，占了魏了翁一生著述的绝大部分。

魏了翁编校诸经义疏的最大学术成果，是卷帙浩繁的《九经要义》，其称：据《宋史》所载，"（魏）了翁至靖，湖湘、江浙之士不远千里负书从学，乃著《九经要义》百卷，订定精密，先儒所未有"。《九经要义》与真德秀的《大学衍义》《读书记》齐名，被后世尊为赓续朱子理学的重要著作。该书取孔颖达《九经正义》为本，去其所引纬书，"考究九经中义理制度"，"重别编校"，"据事别类而录之"，"其志将以见道器之不离，而有以证臆说聚讼之惑世"。可惜其书后来散佚，传世的仅有《周易要义》《尚书要义》《仪礼要义》《春秋左传要义》，皆收入《四库全书》之中。

通过在靖州前后七年的理学研究和讲学活动，魏了翁确立了以他为代表的鹤山学派理学思想体系，奠定了他在宋代理学乃至整个宋明理学史上的地位，享有“南方共宗鹤山老”的盛誉。后来宋理宗为表彰魏了翁的教学活动，特御书“鹤山书院”四个大字为赠。

对于地理位置偏僻的靖州而言，在建郡一百多年后，魏了翁创办鹤山书院，把比较先进的内地文化带到了靖州，对培养当地人才、促进当地文化教育事业的发展，起到重要作用。其意义不限于当时，对历史也产生了重要影响。

明嘉靖十三年（1534），知州许燧重建鹤山书院。隆庆年间，知州黄镆增修，明清鼎革之际趋于废毁。清乾隆十五年（1750）知州裘日发、十八年（1753）知州李大本均重建书院。四十年（1775），州牧裴直方又重修，费金数千，书院规模宏敞，焕然一新。道光十七年（1837），知州觉罗隆恩捐廉修葺，后复废。光绪元年（1875），州人士捐金重修，规模日广，兴学不断。靖州鹤山书院的著名山长有蔡珩、杨之健、臧文雅等。光绪二十八年（1902），鹤山书院改为校士馆。光绪三十二年（1906），改称靖州高等小学堂。1914 年，改为鹤山高等小学。现为靖州县鹤山小学。

有学者认为，湖湘文化并不单单是湖湘人的文化，任何地域的贤哲都可以在湖湘大地上播下文化的火种。魏了翁讲学鹤山书院正是这一观点的绝佳例证。事实上，如同魏了翁一般的文化传播者史不绝书，他们为中华优秀传统文化的普及、弘扬作出了突出贡献。

（兰军）

虎溪书院

虎溪书院位于湖南怀化沅陵城西的虎溪山，旧名虎溪精舍，是为纪念明代心学大师王守仁而建。蒋信、唐愈贤等曾与王守仁往来讲论、题咏山水，卒开楚地王门之传。

壹　沿革规制

明正德六年（1511），王守仁离开被贬之地贵州龙场返回京师，途经辰州时与郡人唐愈贤等在虎溪白云轩讲论其刚形成的“致良知”学说，并作有《与辰州诸生论收放心书》，勉励辰州诸生，期望诸人能信奉致良知之道。

嘉靖二十年（1541），浙中王门辰州同知徐珊访其师王守仁当年讲学遗迹，在龙兴讲寺后筑建虎溪精舍，有修道堂、好景楼、思贤祠、见江轩、松云轩、鸥鹭居、玉芝亭等建筑，规制宏阔。于修道堂，“大集多士，以倡明其学”，并辟祠以祀王守仁，请罗洪先作记。隆庆四年（1570），知府徐廷绶增建讲堂六楹。

嘉靖至万历年间，阳明学派正风行于东南各地，《明史》称其是“门徒遍天下，流传逾百年”。明代书院的辉煌局面，是王守仁及其后学在正德、嘉靖、隆庆、万历年间，历时百年，以联讲会、立书院的形式营造出来的。这个时期，创建兴复书院 1108 所，占已知明朝建复年代书院总数的七成以上。以王门弟子为例，王守仁的弟子遍及天下，而以浙江、江苏、江西、安徽、湖南、福建、广东、广西、山东、河南等地为最多，《明儒学案》因王门弟子籍贯特分浙中王门、江右王门、南中王门、楚中王门、北方王门、粤闽王门等卷予以专门介绍。从中我们可以看到，王守仁逝世后，各地王门弟子或建书院，或立祠宇，或创精舍，或办讲舍，都以传播、弘扬师说为己任，所在书院数不胜数。阳明学说的昌盛，也使辰州及四方学士纷纷云集虎溪，小小的精舍已无法容纳下众多学子。明代历任辰州府县官员对精舍一拓再拓。崇祯中期，守道樊良枢重修，改名阳明书院。

晚明时期，虎溪书院俨然成为阳明学派的重要讲学阵地，诸生云集，名儒往来不断，讲学兴盛。明末清初社会动荡，书院难免于兵灾，几乎中断了由王守仁开启的讲学传道进程。

清康熙四十五年（1706），知府迟煓重建书院。雍正四年（1726），同知黄澍增修。十一年（1733），知县赵念曾将书院改名“虎溪”。乾隆三年（1738），同知何璘捐经史古文等书籍数百卷。十一年（1746），知县张浚重修。十二年（1747），巡道永贵倡捐银两千两以供膏火。十七年（1752）知县王冕、五十七年（1792）知府陈廷庆相继重修。道光年间，书院开拓院前隙地，增建斋舍，南北厢扩至九间。道光十八年（1838），知县方传穆修葺，并增生额十名。咸丰十年（1860），知府刘位坦捐书数百卷。十一年（1861），知府李明墀筹款三千文，并每月至书院讲课一次。当时书院规模较大，计有正堂两间，其他房舍数十间，并建有亭台楼阁和花园，环境清幽，建筑雅致，是理想的读书场所。虎溪书院著名山长有蔡用锡、张本先、向岚、罗以纯等，皆一时名宿。光绪年间，欧廷飏主讲席，订《阳明守则》以规范生徒。书院修葺费用及其中藏书，多为地方官与富绅募捐。

光绪二十九年（1903），虎溪书院改为辰州府中学堂。民国时期继续办学。1949年后，并入沅陵一中。1956年，书院被确定为湖南省省级重点文物保护单位。1986年，国家文物局资助，县财政拨款，在原址仿原式建砖木结构房舍一栋，辟为县博物馆陈列室。书院主体建筑今已重建。

贰　阳明传道

王守仁因曾隐居会稽阳明洞，又曾创办过阳明书院，故世称“阳明先生”。其家世为望族，其父王华为成化十七年（1481）辛丑科状元，虽然读书治学为阳明必做之事，但在弘治十二年（1499）中进士踏入仕途之前，他和书院似乎没有过联系。正德元年（1506），其习历经任侠、骑射、辞章、神仙、佛氏“五溺”而“始归于圣贤之学”的王守仁，刚获与湛若水“定交讲学”之乐不久，就因忤宦官刘瑾而遭贬谪贵州龙场驿之灾。从此，他开始了二十余年的书院实践活动，并形成了自己的书院观。

正德二年（1507），往贵州途中，王守仁到长沙，游岳麓书院，赋长诗《游岳麓书事》以记之，内有“殿堂释菜礼从宜，下拜朱张息游地”之句，由此可见他对朱熹、张栻两位讲学于书院的学术大师的崇敬。正德三年（1508），王守仁到达龙场驿，当地民众为其创建龙冈书院，这里不仅是他第一次从事书院讲学实践的地方，也是他的悟道之所。正德四年（1509），王守仁在龙冈书院宣讲其知行合一的新学说，声名传到贵阳城主管贵州一省学政的提学副使席书处，于是就有往复问辨之后的贵阳文明书院讲学。

正德五年（1510）八月，刘瑾谋反事发，被武宗处决。王守仁得到平反，次年在赴任途中经过辰州，下榻于龙兴讲寺凭虚楼，开始其交游和讲学活动。当时，王守仁在龙兴讲寺讲其新创知行合一之说，"一时从游诸彦，如唐柱史诩、萧督学璆千余人切磋正学，剖剥群淆，若众鸟啾啾，获闻威凤鸣也"。以其存神过化之故，王门后学将虎溪视作王学圣地。

在经历坎坷获得顿悟之初，就有这样一批刚直不阿、不慕利禄、笃志圣人的士人追随门下，接受并传播其学说，王守仁自然十分兴奋，因而更加自信地去开拓他的学术理论，向更深更高处发展。王守仁同他们一边讲学论道，一边吟咏山水。他得知好友杨名父将至辰州时，便在龙兴讲寺壁题诗一首：

杖藜一过虎溪头，何处僧房是惠休。
云起峰头沉阁影，林疏地底见江流。
烟花日煖犹含雨，鸥鹭春闲欲满洲。
好景同来不同赏，诗篇还为故人留。

在徜徉弥月之后，王守仁告别了辰州诸生，后历任庐陵县知县及南京刑部、鸿胪寺、太仆寺、北京吏部等两京京官。在后来长达二十余年的书院讲学实践中，王守仁形成了自己的书院观。它包括对书院的看法，书院的教学方法，书院的制度化建设，书院与学术的关系等。

叁 楚地王门

王守仁在辰州的讲学授受，吸引了蒋信、唐愈贤、刘观时、王嘉秀、冀元亨等人前来问学。据同治十二年（1873）的《沅陵县志》载，王守仁“与武陵蒋信往来讲论，进士唐愈贤从之游，刘观时、王嘉秀诸人咸执贽受学焉”。他们成为王守仁在楚地的重要门人。

唐愈贤（生卒年不详），字子充，沅陵人。明嘉靖五年（1526）进士。从王守仁受学，修业桃溪山中。既归，学识增进。出任宁海知县，有善政，后为广东道御史。为官勇于言时政之弊，多次上疏批评时政，因弹劾严嵩而闻名天下，却得不到皇帝赏识，于是辞官回家。居家与门生讲学，终日不倦。

冀元亨（1482—1521），字惟乾，武陵人。正德十一年（1516），冀元亨乡试中举，一直跟随王守仁问学。宁王朱宸濠图谋反叛，钦服冀元亨学问，赠以厚礼意图拉拢，冀元亨将礼物反赠于官。朱宸濠事败后，冀元亨反受牵连，被严刑拷问，送入京师诏狱。明世宗即位后，言臣均称其冤，出狱后不久去世。

辰州经过王守仁的讲学传道，成为阳明学术的传播中心。此后，不断有阳明弟子加以维持，继续巩固这一学术中心的地位。虎溪精舍的创建者徐珊就是浙中王门的代表人物。

徐珊（1487—1548），字汝佩，号三溪，浙江余姚人。嘉靖元年（1522）浙江乡试亚魁。徐珊自接受阳明心学后即笃信之，甚至在科举考试中拒绝回答诋毁阳明心学的考试题目。著有《卯洞集》四卷。

徐珊到任辰州后，循着其师阳明先生当年的讲学遗迹创建精舍。精舍落成，徐珊请学派同门、江右王门代表人物罗洪先作《辰州虎溪精舍记》，由“良知”之训，而“辨于性命之得失”。罗氏又作《修道堂记》，主张“良知者，吾心是是非非昭然而不昧者也”，以“口体所依有能菲薄而不恤，交际所尚有能韬晦而不竞，心志所安有能寂寞而不怨，兴致所极有能坎窞而不畏矣乎”。设问天下之谈王学者，期望院中师生“得有所闻，以成其学”。另一江右王门大师邹守益也作《辰州虎溪精舍记》，试图发明阳明“易简之学”，并表彰阳明的事功伟业：“先师之学，其继濂洛而兴者乎！迹其力谏以祛奸，恺悌以宜民，运筹以翦寇，诛乱贼以安宗社，诱掖善类以继往而开来，虽颠沛逆旅中，澹然不以约乐滑和，皆修道以仁之实功也。”

罗洪先、邹守益两大学术领袖同时作记，“以畅先师之训，思表懿范，以风来学”，可见其对虎溪精舍的重视。虎溪精舍建成的第二年，徐珊的老师、同为阳明弟子的梁廉出任辰州府通判，于修道堂侧创见江轩，会士人相与讲论。隆庆四年（1570），知府徐廷绶以“四方志学之士，日彬彬焉集”，“虑其无以容也”，乃增置讲堂六楹，取名当仁堂，翼以号舍，“教诸士以同仁之学”。崇祯年间，守道樊良枢重修精舍，改名阳明书院。清代，阳明书院办学不断。雍正十一年（1733），知县赵念曾改名虎溪书院。此则从龙兴讲寺到虎溪精舍再到虎溪书院，当年阳明开辟之地，终成湘西讲学名区。

（兰军）

满朝荐书院

满朝荐书院位于湖南怀化麻阳苗族自治县，又名满公祠，是为纪念明代苗族名臣满朝荐而修建的。书院不但建筑精美，而且保存有丰富的文物资料，具有极高的艺术和文化价值。

壹　苗族名贤

满朝荐（1561—1629），字震东，麻阳人。明神宗万历三十二年（1604）进士，是迄今所知苗族最早由科举入仕且为官显赫者。曾任陕西西安府咸宁知县、刑部郎中、太仆寺少卿等职。

在任陕西咸宁知县时，有税监梁永纵容吏役抢劫儒生财物，受到满朝荐的惩处。梁永怀恨在心，数次反诬，皇帝因此将满朝荐投进监狱。朝廷内外自大学士朱赓以下百余人上疏营救，直到万历四十一年（1613）秋，满朝荐才被释放。光宗即位，将满朝荐提升为南京刑部郎中。

天启二年（1622），面对辽东地区全部失陷、农民起义、朝廷党争的困局，满朝荐向皇帝上疏，奏言“时事十可忧，八可怪”，语言激昂，切中时弊。不久，调任太仆寺少卿，又向皇帝上疏论朝政：“朝廷政令乃颠倒日甚。”并列举事实，说明朝廷纲纪已坏，阉党专政，是非颠倒，忠奸不分，祸起四方，恳求皇帝与阁部大臣“更弦易辙，悉轨祖宗旧章”。奏折呈上去后，满朝荐被削职为民。后来，魏忠贤又指满朝荐为东林党人，不再起用。崇祯二年（1629），满朝荐被官复原职，未及上任就因病去世。

满朝荐一生为官清廉，嫉恶如仇，两袖清风，一身正气，深得百姓拥戴，他的故事在湖南和陕西一带广为流传。

贰 由祠建院

满朝荐一生刚正不阿，《明史》赞扬他出死力以抗凶锋、幽深牢而弗悔、并誉“健令”“有廉能声”。为褒扬满朝荐的优秀品德与功绩，在他在世时就有纪念他的建筑修建。万历三十三年（1605），在满朝荐高中进士后，当地即修建满氏宗祠。清道光年间，复修满公祠，

满朝荐书院（满公祠）

以祭祀满朝荐为主要功能，又名满朝荐书院。

满朝荐书院坐落于麻阳兰里镇，距县城有十余公里。书院临靠锦江河畔，由三栋木质结构古建筑构成，雄伟壮观。书院由外向里依次由大门、戏台、过殿、正殿、后殿、厢房等构成，整个建筑呈南北走向，四周有青砖砌成的封火砖墙，中间为天井，布局规整。书院正殿供奉着满朝荐塑像，为满氏宗族祭拜之所。书院过殿有两根四五米高的大石柱相间而立，两条巨龙各缠绕一石柱腾空而跃，与对面戏台相望，石柱下有须弥座石像，有较高的艺术价值。书院正门门楼，面墙高大、巍峨、典雅，墙面石绘浮雕更是精雕细琢，栩栩如生。大门两边的一对石麒麟活灵活现，立体感非常强，令人叹为观止。书院依辰溪而立，门口正对兰里镇渡口，辰河两岸居民往来络绎不绝。

书院正殿两边展柜陈列有满朝荐的官服、朝靴、朝笏、晋升官文及生活用品等文物。两边墙上有介绍满朝荐生平事迹的文字。书院现存有满朝荐的百余篇诗文，以及历代文人骚客赞誉满朝荐的墨迹等，书院已经成为苗乡旅游的一处胜地。

新中国成立后，因年久失修和大水冲毁，当地曾经先后三次开展书院修复工作。2001 年 4 月 28 日，书院作为当地旅游景点正式向游人开放。

（兰军）

沅水校经堂

沅水校经堂位于湖南怀化芷江侗族自治县芷江镇，又称校经书院，与长沙湘水校经堂齐名，人称“沅湘两校经”，皆是讲求汉学的书院。沅水校经堂的著名生徒有熊希龄、张学济、张伯良、毛延龄等。

壹 沅郡人文

古沅州位于湘西的边缘，郡治设于芷江，与黔省接壤，距省城千余里。境内山水峭急，交通险阻，商旅皆视为畏途。郡辖芷江、黔阳、麻阳三县，苗瑶杂处，民贫地瘠。民虽终年劳作，但粮食仍然难以自给。倘遇兵燹，更加困苦。其文化士习更为落后，以科举成绩而论，除光绪十四年（1888）戊子科全郡仅一人中举外，“芷江自乙未（1835），黔阳自甲子（1864），麻阳自壬戌（1862）”，数十年来，“乡、会榜久未中人”。光绪十二年（1886），更是发生了一起轰动全国的童生闹考、殴打知府的案件。其士气之衰颓，识见之浅狭，可谓已达极点。此时，当地迫切需求一场变革以帮助沅州人民走出困局，而沅水校经堂的创办正满足了当地在文化教育方面的需求。

贰　校经之兴

清同治、光绪年间，全国以新增 1233 所书院的超高速发展，创造了书院近 1300 年历史上从未有过的辉煌。而且，书院追随时代的步伐，努力适应社会的日益增长并急剧变化的文化教育需求，引入“新学”“西学”作为研究与教学的内容，快速改变、改造、改革自身，开始了其由古代走向近代、现代的历程。

书院改革是多层次多方位的，既源于对内部积弊的革除，也受外国教会书院的影响；既有涉及管理的改组，也有涉及制度的创新；既有教学方法的改革，也有教学内容的更新。书院的改革，针对书院存在的弊端而来，究其内容，主要有二。一是将无裨实用的科举之业，变为经世致用之学以及新学、西学。二是重订规章，削减、限制官府权力，引进士绅等民间力量加入管理队伍，从制度上保证所聘山长为学行兼优之人，可以师范诸生。

经世致用原本是一个古老的传统，它从研经治史、博习词章出发，清代学者阮元在嘉庆、道光年间创立诂经精舍、学海堂，就是以此为旗帜而号召学林的。它以去科举化为目标，以研究经史实学、通经致用为特点，因而也成了清代书院的优良传统。到同治、光绪年间，很多地方沿用而光大这一新传统，在这个基础上，湘水校经堂、沅水校经堂先后建立，继续着湖南书院源自经世致用的改革航程。

在清末湖南书院教育发展史上，言及变革、讲求经史、以实学课士者，人们多知道有长沙的湘水校经堂，而对于另一所与湘水校经堂相类似的书院——沅水校经堂，却因其僻处边陲之地沅州而鲜为人知。其实，这是湖南省内唯一能够与湘水校经堂相提并论的书院，两所书院合称“沅湘两校经”。沅水校经堂不仅办学宗旨、教学内容与湘水校经堂基本一致，都以讲求汉学为中心，更主要的是它对于发展湘西的地方教育，对于改变边地文化落后、士气衰微的历史现状，作出了重要贡献，产生了深远影响。

叁 书院简史

沅水校经堂于光绪十四年（1888）由沅州知府朱其懿创办。

朱其懿（1846—1910），字叔彝，江苏宝山人。少有大志，能诗文，入国子监肄业。早年佐兄朱其昂创办轮船招商局，后因欲为亲民之官，以三品升用道衔改铨知府。清光绪五年（1879）分发湖南，居长沙候补十年，光绪十四年（1888）王文韶抚湘时，方拔擢委任，署理沅州知府。

朱其懿到任伊始，便“慨然以兴学为己任”，立志振兴学校，以改变沅州文化不竞、士气衰微的现状。朱其懿的举动得到湖南巡抚王文韶的大力支持，王文韶亲自为书院题写匾额。次年正月，书院正式落成，有讲堂斋舍三进院落，共三十余间房屋。堂后置藏书楼，堂左为楼台亭阁及跑马道、讲武堂。所有建造校舍的费用，因无公款可支，概由朱其懿捐廉奉献。校舍建成后，朱其懿又捐廉购买经史子集近三百部（后增至四百余部），并延聘通经宿士曾濂、沈克刚、汤诚航三人为书院山长。该书院创办后一年之内的教师脩金、学生膏火、奖赏及其所有一切费用，亦均由朱其懿捐助。

光绪十五年（1889）二月二十五日，校经堂正式开馆，考选沅州府所属芷江、黔阳、麻阳三县暨附考凤凰、晃州两厅生童二十余人住堂肄业。科举岁试后，朱其懿拟择选三县前列生童五十余名，另外开设育材馆，但因经费困难而放弃。

校经堂在办学时，一反当时各书院盛行的以科举之业为中心的教育模式，而是以“实学课士”为宗旨。其教学内容分为经史、治事、词章三科，由三位院长分别讲席，还兼习地理、农政、水文、军事等课程。朱其懿本人除了在官课时亲自命题评阅外，还在公务余暇，登堂“进诸生切磋讲解，辨义利、尚践履、核名实，兼宗汉宋，戒门户之见，以防流弊。且讨论吏治，与经义互相发明”。

朱其懿不但要求书院士子德才并重，还希望他们有健康的体魄。他专门修建跑马道、讲武堂，供书院士子锻炼身体、兼习武术之用。他规定，诸生习读之余，“兼习骑射打靶，以流动其血气，开扩其胸襟，而化其沾毕拘迂之气，为有用之才”。在教法上，校经堂别具一格，让学生享有充分的自主和选择学科的自由。当然，传统经史之学是必修之业。此外，允许学生选择一门自己所喜好的学问，然后由先生指定参考书籍阅读，再做笔记，晚上交给先生校改。这些教学制度上的创新，是沅水校经堂后来人才辈出的重要保障。

肆 实干之才

沅水校经堂改革了旧式书院陈腐的教学内容，创造了优良的师资、丰富的藏书等环境条件，又因教法新颖，士子刻苦，创办不到一年，就收到了巨大的成效。光绪十六年（1890），沅州所属士子举行岁科连试，应试者共十九人，经古四场，各科冠首生童，俱系沅水校经堂肄业生。试毕，学政张亨嘉大加称赏并从沅水校经堂添调五人入湖北两湖书院肄业，又选调两人入长沙湘水校经堂深造。次年秋本省乡试时，沅水校经堂院长沈克刚与学生熊希龄同科中举，一时传为佳话。光绪十八年（1892），熊希龄会试连捷，更增添了沅水校经堂的声誉。

沅水校经堂以“实学课士”为宗旨，实际上是书院教育改革在湘西边地的创举。湘西虽然长久以来偏僻落后，但经此一番创新和改革，已超然而得风气之先。当时长沙有张亨嘉整顿扩充湘水校经堂，远在湘西的沅水校经堂遥相呼应，“沅湘两校经”一时风靡全省士林，从省府到地方，形成一种变革的气势。在讲求“实学”风气的影响下，沅水校经堂的学生多能学以致用，如清末担任过辰沅道尹的张学济，民国初年出任国务总理的熊希龄，以及后来成为教育界前辈的张伯良、毛延龄等，皆是沅水校经堂学子中的优秀代表。

张学济（1873—1920），号容川，又作榕川，湖南怀化芷江人。1890 年入明山书院，其后又入沅水校经堂学习。甲午战争期间，日军进犯旅顺，张学济与沅水校经堂同学熊希龄、谭凤章、李惠泉、杨凤笙、杨南薰等人聚在沅州，“每过从相与谈及时局，辄拔剑斫地，怒发裂眦，仰天狂叫不能已”，萌发了强烈的爱国思想。光绪二十八年（1902）秋，张学济赴日留学，习陆军，后加入中国同盟会。回国后，创广艺书局于上海，办《大江日报》于汉口。1913 年，副总统黎元洪任其为湖南按察使，旋被袁世凯解职。1916 年，蔡锷在云南宣布独立，张学济在湖南乾城树护国军旗帜，响应蔡锷。1917 年，任湖南辰沅道尹，兼守备司令。护法运动兴起，被委为靖国联军湘西第二军总司令。1920 年不幸遇难。

熊希龄（1870—1937），字秉三，别号明志阁主人、双清居士，湖南湘西凤凰人。光绪十年（1884），熊希龄取中秀才，入芷江县秀水书院继续深造。朱其懿创建的沅水校经堂在光绪十五年（1889）正式开馆后，以“实学课士”为宗旨。熊希龄受其感召，立即投考就学。正是在这里，熊希龄眼界大开，除了传统经史之学有了长足进步外，他特别钟情的历史与舆地课程成为他后来建功立业的基础。熊希龄后来回忆，他的许多学识都是从沅水校经堂学来的。光绪十六年（1890），湖南学政按试沅州，熊希龄名列第一，被选送到长沙湘水校经堂继续深造，四年后即高中进士。戊戌变法时参与创办时务学堂、南学会。1913 年，熊希龄被任命为国务总理，组阁后制定了民国第一部宪法。其后历任国民政府赈务委员会委员、世界红十字会中华总会会长等职。

张伯良（1872—1944），原名张学贵，字伯良，号葆元，湖南怀化芷江人。曾肄业沅水校经堂。光绪二十三年（1897），入长沙时务学堂，在《湘报》和校刊上多次发表文章支持维新。戊戌变法失败后，前往日本留学，曾任第一届中国留日学生会会长。民国时期，创办芷江县上三乡图书馆，还三次担任常德西路师范学堂校长，学生遍布湘西、湘北三十一县。

经世致用与通经致用，是湖南书院的优良传统。到清代，为了应对科举之害和西学东渐，书院逐渐以去科举化为目标，逐渐形成研究经史实学，并由实学引接西学，体现出通经致用的特点。沅水校经堂的建立，是对湖南书院源自经世致用传统的改革实践。

（兰军）

第十三章

张家界

Zhangjiajie

张家界因旅游建市，是国内著名旅游城市。张家界除了享誉世界的奇山秀水自然景观之外，还有以书院为代表的历史人文景观，向世人展现张家界厚重的历史文化底蕴。

渔浦书院

渔浦书院位于湖南张家界慈利，在“太华山下、澧水河畔茹溪”的阳和乡渔浦村。

慈利虽僻壤遐陬，但学风盛行。据清嘉庆《续修慈利县志》记载：“至于书院，伊古所重，或属良有司创造，或为本邑名人肄业，设教建立，皆足陶冶人才，所关非细。”慈利的书院始于南宋刘熹在今零阳镇柳林创建的桂林书院。自元至晚清，慈利先后又创建了天门书院、聚奎书院、环溪书院、月川书院、清溪书院、羊山书院、道源书院、零阳书院、出谷亭书院、渔浦书院、萝洞书院、两溪书院等十几个书院。但至今保存较完好的是光绪十二年（1886）创建的渔浦书院。

壹 书院简史

光绪九年（1883）秋，鉴于“桑梓文化闭塞，教育落后”，由澧县回乡讲学的李绍华，召集乡贤李长卿、张宗铠、田金楠等人商议筹资建书院，造福桑梓。

书院选址渔浦寨岗前坪的北角，定名为“渔浦书院”。当地群众自烧砖瓦，踊跃出力、献料。到光绪十二年（1886）秋，占地 8000 平方米的书院落成。

书院建成之后，由“湖南四大文人”之一的著名学者阎镇珩任第一任山长兼主讲，李绍华掌管校务，讲师有田金楠、李莲航、熊希龄、吴恭亨、何伯次、何尧次、向廷佐等。名师望重，九澧各县青年闻名前来就读者甚众。

阎镇珩主讲三年后，由县邑知名学者田金楠继任。田金楠之后，由享有“武陵文豪”之誉的著名学者吴恭亨接任山长。

1905 年科举制度废除后，书院改名为渔浦高等学堂。1909 年，学堂分甲、乙、丙、丁 4 个班，每班约 40 人。甲班课程为国文、英文、物理、历史、地理、音乐、体育。另为成年人设有养成所，攻读新学，为期半年。辛亥革命后，学堂更名为渔浦小学，学风依然浓厚。

渔浦书院原有藏书近 10 万册，有《廿二史》《万有文库》等珍本。后历经社会变迁，书籍散佚殆尽，藏书楼仅存一古老的菊花石砚池。

1980 年 3 月，渔浦书院被确定为慈利县第一批县级重点文物保护单位。2019 年 2 月，被确定为湖南省省级文物保护单位。

贰 书院览胜

渔浦书院建造样式仿照岳麓书院。主体为木结构，伴有风火隔墙，分正殿、东西二斋、藏书楼、彰义祠和教学楼五大部分。另有八角亭、校门亭及生活用房等。院内配有内外柏树园和鱼池。正殿有两进，中间用过道连接。过道左右各有天井、花坛。东西两斋前各设一墙壁，中间空出一操坪。坪的两侧至今尚存古柏十株，苍劲挺拔，生机盎然。

校门前面设左右两舍，门两旁均有风火隔墙。头门墙上，仿照岳麓书院门前书有“忠孝廉节”四个大字。大门横额有“兰芷芬芳”四字，楹联为“渔猎群经，导扬百氏；浦云十色，溪月九霄”。两边侧门额上写有“入德之门”。二殿匾额为“茹溪撷秀”，门联是“他年新人物，从此诞生；今日小学堂，愿诸努力”。大门前有石级20阶，下了石级，即是约1000平方米的长方形操坪，以垣墙围住。彰义祠在东斋之东，系一四周围住的楼台式建筑，其匾额是“州壤雄风”。藏书楼位于正殿右后高台处，为两层楼房。整个书院建筑布局合理，宽敞明亮。

书院大门“虽设而常关”，遇有重大喜庆，方打开大门，平时都从“入德之门”进出。

叁 红色印记

中国共产党成立后，革命的星星之火在中国大地上呈燎原之势。渔浦书院也成为红色摇篮，陈子道、于兆龙、张一鸣、佘惠、袁任远、张沈川等一大批学子走出书院，投身红色革命大潮中。

大革命时期，张一鸣、佘惠等一批共产党员和进步知识分子来渔浦发动民众，组织农民协会，打倒土豪劣绅。1938年，中共地下党员张沈川任县教育局代理局长，他派党的地下工作者孙警世和另外几位思想进步的教员到渔浦小学任教，并带去一些进步书刊，以学校为基地，动员群众奋起抗日，并进行党的地下组织活动。在党的指引下，杨凡等一批进步学生奔向革命圣地延安。

肆 人才济济

渔浦书院人才济济，几任山长致力于文脉传承。民国第一任总理熊希龄曾执教于此，更有诸多学员积极投身革命，成为书院的骄傲。

阎镇珩（1846—1910），字季蓉，号北岳、嵩阳，湖南常德石门人，与王闿运、王先谦、皮鹿门同为清末“湖南四大文人”，御封湖北荆门州教谕加国子监学正衔，后受聘于慈利渔浦书院首任山长。其著《六典通考》200卷留传东瀛，被清廷收入“四库”。阎镇珩早年曾痴情于科举，中年时在曾国藩、郭嵩焘等人影响下，大力提倡程朱理学。到渔浦书院后，他毅然走出八股文俗套，壹志从事先贤们的大家之文，留心时务、经济。他常常告诫弟子们不要役于考卷截答小题之中。在他“精慎其剖、陈古今利弊、探讨历朝兴旺往事”的“学以致用，图强报国”的办学理念熏陶下，渔浦书院培养出了一批又一批的革命先行者，有自立军起义骨干田帮璇、李炳寰，有辛亥名将唐牺支、王正雅等。

田金楠（1856—1925），字春庵，湖南张家界慈利人。因居东溪，以东溪自号，近代古文家、诗人，南社社员。维新运动时，受湖南巡抚陈宝箴之邀至长沙主持南学会。光绪十八年（1892），接任渔浦书院第二任山长，书院改院为校后出任渔浦小学校长。毕生致力著述，文誉斐然，颇负盛名。

吴恭亨（1857—1937），字悔晦，湖南张家界慈利人。近代古文家、诗人，南社社员。他文学造诣颇深，以诗见长，平生最重教育。清末，曾主讲于慈利渔浦书院数年，后接任第三任山长、慈利小学堂校长。光绪二十二年（1896）编纂的《慈利县图志》出版后，柳亚子嘉赞该志“词旨简要，与《武功》《朝邑》相颉颃”。吴恭亨著述颇丰，尚有族谱、尽牍、日记、对联、诗文集等26种，合为《悔晦堂文集》。所著《对联话》，上承梁章钜《楹联丛话》，保存了道光年间至民国初年不少名人的联作，有较高的史料价值。另有《悔晦堂对联》《悔晦堂丛书》等。

著名的教育家、社会活动家、实业家和慈善家熊希龄，因与慈利先贤田金楠、吴恭亨、李莲航交好，经常游学慈利。渔浦书院建成后，常在此讲学授业。1913年当选民国第一任国务总理，由于反对袁世凯复辟帝制，不久就被迫辞职。熊希龄晚年致力于慈善和教育事业，创办了著名的香山慈幼院。

李炳寰（1877—1900），字虎村，湖南张家界慈利人。清末革命志士、维新运动先驱。幼时就学于渔浦书院。光绪二十三年（1897）秋以优异成绩考入长沙时务学堂。光绪二十五年（1899），他到达日本跟随梁启超游学。二十六年（1900），李炳寰回国协助唐才常组织自立军，任中军副统领、总文案（秘书长），同年，自立军准备在武昌起义，因走漏风声而未能成功。同年8月22日，汉口自立军总机关被破获，李炳寰被清廷逮捕，后英勇就义。

田邦璇（1878—1900），字均一，湖南张家界慈利人。幼时随父田金楠就学于渔浦书院。光绪二十四年（1898），田邦璇就读于湖南时务学堂时，因成绩优异，颇受业师梁启超的器重。在时务学堂，他接触了维新变法思想。光绪二十五年（1899），梁启超在东京创办高等大同学校，他与李炳寰等应邀赴日本深造。唐才常回国后，函邀他和林圭、李炳寰等人回国筹划自立军起义。光绪二十六年（1900）初他们回国，往来于长沙、常德、慈利等地发展组织，筹措经费。自立军建立后，田邦璇任后军统领，负责在安庆发难。后因事机败露，被湖广总督张之洞的亲军营破获。唐才常、林圭、田邦璇、李炳寰等20余人同时被捕，英勇就义。

王正雅（1870—1920），字子豳，湖南张家界慈利人。历任晚清宝宁县知县、富州厅通判、赵州直隶州知州、广南开化府知府、蒙自道台、贵州按察使等职。清政府虽然颁布了立宪命令，却无立宪诚意，王正雅因此对朝廷失去了信心。宣统元年（1909）六月，王正雅趁母逝归乡奔丧之机，回到家乡慈利溪口，买田置地，大筑亭园，大有归隐休息之意。三个月丁忧假期满后，王正雅借口“染患”拒归任。1911年10月10日，武昌起义爆发。为了防备湖南新军效仿武昌起义，湖南巡抚余诚格第一个想到的便是素负武略文韬声誉的王正雅。余诚格奏请清廷调用王正雅赴湘，王正雅奉诏来常德募兵，以攻打武昌革命军。革命党人李执中与王正雅同为阎镇珩的学生，在李执中的劝说下，王正雅率兵反正。同年12月，王正雅会同宜昌军司令唐牺支围攻荆州。1912年，王正雅任湘西镇守十营统领，湖南第四区守备队司令，旋改常澧镇守使，驻军澧县。1917年“护法运动”期间，所部改编为陆军第六混成旅，他任中将旅长，仍兼常澧镇守使。他先后在澧9年，强化辖区治安，也较重视教育，自兼澧县中学督办，私人捐资创办九澧文学专修科。1920年，驱张敬尧运动胜利后，各派军阀纷起争夺地盘。王正雅在各军进逼下，率部退保慈利。不意遭常澧镇守副使卿衡扼险抗拒入境，7月22日，他单骑往说卿衡部驻猫儿峪营官，于归途中被乱枪击中遇难。

杜心五（1869—1953），名慎愧，湖南张家界慈利人。中国近代著名武术家，人称“南北大侠”，自然门开山鼻祖徐矮师的独传高足，也是自然门第二代掌门人。杜心五14岁时，因徐矮师已返川，便去渔浦书院学习，读经史，练书法。由于他记忆力超常，又很勤奋，深得山长吴岩村器重，命他赴澧州应考，竟中前十名秀才。其后，杜心五入常德高等普通学堂。光绪三十年（1904），杜心五与邑人徐桐初、朱奎中等在上海乘日轮“神户丸”东渡日本求学。次年，杜心五经宋教仁介绍，加入了同盟会，投身反清行列，从事革新运动，并担任孙中山的保镖。抗战时期曾在国民政府任职，时常批评蒋介石和国民政府。新中国成立后担任湖南省军政委员会顾问、湖南省政协委员等职。

百年风雨今已矣。渔浦书院用其傲人之姿向世人宣告，当地不仅有张家界壮美的景致，更具有厚重的历史文化底蕴。

（罗显庆）

第十四章

湘西

Xiangxi

湘西地处湖南西北，著名作家沈从文在其代表作《边城》中向世人描绘了湘西特有的风土人情。为发展当地的文化教育事业，湘西通过创建书院来传播文化、培养人才，为传承湖湘文脉作出了不可或缺的贡献。

三潭书院

三潭书院原名新吾书院，位于湖南湘西土家族苗族自治州凤凰县吉信镇，距县城 20 公里左右，是南方长城一带现存的第一大书院，也是中国苗族地区现存最大的书院。现为湖南省省级文物保护单位。

壹 历史沿革

三潭书院建立于清同治十三年（1874），由贵东兵备道吴自发创建。

吴自发（1834—1896），号诚斋，湖南湘西凤凰人，苗族，两次担任贵东兵备道，加获布政使衔，曾因功被钦赐花翎和黄马褂，并赐“最勇巴图鲁”称号，去世后追赠光禄大夫、内阁大学士。吴自发年幼时家境贫寒，十三岁时父亲因病去世，由母亲独自抚养长大。吴自发从小聪明、有悟性，并一心向学，经常在私塾窗外偷听先生教学，后来塾师将他请进学堂，让他免费读书。在学习文化知识之外，吴自发还兼习武艺，他身材魁梧，在当地青年人中颇有声望。

同治三年（1864），吴自发因军功升任镇远知府。他为政严明，在担任镇远府知府期间，见镇远城毁于战火，田园荒芜，百姓流离失所，吴自发招抚流民，令有业者复业；无业者，分给耕田以开荒，稳定民心，安定地方秩序。他还拿出自己的俸禄重修城垣，修建桥梁。

吴自发为凤凰的教育、社会和民生作出了很大的贡献，他还号召苗族同胞移风易俗，革除耗费巨资的椎牛祭祖活动。

吴自发对自己在成长期间未曾饱读诗书深感遗憾。同治十一年（1872），吴自发出于对家乡文化教育事业的关心，用无人领受的阵亡的竿军士兵抚恤金作为创建书院的资金，拨出八万两白银作为创建书院的资金，并聘请名儒作为山长、业师，书院为士子提供书籍、膳食、学费，书院的教学质量得以保证。他还主持修建考生会馆，供凤凰籍考生聚宿。

由于地处崇山峻岭间，书院依山而建，原占地一万多平方米，现存建筑有六百平方米。主体建筑位于山顶，飞檐翘角，雕梁画栋，工艺精美。主楼后是四合天井，有厅三间，中为讲堂，左右为斋舍，上有阁楼为师生宿舍。三潭书院建筑前后对称，布局严谨。院内花木扶疏，幽静雅致；书院外部古柏参天，金桂飘香。

光绪元年（1875）冬，书院取生童八十名，次年春按其程度分高等、初等两班授课。光绪六年（1881），吴自发省亲归里，以书院处罗布、杨柳、漆树三潭中间，改书院名为“三潭”。

1914年，三潭书院改为存诚学校，县政府奉令在书院内部建立统编第十小学。就读学生的数量逐渐增多，校舍需要扩容，在政府支持下，增修了十余间校舍。后来学校分设初级和高级两个班。校方除给教师发放工资外，还负责学生的书籍、灯油并给予贫苦学生学费资助。1937年，县第十小学与在同一地区的县立第二女子小学合并，重组为县立第四小学，仍在三潭学院的旧址。1940年，县立第四小学改为蔚文乡中心小学。1982年起，改为凤凰县吉信镇中心完小。

贰 人才培养

三潭书院的建立，为当地培养了众多人才，在清代就培养了一名进士，两名举人，十名秀才。当地因而有了“蔚文乡”的美誉。现代以来，凤凰当地涌现出各个领域的突出贡献者不计其数，其中著名的如清华大学教授、“钢铁博士”肖纪美。

肖纪美，著名钢铁专家，中科院院士。1920 年 12 月出生于凤凰县吉信镇。从幼年开始，肖纪美勤奋好学，展露出聪明才智。7 岁时，随祖父母搬到凤凰县，就读于县立模范小学。1933 年秋高小毕业，以优异成绩考入长沙明德中学。随着抗战的爆发，湖南成为主要战场，肖纪美被迫随家人离开长沙，转到湘西。1939 年考入唐山交通大学。随后，肖纪美在重庆国民政府兵工署二十八厂任技术员。抗战结束后，肖纪美先是在南京政府经济部中央标准局任技士，后赴美留学，于 1950 年获得冶金学博士学位。1957 年，他突破重重障碍回到祖国，并在北京钢铁学院任教。他培养了很多钢铁领域的人才，有的后来成为该领域的重要人物。1980 年，肖纪美成为中国科学院学部委员，后被授予中国科学院院士。

三潭书院是少数民族地区所建书院的突出代表，在其办学过程中不仅培养出科甲俊秀，还孕育出近代经世之才，更促进了中华文化在内地的深入传播，为中国统一多民族国家的文化繁荣作出了贡献。

（赵路卫）

潕溪书院

潕溪书院位于湖南湘西土家族苗族自治州吉首市吉首大学师范学院内，前身是明正德年间的蒙馆，现存主体建筑为清光绪十八年（1892）徐凤翔主持重修。潕溪书院的存在，让吉首有了五百年的文化积淀，涌现出一批优秀的人才。

壹　书院简史

据传，潕溪书院为明代著名理学家、教育家王守仁的楚中王门苗籍弟子吴鹤于明正德年间开设蒙馆之所，清乾隆六十年（1795）毁于兵戎之争。

清光绪十八年（1892），地方官员士绅和乡民为方便镇溪所子弟读书，同时纪念吴鹤先生，共同捐资在镇溪所里渡口下端重修潕溪书院，增建文昌阁。之后，潕溪书院作为教育场所，办学至今，其变革依次经历了乾州厅镇溪民立学堂（1908）、湖南省立湘西特区师资训练所（1936）、湖南省立乾城简易乡村师范学校（1938）、湖南省立第九师范学校（1941）、湖南省湘西第一民族师范学校（1953）、湖南省吉首民族师范学校（1962）、吉首大学师范学院（2001年至今）。2006年5月，潕溪书院被确定为湖南省省级文物保护单位和州级爱国主义教育示范基地。

贰 古院览胜

潕溪书院创始人明代苗族教育家吴鹤倡导“读儒书，耕砚田”，传播阳明“心学”，推广平民教育，促进了儒家文化和少数民族文化的交融，是践行“知行合一”的典范。潕溪书院是民族团结和谐进步的具体体现，是研究武陵山区民族文化变迁、民族文化互动的具体实物。潕溪书院建筑格局是中国传统书院布局的再现，是苏派建筑风格与苗族传统建筑工艺完美结合的典范，也体现了苗族人民因地制宜、科学选址的智慧。

潕溪书院是武陵山区唯一保存完整的古代书院，自明代创建以来延续至今，一直作为教育场所。整个建筑由三进院落组成，为硬山式砖木结构。平面基本遵循中轴线布局，由门楼、山门、大成殿、明伦堂、藏书楼（明伦堂二楼）、鹤公祠、山长室、敬文斋、润心堂和文昌阁组成。现存文物建筑为清光绪十八年（1892）所建，至今仍然保持原来的布局行制与风貌。

第一进为山门，通面阔三间十余米，进深一间约三米，穿斗硬山式砖木结构。明间为两扇棕色大门，上悬刻“潕溪书院”四个大字的匾额。两侧次间为厢房，院墙沿“八”字山墙（即照墙）延伸，台阶之下立四株百年八月丹桂，居高临下，气势不凡。

第二进中间为大成殿，左侧为鹤公祠，右侧为敬文斋，均为砖木结构。大成殿为书院祭孔之所，穿斗式木构梁架，房前左右各置百年丹桂一株。大成殿正脊梁留有潕溪书院重修日期，可见文字部分为“大清光绪拾捌年岁次壬辰季秋月下浣穀旦立”，可佐证潕溪书院为公元1892 年秋季重修。鹤公祠位于大成殿北侧，为纪念、拜谒书院创始人吴鹤先生之所，左侧圆门上方题有“鹤公祠”三个字，内屋为吴鹤先生居室，居室前有两棵桂花树。山长室位于鹤公祠对面，为一层小青瓦硬山顶建筑，古朴雅致，是历代书院讲学者的居室。敬文斋位于大成殿右侧，为古代师生休息、研习、修身之房舍，小青瓦屋面，穿斗硬山式砖木结构，面阔五间。

第三进为明伦堂，为读书、讲学、弘道、研究之所。通长约四十米，通宽约二十米（含润心堂、文昌阁），两侧有回廊，中间天井置有花木、渔缸，左侧有廊间四间，右侧有圆形拱门可入文昌阁。明伦堂为两层穿斗硬山式砖木建筑。天井北侧为润心堂（北厢房），为书院会客厅，是一层小青瓦硬山顶建筑，建筑与明伦堂相连接，左右各开两扇门，门间开四窗，花窗简洁雅致，具有浓厚的民族特色。

潕溪书院

文昌阁位于明伦堂右侧，为祭祀文昌帝君的场所，光绪十八年（1892）始建，叠楼三层，六角攒尖，顶楼阁式建筑，前有百年丹桂四株，紫藤两根，傲岸而立，是旧时山城的风貌性标志之一。1966 年，文昌阁因地面下沉发生倾斜，故被拆掉。2001 年，原吉首民族师范学校师生捐资数十万元，在原址上重建文昌阁。

潕溪书院基本保持了晚清时期建筑格局，主要文物建筑在形制特征、材料和工艺特点等方面基本保留了历史原状，具有鲜明的地方特色，现存碑刻记载的书院历史和物质遗存可以相互印证。

叁 名人足迹

王守仁在贵州“龙场悟道”期间，地方众多人士慕名而来，王守仁广收弟子，传授“心学”，潕溪书院创始人吴鹤为楚中王门弟子之一，推进了儒学在苗疆之地的传播。

吴鹤（生卒年不详），湖南镇溪（今吉首）人，明代苗族宿儒、教育家，潕溪书院创始人，王守仁楚中王门代表人物，是“阳明心学”在苗疆地区的重要传人。吴鹤笃志求道，不乐仕进，他闻王守仁在辰溪讲学，便负笈前往求学，跟随王守仁至贵州龙场及江西多年，后顿悟，回归苗疆，践行“知行合一”，设帐为牧童庶民讲学，积极传播儒学思想，在苗疆地区产生了广泛而深远的影响。吴鹤遗留真迹因年久失传，现今鲜见其遗作，唯有潕溪书院山门留存一副工对，内容为其所撰：“读法书畏刑，读兵书畏战，读儒书刑战不畏；耕尧田忧水，耕舜田忧旱，耕砚田水旱无忧。”其求学、拜师、悟道、执教之事迹流传于民间，地方志与清代、民国之后人缅怀吴鹤之碑刻尚存关于吴鹤生平的相关记载和介绍。

罗荣光（1833—1900），字耀庭，湖南乾城（今吉首）人，民族英雄。清光绪十八年（1892），潕溪书院重修，罗荣光带头捐银，为苗疆文运昌盛作出重要贡献。清光绪二十六年（1900），八国联军侵略中国，罗荣光时任天津总兵，在保卫大沽口炮台时壮烈殉国，其爱国精神世代颂扬。

罗盛教（1931—1952），原名罗雨成，湖南新化人，出身普通农民家庭，勤奋好学。1946 年，罗盛教随叔父来到湘西所里镇（今吉首市），插班进入湖南省立第九师范学校附属小学就读。1947 年，免试升入湖南省立第九师范学校（校址设潕溪书院内）简师班就读。1951 年 4 月，参加中国人民志愿军入朝鲜作战。1952 年 1 月 2 日，为救出滑冰落水的朝鲜儿童而英勇献身。中国人民志愿军总部为罗盛教追记特等功，授予“中国人民志愿军一级爱民模范”称号。

潕溪书院建院五百年来都在兴办面向各民族的教育，是武陵山区保留讲学、祭祀、藏书等功能最完整的书院，是武陵山区少数民族教育的发祥地和传承地，是研究武陵山区民族教育发展史的重要物质遗存。

（伍磊）

李家书院

李家书院位于湖南湘西土家族苗族自治州泸溪县浦市古镇李家巷，原为李氏在清代所建私塾，属于家族书院。现作为浦市镇古建筑群的重要组成部分，被确定为湖南省省级文物保护单位。

壹 书院简史

李家书院所在的浦市古镇位于沅水中游之西，被誉为湘西“四大名镇”之首。便利的交通条件使浦市成为兵家必争的军事战略要地，而和平年代商贾的云集，又为这座古镇带来热闹和繁荣，此即浦市古镇“因军事而立，因商业而兴”说法的由来。

浦市古镇商业的兴盛使其拥有了“小南京”的称号：在鼎盛时，古镇内纵横 45 条巷弄，3 条主干街道两旁充满四方而来的行商坐贾，13 个省份的商人在此建立会馆，作为固定的联络组织。沅水岸边，20 多座码头充当了往来的枢纽、交通的纽带。另外，以南京为核心的江南自古即为人文渊薮，“小南京”也代指了浦市古镇伴随商业繁荣而来的文化进步。如今的浦市镇古建筑群有砖木结构建筑 206 处，主要包括万寿宫、李家祠堂、吉家祠堂、李家书院、杨茂源印书铺、谢逢开号、荣顺商号、吉家大院、余字镖局、姚家绣楼、鄱阳世第、青莲世第，这些始建于明清时期的古建筑是浦市古镇儒家、宗族、商业等文化的集中体现，是以浦市古镇为代表的湘西地区开放、发展、融合、繁荣的物质证明，也是重要的历史文化遗产。

作为浦市古镇儒家文化代表的李家书院，由李玉书创建于清嘉庆年间，本为李氏家塾，专门教导李氏家族子弟。有关李玉书的信息，史书中未能给予详细记载。不过从李家书院的建筑工艺、格局将本土与外来文化有机结合这一特征来看，李玉书应当是一位崇尚书香、兼容并蓄且眼界开阔之人。由于李氏族人长期在外做官，无暇照顾书院事务，遂委托管家打理。其后，书院又为文氏所购。相传在太平天国运动时，翼王石达开西征时曾驻扎于浦市镇，其家眷就被安置在李家书院。

2019 年，李家书院作为浦市镇古建筑群中的重要组成部分，被确定第十批古建筑类省级文物保护单位。

贰　书院览胜

李家书院坐北朝南，呈长方形格局，面阔约 15 米，进深约 25 米，有平头式风火墙。总体来看，李家书院建筑具有明显的少数民族风格特征，为两进式“窨子屋”式砖木结构建筑。窨子屋被认为是侗族创造的建筑类型，在湘、黔、赣地区都有分布，又被称为“一颗印”。“窨”本意为地下室，窨子屋的得名是由于其建筑起伏形似向中间凹陷的地下室。窨子屋多由两到三层高的砖墙围合而成，屋顶要低于四周围墙，以便于雨水向内汇集，总体呈现出“回”字形，与北方的四合院有相似之处。

李家书院门首有“派衍撰书”四字，寓意李氏家族兴旺，书香久远。中轴线上，门墙、门庭、过厅、正厅、后院等次第排列。门墙为空斗墙，有红砂岩墙基，高十余米。中轴线之侧有厢房、东西侧门，侧门除供平日使用外，兼具紧急疏散功能。其中西侧门原与李家花园相连接，现花园已改为广场。过厅、正厅都为三开间，其中过厅的空敞处被利用为中堂客厅。正厅位于为“回”字形窨子屋的正中间，抬头即可看见大型斗窗。此外，左右厢房中间另有小型斗窗。此类格局在传统古建筑中并不多见。一层之上还有二楼，有厢房互相连通，形成回廊式仓库，用以存储物什。

叁 名人足迹

沈从文是出生于湘西凤凰的著名作家，湘西美丽的自然风光、淳朴的社会风情浸润了他的成长岁月。沈从文的代表作《边城》，即是以他心目中的湘西为原型而创作的文学作品，借着边城小镇茶峒中的人物来展现人性的光辉。

浦市古镇与凤凰古城相距不远，二者之间自古就有一条古驿道相连接。沈从文早年曾被浦市古镇的魅力吸引，多次来到古镇游览，在街巷、码头之间亲身感受当地风土民情。沈从文将他的经历写成《辰河小船上的水手》一文，在文中赞美道：“河面既异常宽平，码头又特别干净整齐，虽从那些大商号里、寺庙里，都可见出这个商埠在日趋于衰颓，然而一个旅行者来到此地时，一切规模总仍然可得到一个极其动人的印象！”

为纪念沈从文曾经的笔耕之地，当地在李家书院设立了“从文研究基地”，在书院中设立了相关展厅。展厅分为“沈从文生平展示”“创作经典排列”“书画作品精选”“中外名家研究沈从文学术成果汇集”“泸溪县本土作家作品介绍”“沈从文笔下的泸溪·浦市描写”等，展厅的设立使得李家书院的文化教育功能进一步彰显。

李家书院作为坐落于少数民族聚居区域的书院，是民族文化交融的见证。同时其家族书院的身份，又是中国书院金字塔结构中重要的基础部分，为普及文化知识、满足基层民众的教育需求作出了重要贡献。

（赵伟）